陕西省普通高等学校优势学科建设项目经费资助
教育部人文社科基金青年项目（NO. 20YJC790077）资助
陕西省社会科学基金项目（NO. 2018S11）资助
陕西省软科学研究计划项目（NO.2019KRM105）资助
陕西省教育厅人文社科项目（NO.20JK0383）资助
西北大学国家社会科学基金一般孵化项目（NO.19XNFH013）资助
西北大学“双一流”建设项目
Sponsored by First-class Universities and Academic Programs of Northwest University

西北大学经济管理学院博士文库

EVOLUTION PROCESS AND MECHANISM OF THE COUPLING OF TOURISM DEMAND AND DESTINATION SUPPLY
—TAKING INBOUND TOURISM IN SIX TYPICAL CITIES AS AN EXAMPLE

旅游需求与目的地供给耦合的演进过程与机制研究

——以六大典型城市入境旅游为例

依据发生学、系统论与耦合理论等，融合定性与定量研究方法，以六大典型入境旅游城市为例，探讨旅游需求与目的地供给耦合的演进过程、特征与机制。

刘军胜◎著

中国经济出版社
CHINA ECONOMIC PUBLISHING HOUSE
北 京

图书在版编目（CIP）数据

旅游需求与目的地供给耦合的演进过程与机制研究：以六大典型城市入境旅游为例 / 刘军胜著. -- 北京：中国经济出版社，2022.7

ISBN 978-7-5136-6981-8

Ⅰ.①旅… Ⅱ.①刘… Ⅲ.①旅游客源-研究-中国②旅游地-研究-中国 Ⅳ.①F592

中国版本图书馆 CIP 数据核字（2022）第 110686 号

责任编辑　张利影
责任印制　马小宾
封面设计　华子图文

出版发行　中国经济出版社
印 刷 者　北京柏力行彩印有限公司
经 销 者　各地新华书店
开　　本　710mm×1000mm　1/16
印　　张　19.25
字　　数　286 千字
版　　次　2022 年 7 月第 1 版
印　　次　2022 年 7 月第 1 次
定　　价　82.00 元
广告经营许可证　京西工商广字第 8179 号

中国经济出版社 **网址** www.economyph.com **社址** 北京市东城区安定门外大街 58 号 **邮编** 100011
本版图书如存在印装质量问题，请与本社销售中心联系调换（联系电话：010-57512564）

摘要
Abstract

城市是旅游流最主要的发生地，但对城市的旅游供给与需求的均衡状态判断，往往成为一个难题，困扰着城市管理者。为保障城市旅游的健康协调与可持续发展，需科学厘清城市旅游供需协调发展状况。耦合度与耦合协调度作为评价事物之间协调关系的理论，成为认识城市旅游供需协调发展程度的重要路径，旅游供需耦合研究越来越受到学界的重视。在旅游供需耦合状态研究中，城市旅游流是游客需求的外在显性表现，而城市整体接待是旅游供给的内在能力，如将旅游供需共同纳入目的地这一平台进行系统研究，可实现对目的地旅游供需协调状况的系统性评价。学界针对旅游供需耦合研究已经取得一些成果，但现有研究成果存在以下问题与不足：①现有旅游供需耦合评价指标体系的系统性与层次性不足，影响对旅游供需耦合的系统性认识；②现有研究较少从历时性角度研究旅游供需耦合的演进过程，缺乏对旅游流与目的地供需耦合成长驱动机制的观照；③现有研究多集中于城市旅游者视角，对目的地各子系统之间的耦合关系进行探究，忽略了城市利益相关群体对目的地旅游供需耦合的感知评价。

基于此，本研究紧扣“旅游供需耦合”这一核心命题，依托国家自然科学基金“旅游流与目的地耦合：因素及模型与机制研究——以六大城市入境旅游为例”（NO. 41271158），遴选北京、上海、广州、西安、成都和昆明六大典型入境旅游城市为案例地，从城市入境旅游发展视角，以六大城市入境旅游需求与目的地供给耦合为研究对象，基于系统论、耦合理论、发生学、旅游系统论等理论，以六大城市20年入境旅游需求与目的地供给系统的权威统计数据，以及10797份实地调查数据为基础，采用耦合度、耦合协调度、相关分析、回归分析、结构方程模型等方法，系统研究了旅游需求与目的地供给耦合的演进过程与驱动机制。本研究在理论上，可深化对旅游流与目的地系统耦合发展演化与驱动机制的认识，进一步拓展旅游供需耦合研究的深度；在实践上，为系统与科学地认识目的地旅游供需协调关系与规律，把控城市旅游供需耦合的优势与劣势要素，积极实施宏观调控提供科学参考依据。本研究的主要研究内容包括：构建旅游需求与目的地供给耦合概念模型与新的评价指标体系；探讨六大城市入境旅游需求与目的地供给耦合的演进特征与影响因素；分析城市旅游需求与旅游供给两大系统耦合的驱动机制；测试城市旅游的利益相关群体对两大系统耦合的评价。

本研究的主要结论如下：

(1) 提出了入境旅游流与目的地系统耦合互动概念模型，构建了两大系统新的耦合评价指标体系。入境旅游流系统包含旅游规模与效益两大子系统，内含旅游人次、停留时间、旅游收入与旅游消费四大要素，共计11项指标。目的地系统包含旅游景区、旅游企业、区域经济、基础设施、自然环境与人文环境六大子系统，内含景区规模、企业效率以及经济结构等21项要素，共计61项指标。该指标体系较已有研究体系更具层次性、系统性与动态连续性。

(2) 对六大城市入境旅游流与目的地供需耦合演化过程特征及规律进行历时性总结与比较分析。发现六大城市入境旅游流与目的地系统耦合成长曲线均表现出“涨—落波动型”发展规律。具体表现为，游客内在动机与需求所形成的规模化效应引发目的地供给系统的主动响应，受游客需求的变化以及目的地内在子系统与要素供给的强度差异，引起目的地供给出现不足或过剩的情况，加之国家宏观政策与突发事件等因素的影响，最终导致两大系统耦合的成长曲线呈现“涨—落波动型”发展规律。北上广等东部城市两大系统的耦合发展水平高于西部城市，上海市两大系统的耦合发展水平最高，昆明市两大系统的耦合发展水平最低。

(3) 对六大城市入境旅游流与目的地供需耦合成长演化的影响因素进行历时性识别分析，发现了六大城市入境旅游流与目的地供需耦合成长主导因素的演替发展规律。表现为，在不同发展阶段影响与支配两大系统耦合成长演化的供给与需求子系统存在演替现象。严重与中度失调阶段，入境旅游流系统支配着两大系统耦合成长演化过程。轻度失调阶段，支配两大系统耦合成长演化的子系统开始转变，入境旅游流系统中的子系统作用减弱，目的地供给子系统作用增强。初级协调阶段，支配两大系统耦合成长演化的子系统继续演化与转换，逐渐以目的地系统的支配作用为主。

(4) 对六大城市入境旅游流与目的地供需耦合影响因素与子系统的转换优化过程进行回溯式阐释，从内外动因与成长性角度，提出了入境旅游流与目的地系统供需耦合演进的驱动机制。游客需求是引致入境旅游流与目的地系统耦合成长的发展驱动力。入境旅游需求与目的地供给的自组织发展与动态演化是决定二者耦合成长曲线的原生驱动力。入境旅游流与目的地系统内部因素与子系统在不同发展阶段的转换与变化是影响二者耦合成长的内部驱动力。国家政策的动态支持与特殊事件年份的出现是影响二者耦合成长的外部驱动力。

(5) 对六大旅游城市的入境游客、社区居民与旅游从业人员的供需耦合感知异同进行评价，从微观角度归纳出城市旅游供给中存在的优势、劣势与稳定要素。①游客在核心旅游供给方面，对城市旅游景区、旅游购物与旅游娱乐评价均较高，对城市旅游交通、旅游餐饮与住宿的评价较低；游客在辅助旅游供给方面，对城市的人文环境均较为认同，对城市自然环境、旅游信息等的评价较低。②社区居民在核心旅游供给方面，对城市旅游景区、旅游购物、旅游餐饮与旅游娱乐评价较高，对城市旅游交通与住宿的评价较低；社区居民在辅助旅游供给方面，对城市的人文环境均较为认同，对城市旅游市场营销、安全保障等的评价相对稳定。③从业人员在核心旅游供给方面，对城市旅游景区、旅游购物、旅游住宿与旅游娱乐评价较高，对旅游交通的评价较低；从业人员在辅助旅游供给方面，对城市的人文环境均较为认同，对城市旅游市场营销、安全保障等的评价相对稳定。从业人员与社区居民对目的地供给的评价均好于入境游客。

本研究的创新之处：

（1）深化完善了旅游流与目的地系统耦合的评价指标体系。遵循系统性、层次性、开放性等系统论原理，构建了入境旅游流与目的地系统耦合新的评价指标体系。入境旅游流系统包含两大子系统，内含4项要素11项指标。目的地系统包含6大子系统，内含21项要素61项指标。该指标体系较以往研究体系更具层次性和系统性。

（2）发现了入境旅游流与目的地系统耦合历时性演进曲线均表现出“涨—落波动型”的发展规律。提出了旅游流与目的地系统耦合成长曲线模型，遵循系统论的涨—落有序律以及结构功能相关律等定律，分析了六大城市入境旅游流与目的地系统耦合成长曲线涨—落演化过程，发现六大城市入境旅游流与目的地系统耦合成长曲线均表现出“涨—落波动型”发展规律。研究结论可进一步深化对目的地两大系统耦合成长过程与特征的科学性认识。

（3）识别了两大系统不同耦合成长阶段的主要影响因素，发现了六大城市入境旅游流与目的地供需耦合成长主导因素的演替发展规律。表现为，不同发展阶段影响入境旅游流与目的地耦合成长的主导因素存在外在的需求导向与内在的供给导向的演替性变化。研究结果从系统论视角，加深了对入境旅游流与目的地系统耦合成长规律的系统性认识。

（4）提出了旅游流与目的地耦合成长的驱动机制。依据系统论的结构功能相关律与优化演化律等定律，对入境旅游流与目的地系统耦合成长的演进路径、因素与子系统转换优化过程进行系统性阐释，从内部驱动力与外部驱动力等内、外因角度，以及发展驱动力与原生驱动力等成长性角度，提出两大系统耦合成长的驱动机制。研究结果深化了旅游供需耦合驱动机制的研究内容，为系统认识目的地旅游供需协调发展规律提供了科学参考。

目录
Contents

第1章　绪论

1.1　选题背景

1.1.1　新时期的中国入境旅游发展：从快速增长到波动发展

入境旅游市场是我国“三大旅游市场”① 的重要组成部分。1978 年以来，在“大力发展入境旅游”政策的指导下，入境旅游成为我国改革开放的一个有力推手，展现了我国对外友好交往的姿态，促进了国内外文化的交流，并使得我国入境旅游的接待规模与经济效益也迅速提升（见图 1－1）。从接待规模与效益来看，1978 年我国接待入境游客 180.92 万人次，过夜游客为 71.6 万人次，国际旅游收入为 2.63 亿美元，发展至 2014 年，接待入境游客达 12849.83 万人次，入境过夜游客为 5562.2 万人次，国际旅游收入达 1053.8 亿美元，分别为 1978 年的 71 倍、78 倍与 400 倍（国家旅游局，2015）。整体可见，我国入境旅游经历了“由弱到强、由小到大”的发展历程，2014 年我国接待入境过夜游客人数稳居世界第四位，国际旅游外汇收入居世界第三位。

从入境旅游规模与效益的增长速度来看（见图 1－2），37 年间入境游客过夜比率由 1978 年的 39.6% 提升至 2014 年的 43.3%，入境游客过夜比率均值达 41.4%，接待境外旅游人数环比增长率年均 14.4%，旅游外汇收入环比增长率年均 19.9%。除“‘非典’疫情与金融危机”等特殊事件年份外，我国入境旅游一直保持较高的发展速度。2008 年以后，受金融危

① 三大旅游市场：入境旅游市场、出境旅游市场和国内旅游市场。

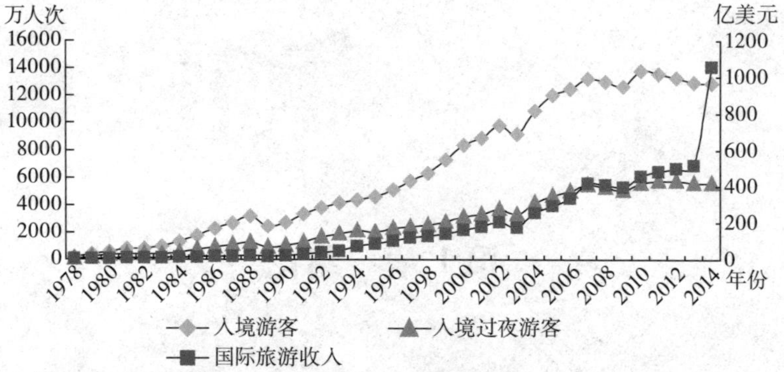

图 1-1　1978—2014 年我国接待入境游客规模与外汇收入

机、消费趋势转变等因素影响，我国入境游客年接待规模呈现波动下降的态势，入境游客规模维持在 1.3 亿人次左右。2009 年接待入境游客人数较 2008 年下降 2.7%，国际旅游外汇收入较 2008 年下降 2.8%，2011 年接待入境游客人数较 2010 年下降 1.7%，2012 年与 2013 年接待入境游客人数较往年分别下降 2.2%、2.5%。整体来看，我国入境旅游在经历快速增长后整体上进入波动发展的时期。

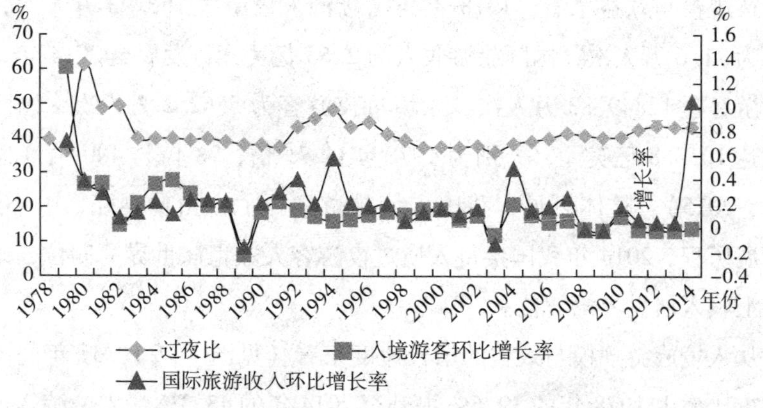

图 1-2　1978—2014 年我国接待入境游客规模与外汇收入比率

1.1.2　供给侧结构性改革背景下的城市旅游发展：供需关系的结构性失调

游憩是城市发展的重要职能，城市是发展旅游的重要场所（古诗韵，1999）。城市所拥有的类型多样的购物与娱乐设施、便捷的基础设施与高质量的公共服务，使得其天然成为吸引国内外游客的旅游目的地。改革开放以来，东部沿海以及中西部省会城市作为我国对外开放的重要窗口，其游憩职能逐渐得到充分发挥，成为我国接待入境游客的重要旅游目的地、集散地与中转地（保继刚，2011），城市旅游已经成为中国旅游业发展的战略依托（张蕾，2005）。根据国家旅游局监测的60座主要入境旅游城市的统计发现（见图1-3），2010—2014年，主要城市入境过夜游客人次数占全国入境游客人次数的比率保持在45.9%以上，2012年达到了55.7%，主要城市已经成为我国接待入境游客的重点旅游目的地。

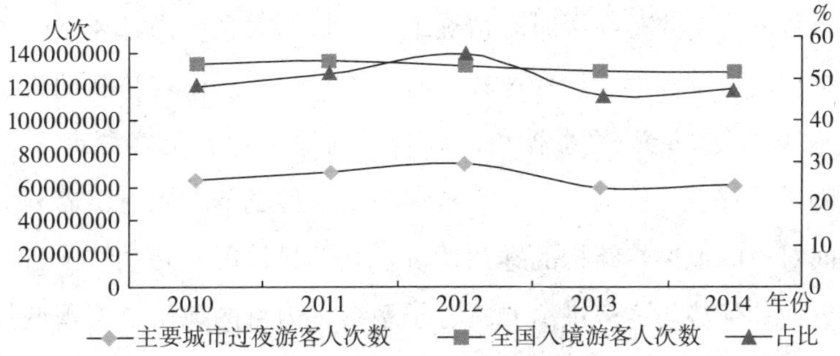

图1-3 2010—2014年我国主要旅游城市入境旅游接待人次数

1978—2000年，除“98洪水”等特殊年份外，我国入境旅游环比增长率均在10%以上，发展速度较快。但自2001年以来，我国入境旅游人数虽然在继续增长，但入境人数环比增长率却开始出现下降，入境旅游发展出现疲软态势。至2008年，受国际金融危机影响与冲击，我国入境旅游开始出现负增长，截至2014年，我国入境旅游环比增长率为-0.4%。除受特殊事件年份的外部影响与冲击外，城市旅游产品供给数量与质量矛盾、旅游产业要素结构矛盾以及旅游季节性矛盾等因素也是造成入境游客接待量增长乏力的主要结构性因素，更从深层次透视出入境游客需求与目的地旅游供给的结构性失调问题是造成我国入境旅游发展徘徊不前的根本原因。

1.1.3 旅游供需耦合研究：破解城市旅游供需结构性失调的新视角

基于我国入境旅游波动下降的现状，以及城市旅游供需结构性失调问题的凸显，为更好促进城市旅游目的地入境旅游市场的进一步开拓与可持续健康发展，旅游供需协调与耦合研究被学界所重视（马耀峰，2014），成为从深层次理解与破解旅游供需结构性失调问题的新视角。

旅游供需耦合研究的主要内容是将目的地旅游流视为客源地游客需求的外在显化，表征旅游需求系统，而相对应的目的地则被视为旅游供给系统，并将二者统一于目的地这一发展平台，采用耦合协调度与耦合度等方法，对旅游供需系统的协调程度、协调模式与驱动机制等进行系统性分析。从宏观角度来看，旅游供需耦合研究主要包括两大方面的内容：一是从“人—地”关系视角，分析目的地供给系统与客源地需求系统之间的协调与耦合程度，主要是在历时态情况下，分析两大系统内部要素、子系统与系统结构的协调程度、演变过程、时空差异、发展模式与驱动机制等情况；二是从“人—人”关系视角，分析目的地“主”与客源地“客”之间的旅游供给感知评价耦合，主要是在现实态情况下，探讨供需利益相关主体之间对目的地供给结构的感知评价及其差异情况，并总结出目的地旅游供给方面的优势与劣势供给要素、子系统，为目的地旅游宏观调控提供现实参考。最终，通过从“人—地”与“人—人”两大视角的实证分析，更为准确地理解目的地旅游供需系统耦合的演变规律、影响因素与驱动机制等，并总结目的地旅游发展过程中存在的供需结构个性问题与共性优势，进而从多视角为目的地实施旅游供给侧结构性改革提供理论参考。

1.2 选题缘由

基于国家自然科学基金项目“旅游流与目的地耦合：因素及模型与机制研究——六大城市入境旅游为例”（NO. 41271158）支持，本研究选题主要在梳理已有旅游供需耦合研究基础上，从发生学、系统论与耦合理论等理论角度切入，进一步深化对两大系统耦合成长演化、影响因素、感知评价与驱动机制等方面的研究内容。

1.2.1 问题的提出

1.2.1.1 政策层面：城市旅游持续发展的现实需求

我国的经济发展已经进入结构性调整的新阶段，经济发展结构的调整与转型成为促进我国经济协调与持续发展的新主线。旅游业已经成为我国第三产业的龙头产业与国民经济发展的战略支柱产业，由于旅游业具有较强的综合复杂性等特征，在城市旅游开发与发展过程中，供给与需求的健康发展对优化与调整城市产业结构具有重要影响，使得其成为城市供给侧结构性改革的突破点。在此宏观背景下，国家相继出台旅游业发展改革的系列意见，对旅游业的供给侧结构性改革与可持续发展进行顶层设计与指导。2009年以来，国务院与国家旅游局先后出台《国务院关于加快发展旅游业的意见》《国家旅游局关于进一步加快发展旅游业促进社会主义文化大发展大繁荣的指导意见》以及《国民旅游休闲纲要（2013—2020年）》等，从旅游产品开发、基础设施建设、公共服务提升、旅游业态融合、消费热点培育、旅游消费环境优化等供给侧角度对旅游业转型与改革提出新的调控方向，以引导与满足游客消费需求，促进我国旅游业的健康发展，并保障我国经济持续增长。可见，国家已从政策上对旅游供需的协调发展进行顶层设计与宏观调控，由此，针对旅游供需协调与耦合发展的研究成为城市“供给侧结构性改革”背景下的重要现实课题。

1.2.1.2 实践层面：城市旅游供需结构性矛盾激化凸显

根据中国入境旅游发展年度报告显示，2008年以来，我国接待入境旅游人数呈现出负增长态势，2008—2009年接待入境游客增长率为-1.4%与-2.7%，2012—2013年增长率为-2.2%与-2.5%，2014年增长率为-0.4%（中国旅游研究院，2014）。我国入境旅游市场增长率下降的原因，除受国际金融危机外部事件的影响外，也是入境旅游由快速增长阶段向波动发展阶段转变的结果；同时也凸显出我国目的地旅游供给无法及时快速满足游客需求的缺点，说明我国旅游业发展过程中存在供给与需求的失调与错位问题（马耀峰，2014；张佑印，2015），即旅游发展过程中供需结构性矛盾突出。

首先，我国旅游供需结构性矛盾表现在旅游产品结构方面，具体包括目的地供给与游客需求的旅游产品层次出现错位，现有观光性旅游产品过剩，休闲度假、深度体验等旅游产品供给不足，无法满足游客深层次的旅游需求。其次，我国旅游供需结构性矛盾表现在旅游产业结构方面，具体表现为旅游“六要素”产业发展规模与质量存在结构性矛盾，出现产业规模过剩与供给不足的情况，产业发展低效率与“潮涌现象”并存（马波，2011）；同时，在全域旅游发展趋势下，除旅游“六要素”这一核心旅游产业外，市场营销、设施服务、安全保障等辅助旅游供给无法及时满足日益增长的游客需求。

旅游供给与需求的协调平衡发展是目的地旅游经济健康持续发展的关键，在此背景下，开展旅游供需的耦合协调研究，为有效评价目的地旅游供需系统结构的协调发展状况，揭示目的地旅游供需系统内部与系统之间的内在关系、演变规律与驱动机制，把握目的地旅游供给优势与劣势供给发展要素与系统，破解目的地旅游供需矛盾问题提供了一种新的研究视角。

1.2.1.3 研究层面：旅游耦合研究有待理论提升深化

近年来，旅游耦合研究已经得到学界重视（马耀峰，2014），并从旅游供需系统与目的地内部供给系统两大视角开展广泛的研究，而旅游流与目的地供需耦合是研究的焦点之一。从旅游系统的角度来看，旅游流是旅游系统中客源市场需求层面的表征，而目的地则是旅游系统中的供给层面的表征，旅游流与目的地是相互作用的自组织发展系统，二者的耦合过程具有较强的复杂性与自组织特征。但已有耦合研究多拘泥于系统内部与子系统之间的实证分析，缺乏对耦合研究结果与规律的系统性理论阐释与分析，无法从整体角度形成对目的地旅游供需耦合的系统性理性认识（薛华菊，2014）。

旅游流与目的地系统的耦合可反映出客源地与目的地“主—客”文化结构的适配，旅游供需功能结构的协调，同时包括反映出目的地与客源地空间结构的匹配，二者的耦合本质上是对区域“人—地”协调关系与“人—人”协调关系的集中反映与思考。发生学与系统论为从整体上深刻审视旅游流与目的地供需耦合的演变过程、发展特征与驱动机制提供了一种新理论视角。系统发展过程中具备层次性、整体性、稳定性与突变性等特征，在自组织演化过程中呈现结构功能相关律、优化演化律、涨—落有序律等规律，这些定律为科学认识目的地旅游供需耦合现象提供了深刻的理论指导，从系统论角度展开对旅游流与目的地供需耦合的研究，可以更为科学地理解与把握目的地的协调发展情况。在旅游流与目的地系统供需耦合的过程中各子系统的层次性、整体性、稳定性与突变性特征如何？两大系统演变过程是否符合结构功能相关律、优化演化律、涨—落有序律？目前学界对上述问题尚未进行验证回答。故从系统论角度对旅游流与目的地系统供需耦合协调度进行剖析，对从理论层次加深对目的地旅游供需耦合演进过程、成长特征、影响因素、驱动机制的理解具有重要理论参考价值，对目的地旅游供给侧调控具有一定实践参考价值。

1.2.2 案例地选取

本研究所遴选的案例地包含北京、上海、广州、西安、成都与昆明六大城市，其理由如下。

1.2.2.1 研究基础：项目组长期跟踪研究六大城市入境旅游发展

项目组长期关注并跟踪研究北京、上海、广州、西安、成都与昆明六大城市的入境旅游发展情况，为本选题的开展与实施奠定了较好的前期研究基础。导师先后主持与上述六大城市有关的三项国家自然科学基金项目，即“中国旅游热点城市境外游客时空动态模式研究”“中国不同群体入境游客旅游行为模式研究”“中国典型区域入境旅游流东—西递进空间演化机理研究”。三项基金项目分别回答了入境游客在上述六大城市的时空分布与格局问题，六大城市不同入境游客客源群体的旅游动机、偏好与行为模式问题，以及入境游客在上述六大城市之间的移动集散规律与驱动机制问题。通过对中国旅游热点城市入境游客的空间分布研究发现，中国入境旅游可划分为六大典型旅游区，包括环渤海旅游区、长三角旅游区、珠三角旅游区、泛西安旅游区、成渝旅游区与云贵旅游区。六大旅游区内部分别有六大入境旅游首位城市作为引领，即北京、上海、广州、西安、成都与昆明。六大城市中北京、上海与广州是中国接待入境游客的桥头堡、集散地、中转地与目的地（张佑印，2011；刘军胜，2013），西安、成都与昆明是接待入境游客的集散地、中转地与二次目的地（张佑印，2008）。基于对上述六大城市入境旅游流的跟踪研究，对六大城市入境旅游目的地角色定位、集散功能进行了明确分析与定位，积累了丰富的研究成果与内容，这为本研究后续工作的开展提供了坚实的案例地研究基础。

1.2.2.2 发展水平：六大旅游城市入境旅游发展规模与效益较好

作为我国六大典型旅游区的代表性旅游城市，六大城市入境旅游发展规模与效益均较好（见表1－1）。从六大城市接待的入境游客规模来看，1990—2014年，除1998年洪水与亚洲金融危机、2003年“非典”与2008年美国金融危机等特殊年份外，六大城市接待入境游客人数均呈现增长态势，环比增长率均高于10%，六大城市接待入境游客环比增长率均值达8.3%，高于全国接待入境游客环比增长率均值。从入境游客接待规模的占比的演变来看，六大城市接待入境游客占比呈现“高—低—高”的“U”形演变态势，演变的过程中伴随特殊年份的波动下降，六大城市接待规模的占比环比增长率均值为1.2%，入境旅游接待规模占比的环比增长率高于全国水平。

从六大城市入境旅游外汇收入来看，1990—2014年，除2003年“非典”与2008年美国金融危机等特殊年份外，六大城市旅游外汇收入均呈现增长态势，环比增长率均高于23%，旅游外汇收入环比增长率均值为14.1%，相对低于全国旅游外汇的环比增长率均值。从入境旅游外汇收入的占比演变来看，六大城市入境旅游外汇收入发展呈现由高至低波动下降演变态势，入境旅游外汇收入占比环比增长率均值为－2.8%，但整体来看，六大城市入境旅游外汇收入占比均值仍达40.48%。可见，从旅游规模与收入来看，各城市入境旅游发展相对均较好，基本可以反映与代表我国入境旅游发展的现状，故选择上述城市作为研究案例地具有一定典型性与代表性。

表1－1　六大城市入境旅游发展规模与效益

年份	六大城市接待人数/万人	全国接待人数/万人	占比/%	六大城市外汇收入/亿美元	全国外汇收入/亿美元	占比/%
1990	433.1	2746.2	15.771	12.7	22.2	57.207
1991	494.0	3334.9	14.813	15.6	28.4	54.930
1992	591.0	3811.5	15.506	22	39.5	55.696
1993	602.4	4152.7	14.506	26	46.8	55.556

续表

年份	六大城市接待人数/万人	全国接待人数/万人	占比/%	六大城市外汇收入/亿美元	全国外汇收入/亿美元	占比/%
1994	631.8	4368.4	14.463	33.6	73.2	45.902
1995	644.5	4638.7	13.894	42.4	87.3	48.568
1996	724.5	5112.8	14.170	47.1	102.0	46.176
1997	807.2	5758.8	14.017	50.0	120.7	41.425
1998	785.6	6347.8	12.376	50.2	126.0	39.841
1999	863.8	7279.6	11.866	54.7	141.0	38.794
2000	1034.8	8344.4	12.401	63.6	162.2	39.211
2001	1084.6	8901.2	12.185	69.7	177.9	39.179
2002	1241.3	9790.8	12.678	79.0	203.8	38.763
2003	891.4	9166.2	9.725	59.4	174.0	34.138
2004	1293.3	10903.8	11.861	87.1	257.4	33.838
2005	1514.9	12029.2	12.594	102.2	293.0	34.881
2006	1634.6	12494.2	13.083	115.9	339.4	34.148
2007	1811.9	13187.3	13.740	134.6	419.2	32.109
2008	1698.4	13002.7	13.062	132.8	408.4	32.517
2009	1842.1	12647.6	14.565	135.4	396.8	34.123
2010	2282.0	13376.2	17.060	170.9	458.1	37.306
2011	2290.0	13542.4	16.910	174.4	484.6	35.988
2012	2325.9	13240.5	17.567	175.0	500.3	34.979
2013	2396.3	12900.0	18.576	225.5	516.6	43.651
2014	2443.3	12800.0	19.088	244.3	1053.8	23.180
增长率均值/%	8.3	6.9	1.200	14.1	19.4	-2.800

注：表中数据来源于1991—2015年各城市《国民经济与社会发展统计公报》。

1.2.2.3 城市定位：六大城市旅游定位清晰且发展优势突出

从城市定位来看，六大城市均是我国优秀旅游城市与国家旅游局重点监测发展城市，六大城市均拥有发展休闲游憩的自然与人文旅游资源，也是引领中国旅游发展的优秀旅游城市与中流砥柱城市（张蕾，2005）。成英文根据城市职能理论，从城市职能规模与职能地位两方面对中国旅游城市进行定位与分类，认为六大旅游城市在职能上全部属于半专业化水平，即旅游产业在城市经济中占有一定的比重，但尚未发展到支配地位（成英文，2014）。从城市的旅游发展定位来看（见表1－2），六大城市“十二五”规划中均从国际化视角对其旅游发展进行定位，并彰显城市区域旅游、文化、商贸与生态等特色。从城市职能定位来看，六大城市均为中国以及区域性重要的发展中心与枢纽，对中国其他城市定位与发展起到引领作用。从城市旅游发展水平来看，城市入境旅游发展规模与效益相对较好，同时城市A级景区数量较多，旅游发展的资源禀赋较好、丰度较高。整体来看，六大城市旅游定位特色明显，城市入境旅游发展规模、效益与景区数量优势突出。

表1－2　六大城市旅游定位与景区规模

城市	城市旅游发展定位	城市职能定位	A级景区数量/个
北京	国际一流旅游城市、中国特色世界城市	中国政治、文化、国际交往中心	207
上海	世界著名旅游城市	中国经济、金融、贸易、航运中心	87
广州	国际商贸中心、世界文化名城	中国综合性门户城市，华南地区的政治、经济、文化和科教中心城市	49
西安	国际一流旅游目的地城市	中国科研、教育、工业基地城市，西部地区重要的中心城市	80
成都	世界生态田园城市	西部地区科技、商贸、金融、交通中心城市	56
昆明	区域性国际旅游城市	区域性国际门户城市、西部地区重要的中心城市	25

注：表中城市定位来源于各城市“十二五”发展规划，景区数量来源于各城市旅游局网站。

综上，六大城市入境旅游发展水平相对较好，城市旅游发展定位清晰，旅游发展优势明显，加之项目组长期跟踪研究所积累的研究成果，为遴选六大城市作为研究案例地奠定了基础，故本书以六大城市为案例地，对各城市入境旅游流与目的地供需耦合关系进行研究。

1.3　研究目的与意义

1.3.1　研究目的

以发生学与系统论为理论基础，基于客源地游客需求与目的地旅游供给的“人—地”关系视角，架构旅游需求与目的地供给耦合评价模型与指标体系，采用综合发展水平评价模型、功效贡献评价模型、耦合协调度评价模型，从发生学与系统论角度，以系统论的涨—落有序律、结构功能相关律与优化演化律等定律为依据，分析东西部六大城市入境旅游需求与目的地供给系统耦合的成长特征、演化规律与影响因素。

以系统论为指导，在分析六大典型城市入境旅游流与目的地系统耦合成长特征与规律的基础上，运用系统论中的结构功能相关律、优化演化律与涨—落有序律等定律来分析不同发展阶段六大城市入境旅游流与目的地系统耦合的主导要素与子系统，并阐释不同发展阶段六大城市入境旅游流与目的地系统中各要素与子系统的转换与优化过程，进而总结出六大城市入境旅游流与目的地系统耦合的驱动机制，以期从系统论层次加深对入境旅游流与目的地系统供需耦合过程、因素与规律的认识。

以旅游系统论为基础，基于客源地游客需求与目的地旅游供给的“人—人”主客关系视角，从现实性角度出发，设计目的地旅游供给的结构性评价指标体系，建构六大城市目的地旅游供给评价结构模型，采用结构方程模型验证分析六大城市入境游客、社区居民、旅游从业人员三大利益相关群体的旅游供需耦合感知程度与差异，并从城市内部与城市之间两方面来归纳总结六大城市旅游供给方面存在的优势与劣势供给因素，为目的地实施宏观调控提供现实性理论参考。

1.3.2　研究意义

1.3.2.1　理论意义

旅游流与目的地是旅游系统的两大主要组成部分，旅游流是客源地旅游市场的规模化外在表征，目的地则是旅游供给的表征，旅游流与目的地的耦合问题已成为学界研究的焦点（马耀峰，2014）。目前，针对旅游耦合的相关研究主要对目的地内部供给子系统之间的关系进行探讨，对旅游需求系统部分关注不足；同时，已有供需耦合研究中，主要对旅游需求系统与目的地供给子系统的耦合关系进行实证研究，从系统整体角度分析二者耦合的研究相对较少，且缺乏理论层次上的响应与阐释，无法更好地从整体上理解与认识旅游流与目的地供需耦合的演进特征、因素转换与驱动机制。故在已有研究基础上，本书的研究突破与理论贡献表现在以下几方面：①以系统论为理论基础，以旅游经济学中供给内容表为指导，从整体宏观角度建构入境旅游流与目的地系统供需耦合评价指标体系，改善已有研究中过度重视子系统之间耦合的现象，进一步深化与完善旅游供需耦合评价指标体系。②从系统论的层次性、整体性、稳定性与突变性等方面，理解与解释入境旅游流与目的地供需系统不同耦合阶段的演进特征与规律。从系统论的结构功能相关律、优化演化律、涨—落有序律等方面，阐释入境旅游流与目的地供需系统不同耦合阶段演进过程，并归纳其驱动机制，改变已有耦合研究中仅拘泥于实证研究的趋势，尝试从理论层次上深化对旅游供需耦合研究内容与结论的系统性理解。③以旅游系统论为基础，以旅游经济学中供给内容表为指导，从利益相关者视角，设计目的地旅游供给感知评价指标体系，从微观层面验证多利益相关群体目的地旅游供给感知的差异，总结目的地旅游供给中的优势和劣势因素与子系统，深化对目的地旅游供给内容与结构的认识。

1.3.2.2 实践意义

基于我国经济发展转型与结构调整的新常态背景，在供给侧结构性改革的趋势下，从系统论视角展开入境旅游流与目的地系统供需耦合的研究，对厘清城市供需结构现状与破解城市旅游供需结构性失调问题提供一种新的视角。①通过对入境旅游流与目的地供需系统耦合度的演进过程、影响因素与驱动机制分析，从整体与系统视角加深对目的地旅游耦合的认识，从顶层设计层面加深了对目的地发展规律的宏观认识，为目的地旅游宏观调控提供思路参考。②通过目的地城市旅游利益相关群体的现实性供需感知评价与差异分析，可多视角研判目的地旅游供给中存在的个性问题与共性优势，为目的地采取改进措施提高供给水平、保证城市旅游竞争力的提升与城市旅游业的持续健康发展提供实践参考。

1.4 研究内容

本书选取北京、上海、广州、西安、成都与昆明六大城市作为案例地，以发生学与系统论等理论为基础，分析六大城市入境旅游流与目的地系统供需耦合演进过程、影响因素与驱动机制，并从微观视角分析目的地旅游相关群体对旅游供给的感知评价，并总结六大城市旅游供给的个性问题与共性优势，以准确把握六大城市旅游供需耦合的发展特征与规律。主要研究内容如下：

（1）入境旅游流与目的地系统供需耦合概念模型与评价指标体系构建。从耦合视角辨析入境旅游需求与目的地供给之间的互动作用关系，而后建构入境旅游流与目的地供需耦合概念模型。随后，以入境旅游需求与目的地供给耦合概念模型为基础，以发生学与系统论为指导，从历时性角度，在梳理与评价现有指标体系的基础上，参考旅游经济学中供给内容表，立足宏观"人—地"视角，系统构建六大城市入境旅游流与目的地供需耦合评价指标体系，为科学测评六大城市入境旅游流与目的地供需耦合奠定基础。

（2）入境旅游需求与目的地供给耦合演进规律与影响因素。以发生学理论为依据，以系统论的层次性、稳定性与突变性等共性特征，以及涨—落有序律、结构功能相关律等固有定律为理论指导，对六大城市入境旅游流与目的地供需耦合协调度不同发展阶段的演进特征与发展规律进行提炼分析，并对两大系统不同耦合演进阶段的主导因素进行历时性识别。

（3）入境旅游需求与目的地供给耦合演进的驱动机制。以系统论的涨—落有序律、结构功能相关律以及优化演化律为依据，对六大城市入境旅游流与目的地供需耦合不同演进阶段的主导因素及子系统的转换与变化过程进行系统性阐释，并在此基础上进一步提炼出六大城市两大系统供需耦合的驱动机制，以加深对不同发展阶段六大城市入境旅游需求与目的地供给系统内部及系统之间动态互动过程的理解。

（4）微观视角的利益相关群体旅游供需耦合的感知差异。主要从现实性视角出发，以旅游系统论为依据，在界定目的地旅游利益相关群体的基础上，通过对六大城市入境游客、社区居民与从业人员的问卷调查，采用因子分析与结构方程模型等方法，对上述三大群体的目的地旅游供需耦合情况进行差异化测评分析，并总结六大城市旅游供给存在的个性问题与共性优势，以为目的地宏观调控提供现实参考。

1.5 研究方法与技术路线

1.5.1 研究方法

1.5.1.1 文献研究法

文献研究法主要指根据一定的研究目的或课题，收集、鉴别、整理与研究目的相关的文献，并通过对文献的多角度研究，从而全面正确地形成对科学事实认识的方法（杜晓利，2013）。本研究借助中国知网、Elsevier、Web of science、Springerlink 等国内外期刊数据库，对发生学、系统论、耦合理论、人—地关系理论、旅游供需理论、旅游利益相关者理论、旅游感知理论等相关理论进行整理与遴选，对国内外旅游流与目的地以及目的地内部系统耦合的相关文献进行梳理、归纳与总结，为评价指标体系构建与理论分析奠定基础。

1.5.1.2 问卷调查法

问卷调查是以书面提出问题的方式收集资料的一种研究方法，研究者将所要研究的问题编制成问题表格，以当面作答、邮寄方式或追踪访问方式填答，从而了解被试对某一现象或问题的看法和意见（风笑天，1994）。基于此，本研究为从微观上深入了解旅游利益相关群体对目的地供给的感知程度与差异，以旅游系统论为理论基础，参考旅游经济学中供给内容表，设计出六大城市旅游供需感知评价问卷。在问卷设计过程中，首先，通过文献梳理、专家咨询与头脑风暴等方式，初步遴选出目的地供给评价指标，并以西安为案例地，进行预调研；其次，在预调研的基础上对问卷进行修正，形成最终的调查问卷，并赴六大城市进行实地调研，获得六大城市利益相关群体的目的地供给感知一手评价数据。

1.5.1.3 定性与定量混合分析法

定性研究法是根据社会现象或事物所具备的属性及在运动中的矛盾变化，从事物的内在规定性来研究事物本质与规律的一种方法。该方法以普遍承认的公理、演绎逻辑及大量的历史事实为分析基础，从事物的矛盾性出发，对所研究的问题进行描述与阐释（陈向明，1996）。本研究以定性研究法为指导，尝试以系统论为理论基础，建构入境旅游流与目的地系统供需耦合评价指标体系，并运用系统论的理论特征与定律，对旅游流与目的地系统供需耦合的演进过程与驱动机制进行阐释，对二者耦合演化规律进行解释。定量分析法是依据统计数据建立数学模型计算分析对象各项指标及其数值的一种方法（王静，2005）。就本研究而言，主要通过收集入境旅游流与目的地供给系统的一手与二手数据，通过耦合度评价模型、综合发展水平评价模型、结构方程模型等具体定量方法，对入境旅游流与目的地供需耦合各项指标、子系统与系统的特征及其关系进行统计分析。

1.5.1.4 结构方程模型分析法

结构方程模型分析法是一种分析研究对象之间因果关系的典型统计方法，它整合了因素分析与路径分析两种统计方法的优势，在已有理论预设的基础上，测量显变量、潜变量与测量误差之间的定量关系，通过调整和修正显变量与潜变量之间的测量误差，更科学地测度显变量对潜变量的直接效果、间接效果与总效果，揭示研究问题的本质与规律（刘军胜，2014）。就本研究而言，以旅游系统论为理论基础，参考旅游经济学中的供给内容表，建构六大城市利益相关群体旅游供给感知假设模型，通过对假设模型的验证性与适用性评估，以及修正显变量与潜变量之间的测量误差，来科学测度旅游供给变量之间的直接效果、间接效果与总效果，以深层次探究利益相关群体之间的差异。

1.5.1.5 比较分析法

比较分析法也称对比分析法，是把两个相互联系的指标数据进行比较，从数量上展示和说明研究对象规模的大小、水平的高低、速度的快慢，及各种关系是否协调，以科学认识事物的本质和规律并做出正确的评价（阿克塞尔·马克斯，2015）。对本研究而言，首先，对六大城市内部入境旅游流与目的地系统的综合发展水平、耦合协调度水平进行比较分析，以科学认识各城市旅游供需耦合的成长规律与影响因素差异；其次，对六大城市之间入境旅游流与目的地系统耦合的演进路径进行比较分析，并总结六大城市的供需耦合驱动机制；最后，对各城市内部利益相关群体之间的旅游供给感知差异进行对比分析，以发现各城市旅游供给的个性问题与共性优势。通过对比分析，从宏观与微观上加深对六大城市入境旅游流与目的地系统供需耦合发展规律的认识。

1.5.2 技术路线

文章立足于“人—地”系统宏观思路，从“人—地”视角与“人—人”视角，基于发生学、系统论、协同论、耦合理论、供需理论、利益相关者理论、旅游感知理论等，采用耦合评价模型、因子分析、结构方程模型等方法，通过调研数据与统计资料数据分析，构建六大城市旅游需求与目的地供给评价指标体系，运用系统论的层次性、整体性、稳定性与动态性特征分析六大城市入境旅游流与目的地系统供需耦合协调度的演进过程，采用系统论中的结构功能相关律、优化演化律、涨—落有序律等定律解释六大城市入境旅游流与目的地供需系统耦合演进的影响因素转换与变化过程，并归纳总结两大系统耦合的驱动机制；通过建构六大城市旅游供需耦合感知评价模型，从利益相关者视角，分析六大城市利益相关多群体供需结构性感知差异特征，并总结六大典型旅游城市旅游供给方面存在的优势与劣势要素，以期为准确理解与把握目的地供给现状提供理论与实践参考。

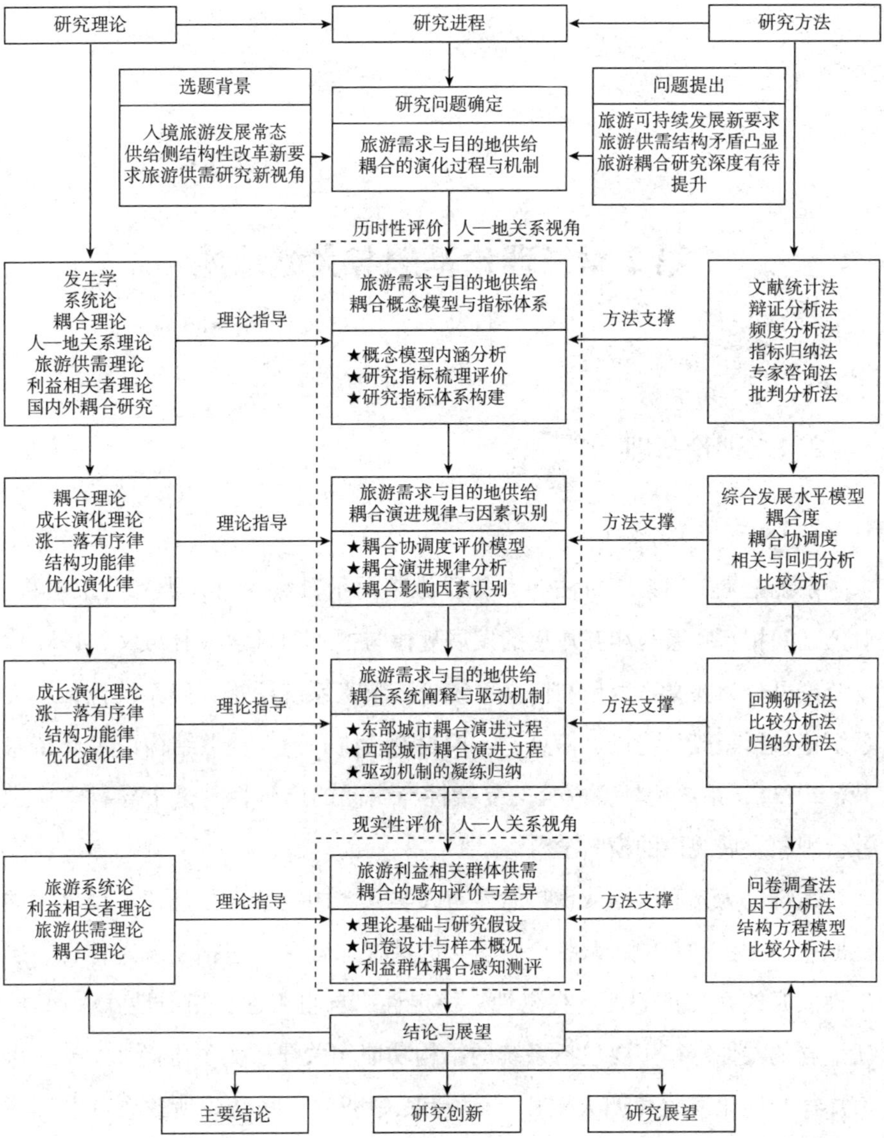

研究理论
研究进程
研究方法
选题背景
入境旅游发展常态
供给侧结构性改革新要求旅游供需研究新视角
研究问题确定
旅游需求与目的地供给耦合的演化过程与机制
问题提出
旅游可持续发展新要求
旅游供需结构矛盾凸显
旅游耦合研究深度有待提升
历时性评价　人—地关系视角
发生学
系统论
耦合理论
人—地关系理论
旅游供需理论
利益相关者理论
国内外耦合研究
理论指导
旅游需求与目的地供给耦合概念模型与指标体系
★概念模型内涵分析
★研究指标梳理评价
★研究指标体系构建
方法支撑
文献统计法
辩证分析法
频度分析法
指标归纳法
专家咨询法
批判分析法
耦合理论
成长演化理论
涨—落有序律
结构功能律
优化演化律
理论指导
旅游需求与目的地供给耦合演进规律与因素识别
★耦合协调度评价模型
★耦合演进规律分析
★耦合影响因素识别
方法支撑
综合发展水平模型
耦合度
耦合协调度
相关与回归分析
比较分析
成长演化理论
涨—落有序律
结构功能律
优化演化律
理论指导
旅游需求与目的地供给耦合系统阐释与驱动机制
★东部城市耦合演进过程
★西部城市耦合演进过程
★驱动机制的凝练归纳
方法支撑
回溯研究法
比较分析法
归纳分析法
现实性评价　人—人关系视角
旅游系统论
利益相关者理论
旅游供需理论
耦合理论
理论指导
旅游利益相关群体供需耦合的感知评价与差异
★理论基础与研究假设
★问卷设计与样本概况
★利益群体耦合感知测评
方法支撑
问卷调查法
因子分析法
结构方程模型
比较分析法
结论与展望
主要结论
研究创新
研究展望

图 1－4　技术路线

第2章 理论基础与文献综述

2.1 理论基础

2.1.1 系统论

系统论是采用系统方法与系统思维来揭示自然界与人类社会中事物、对象之间相互联系与相互作用的发展规律与本质的科学（林康义，1987）。系统论可分为狭义系统论与广义系统论。狭义系统论指一般系统论，广义系统论包括一般系统论、信息论、控制论、协同论、耗散结构论等（苗东升，2013），系统论具备内容的复杂性与内涵的广延性，是指导科学认识社会现象发展规律的横断学科。

系统论为人们科学认识自然界与人类社会的复杂性与规律性提供了共性原理与定律。其中，系统论所蕴含的共性原理主要包括系统整体性、层次性、开放性、目的性、突变性、稳定性、自组织性、相似性八大原理；所蕴含的共性定律主要包括系统的结构功能相关律、竞争协同律、涨—落有序律与优化演化律四大定律（魏宏森，1995）。系统论所蕴含的共同原理与定律为从系统与整体角度认识事物的本质与规律奠定了理论基础。

从系统论的“八大原理”内涵来看，系统的整体性原理认为，系统是由若干要素、子系统组成的具备新功能的有机整体，且具备各独立要素所不具有的性质与功能，形成了新的系统的质的规定性，系统整体的性质与功能也超越各要素与系统的简单相加（魏宏森，1994）。层次性原理认为，组成系统的各要素与子系统本身及其组合方式上存在差异，导致系统组织在地位与作用、结构与功能上表现出一定的层次性，形成了具有质的差异的系统等级（魏宏森，1995）。开放性原理认为，系统在发展与演化的过程中，具有不断地与外部宏观环境进行物质、能量和信息交换的性质与功能，通过与外部环境的物质与能量的交换，使得系统得以稳定与发展（刘云，2009）。目的性原理认为，组织系统在与外部环境相互作用的过程中，在一定的范围内，其发展与变化不受或少受外部条件的影响，坚持表现出某种趋向预先的确定状态的特性。突变性原理认为，系统的发展演化，通过失稳的方式实现发展状态的跨越，达到事物发展的质变，事物的突变方向具有多样性，从而使得事物质变具有多样性。稳定性原理认为，系统在与外界交换的过程中具有自我稳定的能力，具备自我调节的功能，从而保持与恢复事物原有的有序状态，维持系统结构与功能的稳定。自组织性原理认为，开放系统在内部与外部因素的非线性影响下，内部要素与子系统发展过程的涨—落可能得以放大，从而在系统中产生更强烈的相关，促使系统从无序到有序、从低级到高级的演化。相似性原理认为，系统具有同构与同态的性质，体现为系统的功能和结构、存在方式和演化过程具有共同性，是一种有差异的共性，凸显出系统的统一性（魏宏森，1995；魏宏森，1993）。

从系统论的“四大定律”内涵来看，结构功能相关律认为，结构是指系统内部要素、子系统之间的相对稳定的联系方式、组织秩序与时空关系的内在表现形式，体现为系统的整体性；功能是指系统与外部环境相互联系和作用过程中表现出来的性质、能力与功效，是系统内部相对稳定的联系方式、组织秩序与时空关系的外在表现形式；结构与功能是系统普遍存在的两种相互区别与联系的基本属性，揭示结构与功能相互联系、相互作用与相互转化现象的就是结构功能相关律（林康义，1987；苗东升，2013；魏宏森，1995）。竞争协同律认为，系统内部要素、子系统与外部环境之间，存在整体统一性与个体差异性，整体统一性凸显协同性，个体差异性表现出竞争性，而通过竞争与协同的相互对立与转化，推动系统的发展与演化（林康义，1987；苗东升，2013；魏宏森，1995）。涨—落有序律认为，涨落体现系统发展演化过程中的差异性，系统的发展演变通过涨落达到有序，通过个别差异得到集体响应放大，通过偶然性表现出必然性，进而实现从无序到有序、从低级到高级的发展（林康义，1987；苗东升，2013；魏宏森，1995）。优化演化律认为，演化是指事物与系统的运动、发展和变化，优化是指在一定情况下，系统的要素与子系统通过竞争与协同的方式，实现系统组织、结构与功能的改进，系统优化在演化中得以实现，最终实现系统的进化与质变的发生（林康义，1987；苗东升，2013；魏宏森，1995）。

旅游业具有较强的关联性、综合性与复杂性，从系统论角度可以更好地理解旅游业的发展特征与规律。从旅游地理学来看，旅游系统由目的地与客源地两大子系统构成。旅游经济学视角下，旅游系统由供给与需求两大子系统构成。旅游社会学视角下，旅游系统由游客与当地居民、旅游从业人员、政府管理人员等主客子系统构成。具体来看，入境旅游流系统是游客需求系统的重要组成部分，目的地供给系统内部又可分为区域经济、旅游资源、基础设施、生态环境等子系统。目的地旅游业在不同发展阶段，随着入境游客需求的涨落与变化，引起目的地内部各要素与子系统结构的竞争、调整与协同转化，并优化不同阶段目的地内部整体要素与子系统的功能，促进入境旅游需求与目的地旅游供给的协调与耦合，实现目的地旅游业的自组织持续健康发展。

2.1.2 发生学理论

发生学源于生命科学，是最早用来分析生物胚胎的发生、发育与成长的理论（冯平，1987），主要对自然界生物体的孕育、形成、出生、成长、衰老与死亡全生命过程进行研究（杨显明，2014）。在社会科学领域中，皮亚杰较早运用发生学理论剖析了儿童心理的发育与成长过程，随后，发生学方法被广泛应用到社会科学研究中（楼培敏，1986）。发生学方法是通过分析自然界与人类社会现象的发生、发展与演化的过程与特征，表征与揭示其历史阶段、发展形态和演进规律的方法。其主要特征是根据现有资料，采取回溯式研究法与前瞻式叙述法，对研究对象的发展与演进过程进行动态考察，并注重分析主导研究对象历史发展过程的主要与本质的必然因素（俞孔坚，2010；张乃和，2007）。根据布罗代尔对历史过程的观照研究，发生学的历史时段划分上可分为“长时段”“中时段”和“短时段”。其中，长时段是指长期不变或变化极慢的因素，其时段跨越百年以上；中时段是指具有演变周期或趋势的现象，其时段为几十年至一百年；短时段是指具有突发性的时间，时段较短（陆玉麒，2011）。总之，发生学方法对认识和把握事物成长与发展规律具有重要启示意义。

时空之内事物的成长与发展均涉及发生学的问题（张乃和，2007）。发生学方法已运用到城市发展过程、遗产廊道保护与城市形态复原等人文地理研究中（杨显明，2014；俞孔坚，2010；邓辉，2016）。发生学对剖析城市旅游发展历程与运行规律具有重要作用，但采取发生学方法对城市旅游流与目的地系统耦合的解释研究极为鲜见。从发生学来看，入境旅游流与目的地系统供需耦合演进是一种复杂的自组织现象，耦合度及耦合协调度是二者互动演化状态的外显与评估，入境旅游流与目的地系统所包含的因素、子系统在不同自组织阶段所起的作用不同，而主导因素与子系统的演进转换与变化，以及系统结构与功能的完善，最终使得二者的耦合成长曲线呈现不同的发展程度、阶段特征与演进规律（见图2－1）。故运用发生学方法对旅游流与目的地系统耦合的成长过程、发展特征和演进规律进行剖析，可了解不同阶段下二者耦合因素的转换过程，明确不同阶段主导旅游流与目的地系统耦合的因素，为目的地进行旅游供给侧调控提供理论参考。

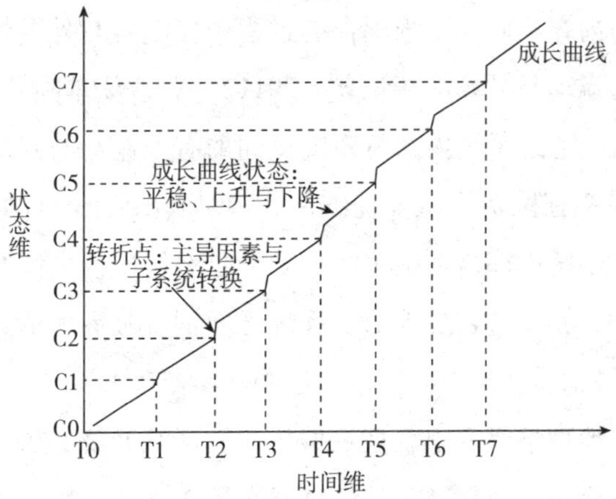

图2－1 旅游流与目的地供需耦合成长曲线

2.1.3 耦合理论

“耦合”的定义源于物理学，在通信工程、软件工程、机械工程等领域运用较多，其主要是指两个或两个以上的电路元件或网络的输入与输出之间存在紧密配合与互动影响，并通过相互作用从一侧向另一侧传输能量的现象。随着实践的发展，耦合被广泛应用到农学、地理学、生态学、区域经济学、旅游管理学等研究领域（杨玉珍，2011）。

从耦合的定义中可以看出，耦合具备以下特征：第一，耦合的实现需要两个或两个以上的元件、子系统或系统；第二，耦合实现的过程具有复杂性，耦合的实现需要两个或两个以上元件或子系统之间的相互作用、相互影响与相互制约；第三，在耦合的过程中存在元件、子系统或系统之间能量的调节和控制作用。耦合实现的复杂性决定了耦合具有多种类型，整体来看，事物之间的耦合包括非直接耦合、数据耦合、印记耦合、控制耦合、外部耦合、公共耦合与内容耦合七种类型（邵权熙，2008）。耦合性或耦合度是衡量元件、子系统、系统之间耦合程度的简称，系统之间耦合性或耦合度较高，说明系统内部各子系统联系越密切，否则联系程度越弱。

近年来，耦合理论在探索自然和社会经济系统的应用逐步加深，并提炼归纳出“系统耦合”的概念，即从复杂系统的角度，对自然界或社会经济系统内部与子系统之间的耦合程度进行分析，探讨自然界与社会经济系统的发展规律与内在本质。系统耦合的过程中伴随着与外界物质流、能量流、信息流等的流动与循环（杨玉珍，2011），并改变单独系统彼此割裂、独立运作的模式，通过系统内部与系统之间的有效制约与互动，形成具备新的功能与结构的有机功能体（任继周，1994）。系统耦合的过程具有明显的自组织性，系统内部与系统之间的耦合具有层次性，耦合的发展过程具备整体稳定性，并通过系统内部与系统之间耦合临界阈值的突变，推动系统向更高水平发展与演化。

耦合理论在地理学研究中表现在城市化、区域经济、生态环境、土地利用等方面。黄金川、方创琳等较早对城市化与生态环境的耦合机制与规律性进行了分析，认为城市化与生态环境的耦合呈现为双指数曲线的发展模式，并从理论上总结了二者交互耦合系统满足的六大基本定律：耦合裂变律、动态层级律、随机涨—落律、非线性协同律、阈值律和预警律（黄金川，2003；方创琳，2006）。吴玉鸣等分析了中国区域经济与生态环境的耦合协调度及其时空差异，认为我国区域经济与生态环境的耦合空间差异存在东高西低的发展规律（吴玉鸣，2008）。张文忠分析了珠江三角洲地区土地利用与工业化、城市化之间的耦合关系，划分出 4 种土地变化类型（张文忠，2003）。吕一河对景观格局与生态过程的耦合途径进行分析，提出了大尺度与小尺度动态模拟结合的耦合路径（吕一河，2007）。傅伯杰从地理学综合的视角，认为对不同时空尺度下的地理格局与过程进行耦合研究，是从机理上理解与解决地理学综合研究的有效途径和方法（傅伯杰，2014）。

旅游系统由旅游客源地与目的地两大部分组成。其中，入境旅游流是旅游客源市场的重要组成部分，是客源地旅游需求的外在表现，目的地则是满足游客需求的供给方，入境旅游流与目的地系统的协调与耦合对保障目的地旅游业的持续发展具有重要作用。运用系统耦合理论，可对不同时间阶段内，入境旅游需求与目的地供给内部子系统之间的互动与耦合程度进行分析，研判二者在耦合过程中目的地内部各子系统的发展、转变与演化过程，进而剖析与总结二者耦合的历时性演变规律与驱动机制，更好地认识二者耦合的规律与本质。

2.1.4　人地关系理论

人地关系思想最早起源于法国人地学派，主要用来指导从不同角度探索地理环境演变、分布规律和人地关系的内在规律，而后，经吴传钧先生引入中国。吴先生认为人类社会通过生产有意识改变着自己生存的物质条件，从而改变着周围的外在自然界，在此过程中，为他自己和新的自然环境之间带来了新的关系，因此可以将动态的人地关系理解为一种具有社会和历史特性的辩证关系。据此，吴传钧先生创造并提出“人地关系理论”这一科学术语，并认为人地关系地域系统是地理学理论研究的核心问题

（陆大道，1998）。

人地关系地域系统研究的中心目标是协调人地关系，从空间结构、时间过程、组织序变、整体效应、协同互补等方面去认识和寻求全国的或区域的人地关系系统的整体优化、综合平衡及有效调控的机理，为有效地进行区域开发和区域管理提供理论依据。主要研究内容包括：①人地关系地域系统的形成过程、结构特点和发展趋向的研究；②人地系统中各子系统相互作用的强度分析、潜力估算、后效和风险分析；③人与地两大系统间相互作用和物质、能量传递与转换的机理、功能、结构和整体调控的途径与对策；④地域的人口承载力分析，关键是预测粮食的增产幅度；⑤一定地域人地关系的动态仿真模型；⑥人地关系的地域分异规律和地域类型分析；⑦不同层次、不同尺度的各种类型地区人地关系协调发展的优化调控模型，亦即区域开发多目标、多属性优化模型（吴传钧，1991）。

从方法论角度来看，吴传钧与叶岱夫认为要提高人地关系地域系统研究的水平，一是要明确研究人地关系的目的是协调二者的关系，人地关系是协调抑或矛盾，不决定于地，而取决于人，这是研究的应用意义（叶岱夫，2001）；二是要明确地理学对这一问题研究的重点是人地关系的地域系统，研究这一系统的形成过程、结构特点和发展趋向，从而为地理学奠定理论研究基础，这是研究的学术意义；三是要运用有效的研究方法（吴传钧，2008）。

近年来，人地关系理论得到持续创新与发展，不断延伸出人地系统新的科学分支，进一步加深了对人地关系演进趋势与基本规律的认识。新型人地关系理论得以不断出现，并逐步形成新的知识体系，具体可归结为人地系统协调共生与耦合优化理论、人地系统危机冲突与错位异化理论、人地关系分型辩证与系统构型理论三大类理论研究流派（方创琳，2004）。

入境旅游流与目的地供需系统的耦合，本质上是协调人地关系总体目标的一种外在表现。通过分析入境旅游流与目的地供需系统耦合的时间过程，可更科学地认识两大系统耦合的成长过程与整体演化特征；通过分析两大系统不同阶段耦合过程各要素、子系统耦合程度的强弱，可以总结各要素、子系统的相互作用程度与转换变化过程，以从整体与系统视角加深对两大系统整体优化与综合平衡的认识；同时通过对两大系统中不同利益群体的目的地旅游供给感知分析，从“人—地”与“人—人”角度加深对人地系统协调共生与耦合的理解。

2.1.5　旅游系统理论

系统是由事物的要素、子系统所组成的复杂有机综合体，系统论要求从整体视角把握系统的结构复杂性、功能转换性以及系统演进过程的稳定性与突变性，以更好地认识事物的发展规律与本质。旅游业具有复杂性与综合性。从系统论的内涵特征出发，对整体把握与理解旅游业发展特征与规律具有重要作用。国内外学者从旅游地理学、市场营销、旅游经济学等角度对旅游系统展开了深入探讨，并提出相应的旅游系统模型。

2.1.5.1　国外旅游系统模型

（1）B. C. Преображенский 的旅游地域系统模型。

国外学者在 20 世纪 70 年代便展开了针对旅游系统模型的研究，1972 年苏联学者 B. C. Преображенский 以旅游产业地域组织理论提出了旅游地域系统模型（TPC）（郭长江，2007）。该模型主要强调旅游产业系统的复杂性，认为旅游产业主要由旅游吸引物、旅游市场营销、旅游技术保障、旅游管理、旅游服务与游客等子系统组成。同时该模型还强调外部环境对目的地旅游产业系统的影响。该模型作为早期的旅游系统模型，为从旅游产业角度认识旅游现象提供了一种理论视角（见图 2－2）。

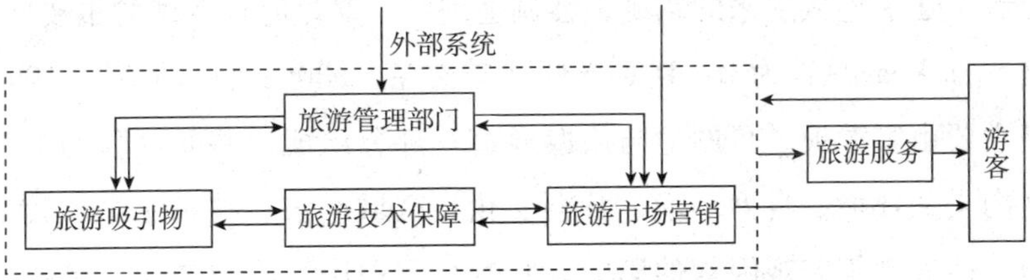

图 2－2　旅游地域系统模型

（2）冈恩的旅游功能系统模型。

1972 年，美国著名旅游研究学者冈恩提出了旅游功能系统模型的概念。该模型认为旅游系统由供给系统与需求系统两部分组成，其中需求部分可分为国际游客与国内游客，目的地供给系统包括旅游吸引物、旅游促销、旅游交通、旅游信息与旅游服务五个子系统，且各部分之间独立发展，关联性较小。而后，在该模型的基础上，2002 年冈恩从旅游市场的角度提出更为完善的旅游系统模型，该模型对旅游目的地供给子系统的关系有了系统性的认识，认为五大子系统相互关联、相互制约与影响，任何一个子系统功能的变化都会引起其余子系统的变化与发展（Gunn C. A.，2002；李文亮，2005）。五大子系统是目的地旅游规划与旅游业发展的核心要素，目的地旅游的可持续发展有赖于上述子系统的协调与配合（见图 2－3）。

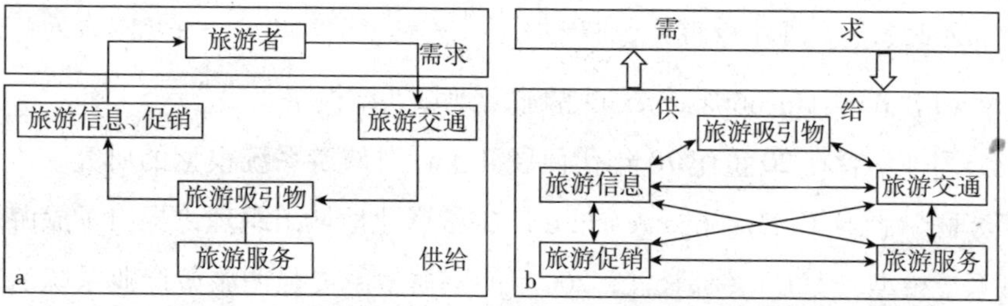

图 2－3　旅游功能系统模型

（3）雷珀的旅游地理系统模型。

澳大利亚学者雷珀从地理学视角构建了旅游地理系统模型。该模型主要从游客的移动性与流动性入手，认为旅游业是旅游目的地与客源地，是由旅游通道连接起来的系统，强调地理区位对旅游业发展的重要影响，并被 A. J. Veal 总结为 O－D 对模型（李文亮，2005；Leiper N.，1995）。模型主要由客源地、目的地与旅游通道三部分组成，并受到目的地与客源地的人文环境、自然环境、社会文化、区域经济、技术水平、政治条件与法律法规等宏观因素的影响。同时，雷珀认为旅游者与旅游业也是该系统的主要组成部分，目的地与客源地不同的旅游产业部门，通过产业要素的组合与协调，为游客提供完善的旅游产品。该模型其实从地理学的空间视角，凸显了客源地需求与目的地供给系统的功能结构（见图 2 - 4）。

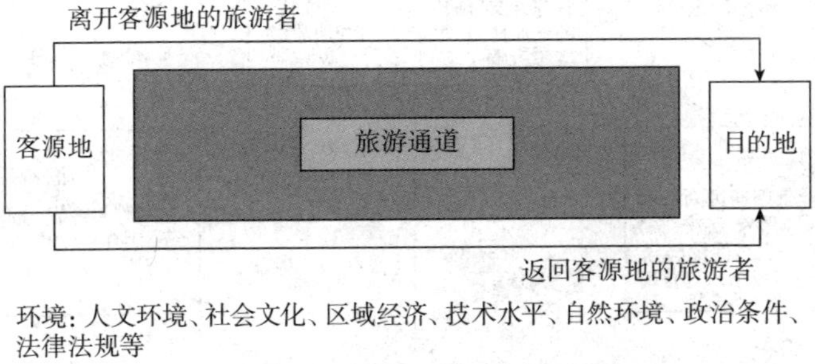

图 2 - 4　旅游地理系统模型

（4）莫里森的旅游市场系统模型。

美国学者莫里森从旅游市场营销角度，构建了旅游市场系统模型，认为旅游系统主要由旅游市场、旅游营销、旅游目的地与旅行过程等子系统组成。该模型强调市场营销作用在目的地与旅游客源地之间互动过程中的作用，其中各子系统所起的作用不同。旅游市场子系统主要代表游客需求，旅游营销主要代表旅游产品的销售与推广，旅游目的地则表示旅游供给子系统，旅行过程表示游客决策行为过程。各子系统之间形成环状的完整旅游系统过程（见图 2 - 5）。而后，2009 年莫里森对旅游市场系统模型的内容进行进一步丰富，对各子系统内部的定位与功能进行深度说明。其中，旅游目的地主要通过旅游规划、开发、建设与管理等为游客提供丰富的旅游产品，吸引并服务游客；旅游市场营销主要是通过营销渠道向游客推荐与销售目的地旅游产品、服务等信息，以扩大目的地旅游市场。旅游市场包括现实旅游市场与潜在旅游市场，主要从游客需要、需求、动机、决策等方面说明游客的心理决策行为，旅行特征则是对游客市场特征、移动特征与集散过程进行说明（郭长江，2007；Mill R. C.，1985）。该模型在准确定位各子系统功能的基础上，从市场营销角度对目的地旅游系统内部的运行机制进行了分析。

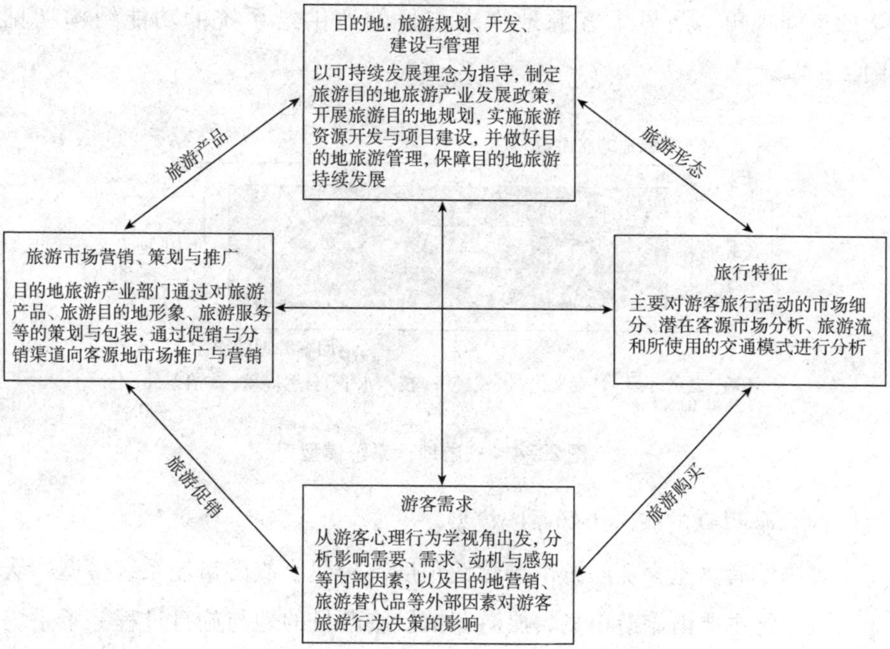

图2－5　旅游市场系统模型

（5）米切尔的旅游供需系统模型。

美国学者米切尔于1987年建立了旅游供需系统模型，该模型从经济学角度出发，分析了供给、需求、联系三大经济要素与目的、结构与区位三大地理要素之间的矩阵关系，通过交叉分析，可以对旅游市场需求、目的地供给、旅游交通及目的地价值理念、目的地等级结构与布局进行准确定位（见图2－6）（郭长江，2007；Mitchell L.，1987）。这一模型被认为是经典的旅游供需N－S对模型，加深了人们对旅游现象运行规律的认识。

	需求	供给	联系	
目的	1	2	3	理念 价值观
结构	4	5	6	类型 等级
区位	7	8	9	定位 布局
	动机 行为	环境 管理 影响	交通 互补	

图2－6　旅游供需系统模型

（6）科尔切的旅游复杂系统模型。

美国学者科尔切于 1999 年基于 Faulkner 和 Russell 的旅游复杂系统的初步讨论与结果，提出了旅游复杂系统模型（见图 2－7）（郭长江，2007；Mckercher B.，1999）。科尔切认为旅游复杂系统由旅游者、信息向量、旅游内部影响因素、外部旅游主体、旅游外部影响因素、影响沟通效率的因素、目的地或内部旅游群落以及输出部分组成，上述各部门密切相关、相互影响与联系，以非线性方式运行，并具备整体稳定性、发展突变性的特点，凸显出旅游系统的复杂性与不可预测性。该模型从理论上表现出旅游业的广泛性与综合性，凸显了旅游业运行的复杂性，为科学认识旅游业的发展规律与本质提供了一种理论参考。

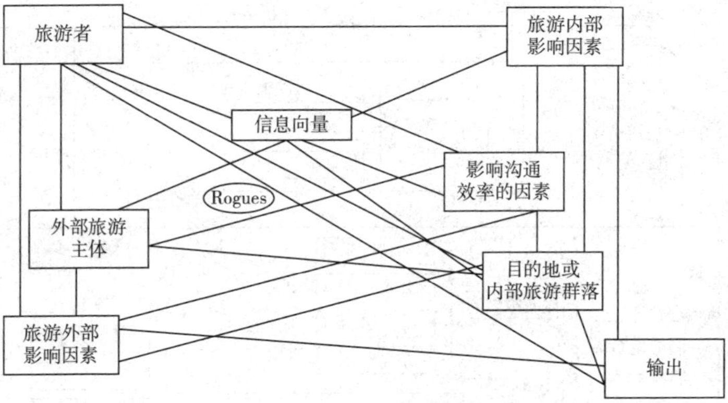

图 2－7　旅游复杂系统模型

2.1.5.2　国内旅游系统模型

国内学者在借鉴、参考与批判吸收国外研究模型的基础上，结合中国实际情况，建立了相应的旅游系统模型，从文献梳理来看，主要包括以下几种模型：

（1）吴必虎的旅游系统模型。

国内学者吴必虎基于冈恩的旅游功能系统模型与莫里森的旅游市场系统模型，结合我国实际情况，提出了旅游系统概念模型（郭长江，2007；吴必虎，2010）。模型主要由目的地系统、出行系统、客源市场系统与支持系统组成，其中目的地系统由旅游吸引物、旅游设施与旅游服务组成，出行系统由连接目的地与客源地的交通设施、旅行服务、信息服务与营销组成，客源市场系统由客源市场与产品市场组成，支持系统由政策法规、环境保证与人力资源组成（见图 2－8）。整体来看，该模型内容较为完整，并且较国外模型增加了一个政府支持子系统，主要凸显了我国政府管理部门在目的地旅游发展过程中的宏观调控作用。但该模型仅对各子系统内部的组成要素进行了说明，对子系统之间的关系与互动作用分析较少。

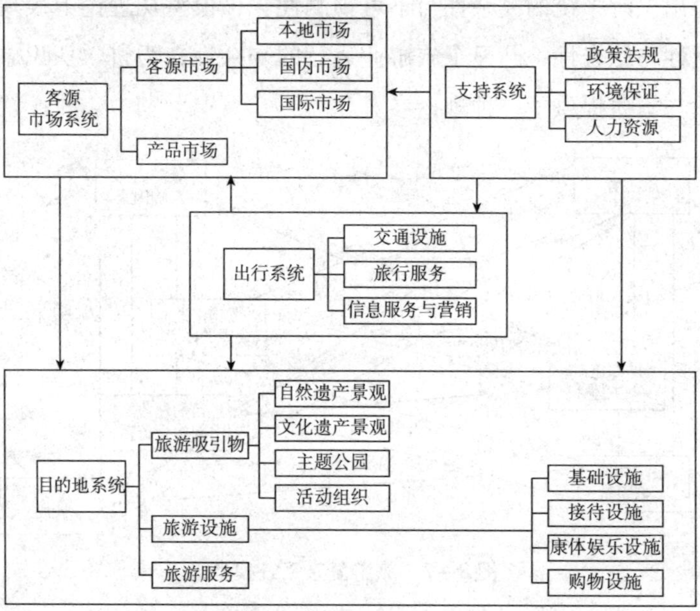

图 2－8　吴必虎的旅游系统模型

（2）吴晋峰的旅游系统模型。

国内学者吴晋峰认为，旅游系统是由客源地系统、目的地系统、媒介系统、交通线路以及外部宏观环境组成（见图 2－9），其中客源地系统包括游客与客源地环境，目的地系统由旅游吸引物与旅游支持条件组成，媒介系统由旅游交通与旅行社组成（吴晋峰，2001）。旅游系统具备整体性、层次性、复杂性、开放性、地域性与动态性，旅游系统内各子系统具备不同的功能，对旅游流的集散与组织起重要作用，系统内各子系统的结构是指目的地、客源地及旅游交通线路之间的空间距离、组合等关系及由此引起的旅游流的变化规律（吴晋峰，2002）。该模型从系统论角度加深了对旅游系统的结构与功能的认识。

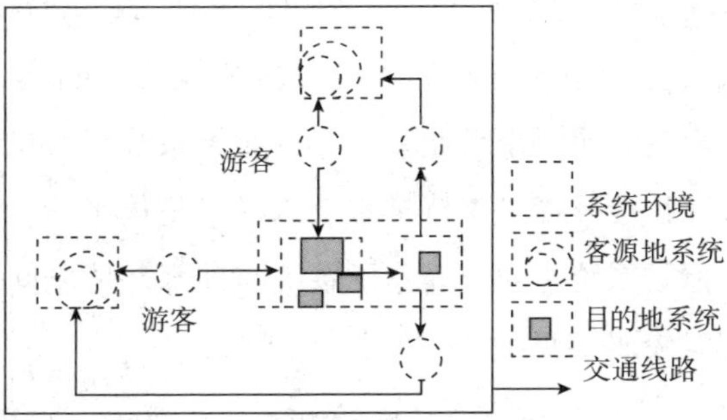

图 2－9　吴晋峰的旅游系统模型

（3）王家骏的旅游系统模型。

王家骏在米切尔旅游市场系统模型的基础上，构建了一个由市场系统、旅行系统、目的地系统、营销系统与支持系统五部分组成的旅游系统，该模型将旅游视为一个由物质、能量、信息的输入与输出，受政治、经济、社会等外部因素影响组成的动态和开放系统（见图 2－10）（王家骏，1999）。其中，市场系统、旅行系统、目的地系统与营销系统以旅游客源市场为纽带，形成供需紧密结合的旅游链条，而支持系统主要协调、服务与调控旅游链条。

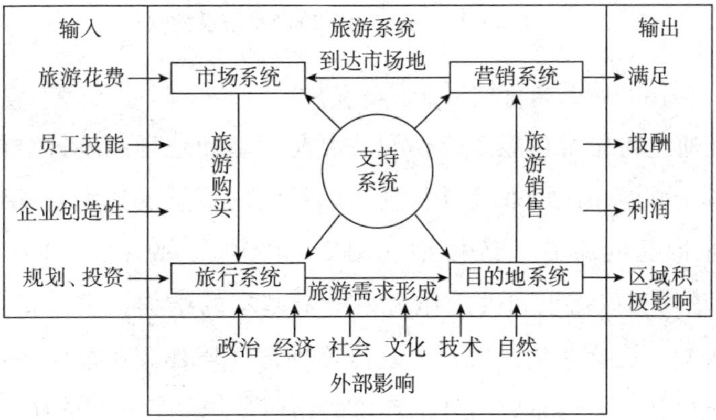

图 2－10　王家骏的旅游系统模型

(4) 王迪云的旅游系统模型。

王迪云基于耗散结构理论，将旅游系统与外部环境融为一体，构建了旅游耗散结构系统模型（郭长江，2007；王迪云，2006），主要由自然、人文与人造吸引物子系统，基础设施、接待设施、购物设施等设施子系统，旅游管理部门、旅游企事业单位等行业子系统以及风景区自然生态环境、风景区人文社会环境等支持子系统组成。整体来看，该模型子系统内部较为完整，但子系统之间，以及子系统与外部环境之间的相互作用与相互关系分析相对较弱（见图2－11）。

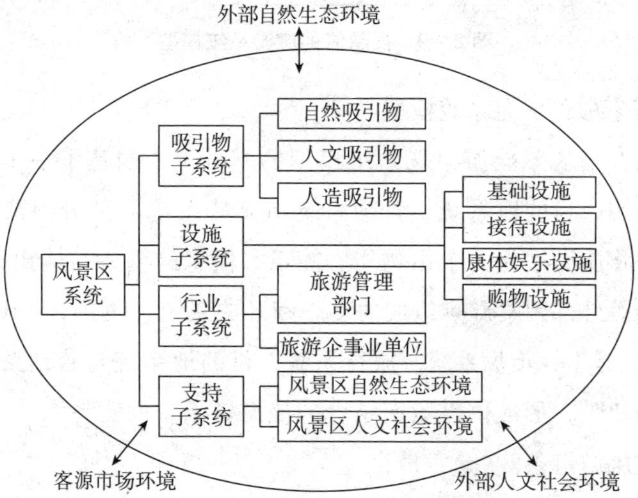

图2－11 王迪云的旅游系统模型

(5) 周佳的旅游系统模型。

周佳通过对旅游功能系统模型、混沌模型和地理系统模型的批判性分析，基于旅游系统的非线性特征，以系统的信息反馈为基础建立了基于非线性特征的旅游系统模型（图2－12）（郭长江，2007；周佳，2010）。该模型以需求和供给作为系统最基本的结构，引入正负反馈机制，将人文、社会文化、技术、政治等外部环境作用于旅游系统，分析旅游系统内部、旅游系统与外部环境的物质与能量的相互交换作用过程，刻画非线性演进过程与规律，并通过正负反馈的调节，保障目的地系统的结构稳定。

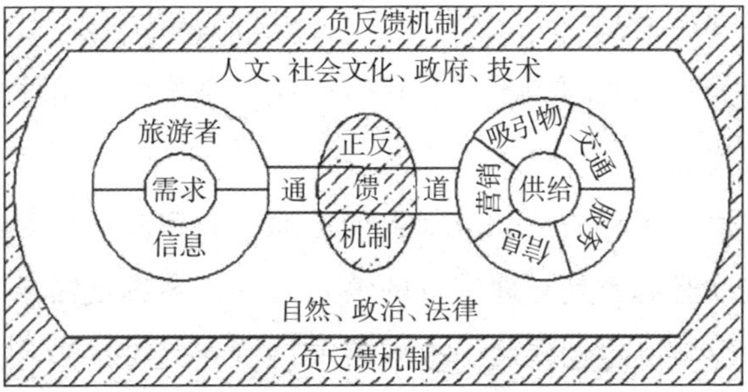

图 2－12　周佳的旅游系统模型

（6）徐峰的旅游系统模型。

在移动互联网与大数据时代，旅游系统的组成、功能与结构得到重构。徐峰以游客的需求信息为核心，以互联网数据信息为钥匙，引入搜索引擎等参与主体，重构适应大数据时代的旅游系统新模型（见图 2－13）（徐峰，2016）。该模型以旅游供需为主线，以旅游信息为线索，由信息识别、信息获取、信息处理与信息应用四个部分组成，并通过直接与间接的信息反馈，辅助游客进行旅游行为决策。限于游客对大数据的使用能力、旅游产业大数据库的完备程度、目的地旅游发展的层次差异，运用该模型的过程中存在较多限制与缺陷，但该模型从旅游需求信息方向出发构建游客导向的旅游系统模型是值得肯定的。

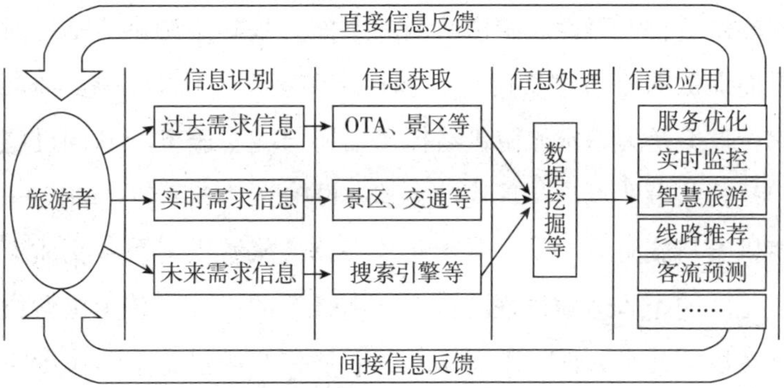

图 2－13　徐峰的旅游系统模型

2.1.6　旅游供给与需求理论

旅游经济活动是在旅游活动商品化的基础上形成的各种经济现象和关

系的总和，其中旅游供给与旅游需求是开展旅游经济活动的两大主要方面，旅游供给与需求之间的矛盾及其运行规律是旅游经济学的研究主线与主要内容（林南枝，2011）。

旅游经济是在旅游活动的基础上产生的，而旅游活动是客源地居民出于某种追求或逃避需要到异地进行的消费活动，客源地需求对形成与开展旅游经济活动起着决定性作用。旅游需求是指人们为了满足外出旅游的需要所发生的对旅游产品的需要量。旅游需求的产生受客源地客观条件与主观条件的影响，其中，客源地经济发展水平、闲暇时间的长短、可支配收入的规模是影响旅游需求的客观条件，而客源地居民的心理特征、文化素养、年龄、职业、受教育程度、家庭环境等则是影响游客产生旅游需求、形成旅游动机与开展旅游决策的主观条件（林南枝，2011）。

旅游目的地供给是指旅游目的地为满足游客旅游需求，而向游客提供的旅游吸引物、旅游产品、旅游设施及满足其旅游活动需要的全部服务（林南枝，2011）。目的地旅游供给具有综合性的特点，表现为旅游产品的综合性与多样性，涵盖目的地众多管理与行业部门，并受到目的地经济、社会与文化等方面的影响。目的地旅游供给具有易波动性，表现其受旅游需求波动以及社会、政治因素的影响较大，并呈现出一定的季节性。旅游产品是旅游供给的关键内容，按旅游产品的构成，可将目的地旅游供给分为基本旅游供给与保障性旅游供给两大方面。基本旅游供给是针对来访游客的需要而提供的旅游供给内容，包括旅游资源、旅游设施与旅游服务；保障性旅游供给是为基本旅游供给提供支持与配套服务的基础设施和相关设施，包括公共事业设施与现代社会基本设施等（林南枝，2011）。

旅游供给与旅游需求是一对矛盾统一体，旅游供需关系实质上表现为旅游供需之间的矛盾运动过程。根据林南枝等的研究，认为旅游供求矛盾主要表现在以下几个方面：①总量上的矛盾，旅游供给量与旅游需求量之间在一定时期内存在一定比例，只有两者相适应或一致，才能实现旅游供需的平衡与耦合；②空间上的矛盾，主要是指旅游供需在空间地域上的失调与错配，表现为旅游热点地区可能出现供给不足，而旅游冷点地区可能发生供给过剩，这种矛盾主要是由旅游产品供给所依托的资源在空间分布上不均衡而导致的；③时间上的矛盾，主要是指旅游需求季节性的波动导致旅游供需之间出现矛盾，表现为旺季出现旅游供给不足，淡季出现旅游供给过剩；④结构上的矛盾，指一定时间内，旅游产品的供给结构和旅游者的需求结构不适应或存在差距，这种矛盾主要是由旅游市场变化的迅速性、旅游供给调整的滞后性引起的（林南枝，2011；薛华菊，2015）。

入境旅游需求与目的地供给是一对相互联系与制约的矛盾统一体，是供需矛盾在旅游系统中的表现，而两大系统之间的协调与耦合对目的地旅游可持续发展具有重要作用。旅游供需的矛盾决定了在不同发展阶段，入境旅游流与目的地系统在总量、空间、时间与结构方面存在供需此消彼长的态势。从“人—地”与“人—人”关系系统视角开展入境旅游流与目的地供需系统的耦合研究，可明确不同阶段两大系统的耦合特征、演化过程与驱动因素，揭示决定两大系统耦合发展的关键要素与子系统，了解不同利益相关群体对目的地旅游供给的感知与评价，明确目的地旅游供给中的优势与劣势因素，进而为目的地供需协调发展提供理论参考。

2.1.7　利益相关者理论

利益相关者理论率先由通用电气公司的一位经理提出，并由美国学者阿诺夫（Asnoff）率先将利益相关者的概念引入管理学领域（付俊文，2006）。利益相关者概念、界定与分类是学者研究的重点。米切尔（Mitchell）梳理了利益相关者的 27 种定义，认为弗里曼与克拉克森的表述最具广泛代表性，弗里曼认为“利益相关者是能够影响一个组织目标的实现，或者受到一个组织实现其目标过程影响的人”（Miethell A.，1997；Freeman R. E.，1990）。利益相关者的分类方法集中为以弗里曼、查卡姆与克拉克森等为代表的多维细分法与米歇尔评分法（李洋，2004）。

鉴于旅游业发展的广泛与综合性，利益相关者理论也被引入旅游研究中。1998 年 *Annals of Tourism Research* 最早刊登了旅游利益相关者的文献，利益相关者理论被引入旅游研究中，1999 年世界旅游组织大会在《全球旅游伦理规范》中使用了“利益相关者”一词，标志着旅游“利益相关者”概念得到官方认可（郭华，2008）。随后，学者从旅游规划、生态旅游、旅游产业、景区管理等视角对旅游利益相关者进行界定与分类（见表2-1）。国内旅游研究中，保继刚最先将旅游利益相关者的概念引入桂林市旅游发展总体规划中（周玲，2006）。旅游利益相关者的分类以多维细分法为主，Robson J. 认为与目的地旅游市场密切相关的主要有旅游企业、游客与目的地居民三大群体，保继刚、王德刚从目的地旅游规划与开发方面也认为目的地社区居民、国内外游客与从业人员是区域旅游发展的核心利益相关者。鉴于上述学者研究结论，本研究主要基于多维细分法，界定目的地社区居民、旅游从业人员与游客为目的地旅游发展过程中的核心利益相关者，也是本研究问卷调查的对象，其中社区居民重视旅游对社会文化的促进作用以及所享受的社会福利，旅游从业人员注重目的地旅游经济利益的获取，游客注重在目的地获得的深度旅游体验与良好的旅游服务（Robson J.，1996；Sautter E. T.，1999；Markwick M. C.，2000；Ryan C.，2002；Burns G. L.，2003；Sheehan L. R.，2005；Mangi S. C.，2008；Angella F. D.，2009；Bornhorst T.，2010；Arnaboldi M.，2011；Imran S.，2014；保继刚，2002；张伟，2002；夏赞才，2003；宋瑞，2005；王德刚，2008；汪德根，2011；陈昕，2011；王纯阳，2012；周大庆，2013；肖岚，2014；蔡建刚，2015）。通过对三大群体的目的地旅游供给感知测评，可总结与归纳目的地供给过程中存在的优势与劣势要素，进而为目的地供给侧调控提供理论与实践指导。

表2-1 旅游利益相关者的分类

作者	年份	分类	文献
Robson J.	1996	游客、居民、地方政府、宾馆、旅游交通、旅游景区、旅游代理商、媒体、股东、员工、压力集团、国家政府	70
Sautter E. T.	1999	游客、政府部门、市民、本地商户、员工、积极团体、竞争者	71
Markwick M. C.	2000	政府、游客、企业雇主、社区居民、宾馆、环保主义者、社会公众、股东	72

续表

作者	年份	分类	文献
Ryan C.	2002	政府、消费者、旅行代理商、吸引物、交通供应商、媒体组织、国家旅游组织、政府旅游营销部门、饭店、地方旅游局、压力群体、员工	73
Burns G. L.	2003	游客、旅游经营商、地方政府、居民、员工、顾问委员会、保护协会、保护组织、地方利益团体、公园	74
Sheehan L. R.	2005	酒店、当地居民、城市政府、地区政府、国家/省政府、吸引物、成员、董事会、会议中心、餐厅、大学/学院、商业协会、赞助商	75
Mangi S. C.	2008	游客、政府官员、自然资源保护者、管理者、研究人员	76
Angella F. D.	2009	游客、供应商、企业家、管理者、交易商、股东、公共组织	77
Bornhorst T.	2010	吸引经理、活动/节日经理、酒店总经理、会议中心经理、目的地首席执行官、商会会长、市政政客	78
Arnaboldi M.	2011	游客、社区、市政当局机构、生产商、旅游企业家、教育体系、环境部门	79
Imran S.	2014	游客、社区居民、旅游企业、政府部门	80
保继刚	2002	政府、社区、入境游客、国内游客、旅游企业	81
张伟	2002	游客、社区居民、政府部门、公共部门、私有企业、非政府组织、旅游专家	82
夏赞才	2003	旅游者、旅游局、投资者、供应商、员工、代理商、居民、当地政府、旅游协会、国家工商税务部门	83
宋瑞	2005	政府、当地社区、旅游企业、旅游者、保护地、非政府组织、学术界及相关机构、媒体	84
王德刚	2008	政府、旅游企业、旅游者、当地社区、合作者、非政府组织、社会公众、社会力量、自然环境、非人类物种	85
汪德根	2011	社区居民、地方政府、旅游者、旅游企业	86

续表

作者	年份	分类	文献
陈昕	2011	政府、遗产地居民、旅游者、基础设施供应商、遗产地管理者、压力集团、旅游服务商	87
王纯阳	2012	政府、社区居民、旅游者、旅游经营者、竞争者、媒体、旅游业相关企业、社会公众、外来投资者、特殊利益团体、宗教团体、教育机构、人类后代、旅游从业人员、旅游行业协会	88
周大庆	2013	地方政府、旅游开发商、社区居民、旅游者、竞争者	89
肖岚	2014	旅游区经营者、旅游者、本地居民、旅游局、旅游地社区、旅游运输企业、旅游住宿餐饮企业、旅行社、其他相关政府机构、碳排放交易所、专家学者、科研机构、旅游区商店、宣传媒体、低碳志愿者、金融支持机构、社会公众、其他产业	90
蔡建刚	2015	旅游经营企业、保护地、旅游者、政府、社会公众、媒体、非政府组织、学术界及相关机构、旅游从业人员、社区居民	91

2.2 旅游耦合文献综述

2.2.1 国外旅游耦合研究进展

2.2.1.1 旅游供需耦合研究

耦合是复杂系统通过各子系统或要素相互作用与影响，促进系统由无序走向有序的过程，耦合度是描述系统或要素相互影响的程度，耦合协调度是反映系统耦合程度及协调发展状况的定量指标。该方法广泛应用于城市化与生态环境研究（刘耀彬，2005）。国外对旅游需求与供给的相关研究开展得较早，其研究成果也比较丰富多样。旅游流作为旅游需求的显性表现，其与目的地供需的协调与耦合研究也成为国外研究的重点。理论研究方面，Leiper 从地理空间角度提出了旅游系统模型，包含旅游者、旅游业、客源地、旅游通道和目的地等需求与供给五大组成要素（Leiper N.，1990）。Cooper 从供需关系角度对 Leiper 提出的旅游系统模型进行了进一步的细化分析（Cooper C.，1998）。Gunn 认为供给与需求的匹配是实现旅游系统功能的基础（Gunn C. A.，2002）。Pearce 对旅游需求的功能模式，以及旅游系统中的综合交通问题进行了深度研究（Pearce D.，1995；Pearce D. G.，2008）。实证研究方面，Jie Zhang 对入境旅游流与目的地国家之间的协调关系进行实证分析，认为入境旅游流受国际贸易流影响大，不同目的地的资源丰度、发展技术、基础与服务设施等的优势差异是影响入境旅游流的关键因素（Jie Z.，2007）。Chokri O. 基于供需视角，以欧洲游客收入及突尼斯旅游产品价格为研究指标，对二者之间的协整与互动关系进行了分析解释（Chokri O.，2008）。Emanuela M. 等在分析了意大利各区域供给与需求主导因素，并探讨了各区域与客流的协调情况（Emanuela M. et al.，2013）。Xiang Li 等从需求视角出发，对中国出境旅游市场规模进行实证分析，为进一步开发中国出境旅游市场提供了营销参考（Xiang L. et al.，2010）。Kim S. S. 等以韩国演艺业为研究对象，探讨了日本游客与目的地感知形象之间的耦合关系与程度（Kim S. S. et al.，2007）。

2.2.1.2 旅游供给耦合研究

从目的地供给视角，可将国外研究成果划分为宏观与微观两大类别。宏观研究集中在生命周期、供需模型、发展政策、发展管理等方面。微观研究集中在旅游业与区域交通、资源、区域经济、社会环境、细分市场、星级饭店等方面。

（1）宏观旅游耦合研究方面。Kerry 基于对英国管理人员的市场调查，认为目的地的健康发展需要旅游规划各方面的协调与耦合（Kerry B. G.，1998）。Richard 对旅游业发展周期、波动过程与驱动机制进行实证分析，发现由于供需的内在异质性，很难精确预测旅游业增长与发展模式（Richard B.，2009）。Korel 认为旅游供需的互动作用会影响全球化发展，导致旅游发展的过程、发展规模等发生变化（Korel G.，2000）。Ming 等通过游客需求来分析越南旅游发展概况，提出目的地旅游供给的发展战略（Ming L. T. et al.，2011）。Carl 等依据供需理论，采用向量误差修正模型，分析了夏威夷旅游发展的协整关系以及未来发展趋势（Carl B. et al.，1999）。

（2）旅游与资源禀赋的耦合。Steven 等从供给视角发现蒙特利尔博物馆在发展旅游过程中应该从财政状况、媒体技术、劳动保障及网络发展等方面进行完善，以提高游客内在体验（Steven T.，1999）。Elisa 等从供给视角对意大利森林生态系统服务功能进行研判，发现旅游可带动当地经济发展，但不能破坏旅游资源生态承载力（Elisa M.，2014）。Sven 等从资源环境承受力、便捷性以及旅游耦合协调力三方面对旅游目的地发展水平进行综合研判（Sven A. H.，2011）。Werner 等通过对景观内容的系统动力学分析，认为不同层次的景观与人类活动的耦合程度有较大差异（Werner B. T.，2007）。Marjo 等探讨了芬兰国家公园发展过程中的供需概况，而后对公园旅游资源开发与发展做出了评估（Marjo N.，2010）。

（3）旅游业与区域交通的耦合。Yaron 等运用投入—产出分析法，对以色列埃拉特机场搬迁与扩建后所产生的旅游需求进行耦合评价（Yaron E.，2012）。Werner 等对影响旅游公共交通的耦合重要指标进行实证分析，发现可以在运输政策、服务水平、市场营销、游客行为等方面进行完善与改进（Werner G.，2007）。Daniel 等基于欧洲国际城市数据统计资料，对旅游业与城市公共交通之间的供需耦合关系进行研究，发现可以通过对城市公共交通提供保障资金来进一步发挥其外部效应来满足游客需求（Daniel A.，2010）。

（4）旅游业与区域经济的耦合。Sandra 分析了旅游经营商与旅游目的地可持续发展的关系，并分析了二者供需耦合的发展程度，认为可持续旅游发展应基于“正确合理”的旅游消费需求（Sandra C.，1997）。Doris 等依据多种竞争力模型，对斯洛文尼亚旅游发展竞争力进行了评估，对其供给优势与旅游需求进行了研判（Doris O. G.，2008）。Pascal 发现旅游经济的健康与协调发展离不开旅游企业与产业之间合理的协调及耦合运作（Pascal T.，1998）。Song 通过对旅游经济学研究现状的审视，分析了旅游供给与需求平衡协调关系（Song H. Y.，2012）。Rainer A. 等认为旅游产品内容的复杂性，以及与旅游产品价格之间的协调是保障目的地旅游发展的重要特征，通过目的地产品和价格之间的耦合情况及资源禀赋对目的地进行了分类与评价（Rainer A.，2013）。

（5）旅游业与发展环境的耦合。Stroma 采用政治生态学方法，对巴厘岛的旅游需求与淡水供给之间的关系进行协调分析，认为发展环境和政治是导致目的地淡水供需失衡的因素（Stroma C.，2012）。Tang 研究了黑龙江旅游发展与环境之间的耦合协调程度，认为发现经济效益与生态质量是影响旅游发展的主要因子（Tang S.，2015）。Stefan 对旅游业与淡水供给之间的关系进行耦合分析，依据旅游发展过程中淡水消费的规模与质量，评价未来旅游发展过程中的潜在风险（Stefan G.，2012）。Hsin 等从供需角度，采用投入—产出分析法，研究了旅游产业对区域环境的差异化连锁作用（Hsin J. H.，2013）。

（6）旅游与酒店业的耦合。Ricardo 等依据酒店业供需发展的不确定性与不平衡性特征，对阿尔加维酒店的发展效率进行分析，发现酒店的发展环境、地理区位与服务设施是酒店发展的重要因素（Ricardo O.，2013）。Vani 根据酒店客房收入、入住率与利息率三大指标，对昆士兰地区的宾馆供需协调程度进行分析（Vani K. B.，1999）。Henry 等分析了拉斯维加斯酒店供需的耦合协调情况，识别了影响酒店供需发展的关键要素（Henry T.，2006）。Huimin G. 分析了改革开放以来中国酒店业的结构变化情况，对不同城市酒店的供需协调平衡状况进行评估，并对未来挑战进行判断（Huimin G.，2012）。Jan 等对旅游目的地酒店式公寓供需耦合情况进行实证研判，发现房地产与旅游相结合的途径能够满足目的地蓬勃发展的旅游需求（Jan W.，2003）。

（7）旅游与细分市场的耦合。Pearce 分析了城市旅游的细分市场，提出了城市旅游的研究框架，其中城市旅游供需关系与二者的耦合及协调情况是重要研究内容（Pearce D. G.，2001）。Cheri 等基于探亲访友市场，从供给发展视角，分析评价了目的地居民与游客互动协调过程中所扮演角色情况（Cheri A. Y.，2007）。Tiziana 等以西西里岛为例，分析了不同旅游季节性目的地供需情况的变化程度（Tiziana C.，2011）。Silvia 等以边境旅游为例，对发展过程中能源供需的差异化进行分析，发现根据旅游需求的变化，能源消耗程度与能源价格二者的协调关系呈现波动发展的趋势（Silvia B.，2005）。

2.2.2 国内旅游耦合研究进展

2.2.2.1 旅游供需耦合研究

从供需视角来讲，旅游目的地可成为旅游供给主体，旅游流则是旅游需求的显性表现，目前研究成果集中在入境旅游流与旅游目的地及其子系统之间的耦合方面，而针对国内旅游流、出境旅游流与目的地耦合研究相对较少。研究视角主要是入境旅游流与区域经济、贸易、信息、景区、交通、环境、饭店业、目的地耦合等方面。

高楠等分析了我国31个省、区、市入境旅游与进口贸易系统之间的耦合协调度，并对不同省、区、市之间的耦合协调度进行聚类研判分析（高楠等，2012）。刘宏盈、胡巧娟、詹新惠等从空间互动联系视角，对我国典型省份之间入境旅游流与旅游经济之间的耦合协调关系及机制进行了分析（刘宏盈，2008；胡巧娟，2012；詹新惠，2013）。冯娜、杨敏等分析了虚拟网络信息流对入境旅游流的影响，研判了二者的耦合关系并进行类别划分（冯娜，2014；杨敏，2012）。方世巧等探讨了A级景区与旅游流之间的耦合协调度与协调度，发现景区信息流丰度与旅游流规模呈现正向耦合发展效应（方世巧等，2012）。王兆峰分析了入境旅游流与航空运输网络之间的协同程度，并分析了其演化规律及空间差异（王兆峰，2012）。董亚娟等分析了入境旅游流与生态环境之间的耦合协调度，发现生态环境是游客选择目的地的重要因素（董亚娟等，2013）。吴冰等对西部典型旅游城市入境旅游流与饭店业的耦合协调度进行了差异化分析（吴冰等，2013）。张春晖等从空间角度，分析了西部地区入境旅游流与目的地耦合的发展差异，并探讨了差异成因（张春晖等，2013）。李晓静等测算了张家界旅游流与交通的耦合协调度与互动过程（李晓静等，2013）。张琰飞探讨了西南地区文化演艺与旅游流之间的耦合关系，发现文化演艺系统比较落后（张琰飞，2014）。刘军胜对全国各省份入境旅游流与区域经济之间的耦合关系进行时空动态分析，认为二者存在地域与阶段差异（刘军胜，2015）。汪秋菊等研讨了城市旅游流与城市网络关注度之间的耦合时空特征，认为二者存在明显协调与互动的发展关系（汪秋菊等，2015）。

裴博等分析了入境旅游流与星级饭店系统之间的耦合协调度与影响因素（裴博等，2014）。

2.2.2.2　旅游供给耦合研究

从目的地供给视角来讲，现有成果可分为宏观系统之间、宏观与微观子系统的耦合研究。宏观方面集中在旅游目的地不同系统之间的耦合分析，研究成果相对较少。微观方面集中在旅游业与城市化、交通、环境、文化、市场、基础设施及旅游相关产业等之间的相应耦合分析，研究成果较为丰富。

（1）宏观旅游耦合研究。吴必虎认为旅游耦合研究视角包括从地理空间角度开展的客源地—目的地对应分析，以及从市场营销视角开展的旅游需求—供给对应分析（吴必虎，1998）。戴斌从旅游经济学视角，对旅游活动开展过程中供需的决定因素及其一般特征进行概括分析，并建立旅游供需实证研究模型（戴斌，1997）。牛亚菲从地理空间角度，对旅游供需的空间地域规律性发展特征进行研究，并提出旅游供需空间协调发展模式（牛亚菲，1996）。杨春宇等分析了旅游地生命周期与旅游环境承载力之间的耦合关系，阐释了旅游目的地系统演化过程，定量测度了二者耦合的阈值范围（杨春宇，2007；杨春宇，2009）。陈娅玲等通过梳理旅游社会—生态系统相关理论，提出了旅游社会—生态系统耦合概念、发展特征、研究框架及运行机制（陈娅玲，2011）。林岚等分析了福建旅游目的地吸引物、城镇、交通三大系统之间的耦合结构与发展程度，并对区域耦合差异提出了完善建议（林岚，2011）。吴殿廷等从供需两大视角论证了旅游发展的时空耦合发展规律，为不同区域旅游开发与可持续管理提供时空结合的研究思路框架（吴殿廷，2005）。张燕、钟霞、刘定惠、李阳等构建了旅游业—区域经济—生态环境三大系统评价指标体系，采用耦合度与协调度函数，对不同区域协调发展情况进行了实证研究（张燕，2008；钟霞，2012；刘定惠，2011；李阳，2012；杜湘红，2014；张玉萍，2014；胡振鹏，2015）。

（2）旅游业与城市化的耦合。高楠等分析了旅游产业与城市化之间的耦合互动机理，并对二者的耦合度与协调度进行了实证分析，发现二者实现了从严重失调到协调的质变（高楠，2013）。虞虎等以长江三角洲城市群为例，从经济发展水平、社会发展程度、公共交通水平等方面对城市发展与旅游业之间的协调度进行了评价（虞虎，2012）。詹新惠等分析了陕西各城市之间旅游业与城市化耦合发展水平，总结了二者耦合发展特征及城市演变格局（詹新惠，2014）。庞笑笑等测度了旅游发展与城镇化之间的耦合度与协调度，发现旅游中心地与区域空间增长极在发展过程中存在相互影响与协调发展的作用（庞笑笑，2014）。夏雪等对环渤海海滨城市旅游业与城市化耦合协调度进行了时空特征差异研究（夏雪，2014）。张英等分析了旅游发展与城市化耦合度与协调度，认为二者互动耦合与协调度还需要进一步提升（张英，2013）。梁坤对旅游产业与城镇化之间的时空耦合关系进行实证测评，发现二者具备突发性、滞后性与发散性的特征（梁坤，2014）。梁留科等分析了城市化与旅游产业耦合度与协调度时空差异，发现二者协调度处于较低水平（梁留科，2016）。

（3）旅游业与交通的耦合。王永明等构建了城市旅游经济与交通耦合评价指标，并分析了二者之间的协调度与耦合度，发现西安旅游存在交通短板效应（王永明，2011）。陈晓等测度了大连旅游与城市交通之间协调度，并对二者间的协调模式及演变过程进行了实证研究（陈晓，2008）。张书红等分析了河北旅游经济与交通之间的耦合度与耦合协调度，提出了优化二者的发展建议（张书红，2012）。张广海等分析了江苏交通与旅游产业评价指数与协调程度，发现各城市耦合协调发展空间格局呈现集聚发展特征（张广海，2013）。毕丽芳等对交通与旅游经济之间的耦合协调度进行实证研究，发现二者之间的耦合协调程度在不断提升（毕丽芳，2013）。陈新哲等分析了新疆交通与旅游之间的时空协调发展情况（陈新哲，2009）。牛丽静等对上海交通与旅游相关程度进行了实证测度，并在此基础上定量分析了二者之间的协调发展程度（牛丽静，2011）。余菲菲基于耦合协调度模型分析了池州旅游发展与经济之间的协调与耦合关系（余菲菲，2015）。

（4）旅游业与发展环境的耦合。耿松涛等对 15 个副省级城市生态环境与旅游经济耦合关系进行实证分析，并根据实证结果进行聚类归纳分析（耿松涛，2013）。庞闻等在分析生态环境与旅游经济耦合机制的前提下，对二者之间的耦合度与协调度进行实证分析（庞闻，2011）。杨主泉等根据耦合度与协调度测评模型，分析了桂林旅游经济与生态环境之间的协调发展程度，并提出了相关完善建议（杨主泉，2014）。王凯等根据脱钩理论分析了碳排放与旅游经济之间的耦合关系，并进一步辨析不同协整阶段二者之间的互动关系（王凯，2014）。方叶林等对 31 个省、区、市旅游发展与生态环境之间的关系进行耦合与协调分析，并根据东、中、西三大地带区域差异提出针对性的发展措施（方叶林，2013a，2014b）。谭小莉对旅游产业与生态环境之间的协调发展关系进行实证研究，并界定其阶段演变发展过程（谭小莉，2015）。李彩云对旅游业碳排放与经济增长的耦合度与协调度进行实证研究，发现旅游业经济增长速度高于碳排放发展速度（李彩云，2016）。

（5）旅游业与文化产业的耦合。袁丁等通过遴选旅游文化与经济社会发展指标，对二者之间的耦合度与协调作用进行动态实证研究（袁丁，2010）。周永博等从游客感知角度，从文脉、地脉及功能属性三方面对目的地意向内涵进行解释（周永博，2010）。韦复生发现在经济结构发展与转型期，民族文化与旅游协调耦合发展是西部民族地区持续发展的突破点（韦复生，2011）。周叶通过分析文化产业与旅游产业之间的耦合发展机制，对二者之间的耦合度与协调度进行了实证研究（周叶，2014）。张耀一根据中原文化内涵，分析了中原经济区旅游产业与文化产业之间的耦合发展模式与路径（张耀一，2013）。党红星等分析了移民对区域旅游经济的发展影响，发现移民文化与区域旅游之间存在协调互动的关系（党红星，2012）。尹贻梅等根据创意产业的发展态势，发现民族旅游业与创意产业之间的互动发展可以有效改变民族地区的经济发展方式（尹贻梅，2009）。张琰飞等通过对文化与旅游产业之间的耦合度与协调度分析，发现文化产业发展相对滞后于旅游业发展水平（张琰飞，2013）。席岳婷等分析了旅游发展过程中，遗产保护与旅游开发之间的耦合发展策略与路径（席岳婷，2013）。翁钢民以全国 31 个省、区、市为例，分析了旅游业与文化产业之间的耦合度与协调度，发现二者之间存在东西差异的发展趋势（翁钢民，2016）。

（6）旅游产业之间的耦合。程晓丽等通过对安徽旅游产业与文化产业之间的融合分析，提出了延伸发展型、渗透发展型、重组发展型三种发展策略（程晓丽，2012）。朱桂凤基于对文化产业与旅游产业之间的耦合分析，发现文化是二者内在的核心属性要素（朱桂凤，2013）。张海燕等分析了区域旅游产业与经济之间的耦合机制，从旅游产业、区域企业、发展品牌三个方面对二者耦合关系进行实证分析（张海燕，2011）。生延超等基于旅游产业与区域经济耦合互动机制分析，测度了二者耦合度与协调度及耦合类型（生延超，2009）。张柳等分析了旅游产业与目的地营销系统之间的耦合协调关系，并对二者之间的关系进行区域差异分析（张柳，2011）。姜嫣等对东部地区旅游产业与区域经济之间的耦合度与协调度进行了时空演变分析（姜嫣，2012）。杨松茂等发现陕西旅游产业与区域经济在耦合协调发展过程中旅游产业对区域经济推动作用更为强烈（杨松茂，2013）。刘金栋等以全国31个省、区、市为案例地，分析了旅游产业与区域经济之间的耦合度与协调度的时空差异，发现二者之间协调度存在“马太效应”（刘金栋，2013）。李森等采用突变级数模型，对旅游产业与基础设施之间的耦合度与协调度进行实证研究，发现二者关系实现了由失调向协调的质变（李森，2014）。邴振华等基于经济地理学理论，分析了旅游产业规模与城市经济之间的耦合度与协调度（邴振华，2011）。丁红梅等以黄山为例，对城市旅游产业与区域经济之间的耦合度与协调度进行了差异化分析（丁红梅，2013）。余洁对山东各城市旅游产业与区域经济之间的耦合关系进行了差异化分析（余洁，2014）。田启分析了体育产业与旅游产业耦合互动关系与影响因素，发现二者之间耦合协调的程度正在加深（田启，2014）。陈瑾对江西旅游产业与文化产业之间的融合机理、发展途径与发展政策进行了实证研究（陈瑾，2014）。高楠等对丝绸之路沿线各省区旅游产业与区域经济之间的耦合关系进行了时空差异分析（高楠，2015）。张英等对张家界旅游业与农业之间的耦合关系进行测评，发现二者处于初级协调的发展阶段（张英，2015）。李田研究了河北旅游产业与区域经济之间的耦合度与协调度及差异，据此提出相关发展的建议（李田，2015）。

通过对国内外文献梳理发现已有研究呈现以下特点：一是国内外旅游耦合相关成果多基于旅游供给视角进行研究，而从供给与需求结合视角的相关研究相对较少，且已有研究多拘泥于实证分析层面，缺乏对旅游耦合动力机制的深度剖析。二是国内外旅游耦合部分研究主题内容基本一致，如宏观旅游耦合，旅游与资源、区域交通、区域经济、生态环境和产业耦合，但缺乏从目的地旅游系统视角的整体性分析，难以对目的地旅游供需协调情况进行全面与系统的把握。三是国外旅游耦合理论研究与实证分析并重，而国内研究则偏重系统内部与系统之间的耦合度与协调度实证测评，理论归纳与应用亟待提升延伸。四是国外旅游耦合研究主题内容较为丰富，而国内的耦合研究主题相对较单一，且国内外旅游耦合研究中相对缺乏对目的地旅游利益相关群体的关注。

第3章 旅游需求与目的地供给耦合概念模型与指标体系

本章从系统论视角出发，首先提出入境旅游流与目的地系统耦合互动概念模型；其次在对两大系统互动耦合内涵分析的基础上，对已有耦合研究文献的指标及其合理性进行梳理、归纳与总结；最后构建本研究入境旅游流与目的地供需耦合的指标体系。

3.1 入境旅游流与目的地供需耦合互动概念模型

从耦合视角来看，入境旅游流系统与目的地供给系统存在相互作用、相互协调与耦合发展的关系（刘军胜，2015）。从系统论视角来看，入境旅游需求系统与目的地供给系统均具有结构复杂性与内容多样性的特征，两大系统耦合的成长过程也是一种复杂的自组织动态演化现象，而两大系统耦合程度的高低，取决于两大系统内部各子系统与分要素在不同阶段的地位与作用，同时受到一系列国家政策与特殊事件等宏观外部因素的影响（见图3-1），并最终形成相互联系与作用的耦合交互体。

3.1.1 入境旅游需求触发并推动目的地供给系统的发展

3.1.1.1 入境旅游需求促进目的地旅游资源开发与建设

从发生学来审视我国入境旅游的发展历程可以发现，我国入境旅游的发展始于改革开放与“邓小平南方谈话”的宏观发展背景，其主要功能以事业接待为主，1998年召开的中央经济工作会议，决定将旅游业作为国民经济新的增长点，并确立优先发展入境旅游的发展政策，其功能逐步转向企业与市场发展。随着改革开放的深入推进，入境游客渐成规模，旅游效益逐步增加，并成为我国赚取外汇收入的重要渠道，并带动了我国旅游资源的开发与景区景点的建设，其中一个主要表现为国家为规范并激励景区建设，于1999 年推出 A 级景区质量等级评定标准，以促进目的地景区的发展与建设，同时国内也逐渐进入旅游资源普查与开发的新时期。进入 21 世纪，随着入境旅游流规模的日益扩大，国内 A 级景区、国家地质公园、国家森林公园、国家级风景名胜区等的数量、规模、固定资产、收入等也日益增加，正是由于游客需求的增加推动了目的地资源开发与建设。

3.1.1.2　入境旅游需求带动目的地旅游企业的发展

入境旅游需求市场的旺盛，入境旅游流规模的扩大，会引起目的地酒店、旅行社等旅游企业的发展。住宿、餐饮是完成旅游体验不可或缺的组成部分，良好的住宿与餐饮服务也是目的地吸引力的重要表现。随着入境旅游流规模化增长，为更好地满足入境游客需求，国家先后出台了旅游涉外饭店星级的划分及评定、中华人民共和国星级酒店评定标准等来对目的地酒店建设进行评估与监督；同时，入境游客的增加，带动了目的地酒店业的快速发展，星级酒店的数量与规模也在日益扩大。入境旅游需求的提升，也会促使目的地酒店学习与引进国外酒店的管理方式，并完善酒店服务设施来满足游客需求。游览与娱乐是游客旅游体验的主要内容，入境游客在目的地旅行势必需要旅游线路设计、签证手续办理等服务，而旅行社正是提供此类旅游产品与服务的主要企业。入境旅游市场的蓬勃发展，必然会引起目的地旅行社数量与规模的增加，并促使旅行社关注入境旅游市场需求，设计针对入境旅游市场的旅游产品，规划适合入境游客需求的旅游线路，推出符合入境游客需求的签证、安全保障等旅游服务，以满足入境游客需求。

3.1.1.3　入境旅游需求推动目的地基础设施的完善

旅游活动具有异地性与暂时性特征。游客完整的旅游体验离不开交通设施的保障支持。入境旅游市场与目的地航空交通关系密切，入境游客规模的提升，会推动目的地机场硬件设施与服务设施的建设，并扩大目的地航班数量与航线数量，以满足游客需求。入境游客在目的地城市的集聚、扩散与流动离不开交通设施的支持，入境游客在目的地城市之间、城市与景区之间的流动会带动目的地铁路、公路、公共交通等设施与服务的建设。入境游客在目的地的住宿与餐饮，以及旅游企业的运营均离不开城市供水与供气等的基础保障与支持，同时，入境游客在目的地旅游体验活动的展开，以及对旅游信息查询、信息预订、信息沟通等需求会带动目的地游客信息咨询中心、网络设施、固定电话等通信设施的建设。

3.1.1.4　入境旅游需求促进目的地区域经济的发展

旅游业具有较强的关联性与综合性特征。入境旅游发展对区域经济的影响较为显著，入境旅游发展可以带动相关产业发展，增加区域就业，进而促进区域经济发展。入境旅游的发展可以带动区域产业结构的调整，减少第一产业比重，提高第二、第三、第四产业比重。入境旅游的发展不仅可以促进区域内与旅游直接相关的住宿业、餐饮业、交通运输业、娱乐与商业等直接就业人数的增加，还可以提升与旅游业密切相关的制造业、工程建筑、食品加工等行业的间接就业人数。基于旅游业庞大的关联效应及其综合效应，入境旅游的发展给区域带来显著的外汇收入，对改善区域经济外汇收支平衡具有重要作用。入境旅游与对外贸易投资关系密切，入境旅游市场的规模化发展，会促进目的地对外贸易联系密度与贸易额度的增加，促进目的地对外贸易的发展。入境旅游的发展能够促进区域原来的经济结构发生变化，基于游客消费需求的多样性与差异化，为区域产业结构调整提供新的可能性，其中与旅游业直接相关的交通运输业、宾馆住宿业、食品加工业、通信及娱乐业等部门结构会得到调整，同时会催生与区域旅游业相关的数字出版业、旅游装备制造业、旅游房地产业等新业态的出现。

3.1.1.5　入境旅游需求促进目的地发展环境的建设

入境旅游发展具有较强的示范效应，入境旅游规模的扩大，会促使目的地管理部门引进、吸收与改进目的地管理方式，提升目的地管理水平，同时促进目的地旅游接待者人口素质的提升，并积极为入境游客提供良好的安全保障与社会医疗服务，以满足入境游客需求。入境旅游发展与目的地自然环境关系密切，为保证旅游目的地入境旅游的持续发展，以及提升与保护目的地旅游形象，目的地会持续加强城市绿化建设、开展污水、废水、雾霾等环境治理，并推进旅游厕所等城市环卫设施的建设，提升目的地旅游形象。

入境旅游流与目的地系统耦合互动概念模型见图 3－1。

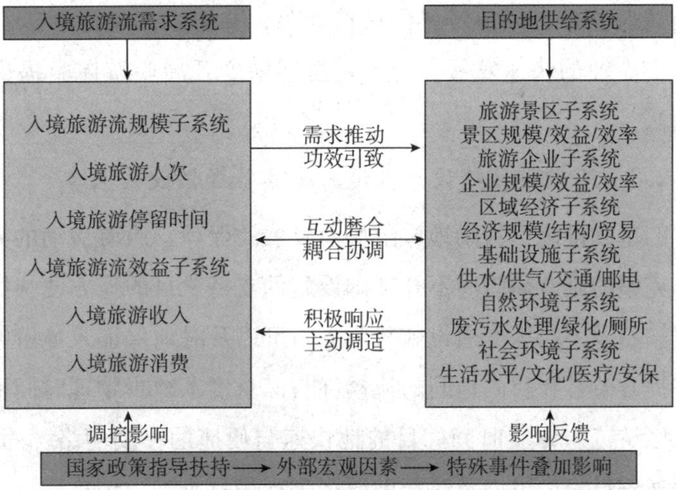

图 3－1　入境旅游流与目的地系统耦合互动概念模型

3.1.2　目的地供给响应并保障入境旅游流系统的发展

3.1.2.1　旅游景区建设为入境游客需求提供资源保障

根据入境游客的需求，旅游景区会从景区建设、线路打造、设施完善与服务提升等方面来为满足游客需求提供保障。根据入境游客需求的变化，目的地景区会进行资源与景点更新，进行景区游线重新设计，通过增加景区游览内容的种类与数量来保持景区的吸引力。随着入境游客要求的提升，目的地景区会加强景区内部交通设施、游憩设施、咨询设施、安保设施、医疗设施等的建设，同时提升景区管理人员与服务人员素质，以更好地满足入境游客的需求。

3.1.2.2 旅游企业发展为入境游客体验提供服务保障

旅游企业是为入境游客提供体验服务的重要关键环节，伴随入境游客市场的扩大与提升，酒店与旅行社等典型旅游企业的数量与规模也在迅速增加，同时，旅游企业的经营与服务内容也在逐步完善并与国外接轨。其中，星级酒店的快速发展可以为入境游客提供不同层次与类型的住宿及餐饮服务，以满足入境游客住宿体验的基本需求。旅行社快速发展，其提供的内容也较为多样，可以为不同国家或地区的入境游客定制不同旅游线路，推出风情各异的旅游产品，并协助入境游客进行签证办理等。旅游企业的快速发展，为入境游客深度开展旅游体验提供了坚实的服务保障。

3.1.2.3 基础设施建设为入境游客体验提供设施保障

良好的基础设施是目的地旅游快速发展的保障。旅游活动的异地性决定了游客完整的旅游体验离不开基础设施的支持。目的地方便快捷与舒适的航空、铁路及公路等交通设施与服务，可以及时地保证入境游客集聚与扩散，并提升游客在目的地间的流动性与满意度，减少物理时间消耗，增加游客景区游览与体验时间。目的地快速与便捷的移动网络、固定电话、互联网等通信设施，可以及时帮助游客进行信息查询、信息预订、信息沟通等，提升游客目的地旅游体验的效率。同时，游客目的地的餐饮与住宿离不开目的地供水以及供气供电等能源设施的支持。基础设施的完善为入境游客开展深度旅游体验提供了设施保障。

3.1.2.4 区域经济发展为入境旅游发展提供基本保障

区域经济是目的地入境旅游发展的“本底载体”，对区域入境旅游的发展起着核心支持作用。区域经济发展水平的高低会影响与区域旅游相关的“行、住、食、游、娱、购”等基础设施建设。区域经济发展水平差异影响区域发展旅游业的资金投入水平与规模，进而直接影响旅游发展的速度与规模。区域经济发展水平与区域旅游资源开发及规划密切相关，区域经济发展水平的高低直接影响区域旅游资源开发、旅游产品改造与升级，进而影响区域旅游发展。区域经济的发展同时会影响旅游业市场营销与促销，而区域旅游产品只有经过良好的市场营销才能为游客所知，才能更好地打开区域旅游市场。同时，区域经济水平影响地区旅游信息化建设，区域旅游发展离不开区域信息软件及硬件等辅助设施建设，完善的信息通信条件为加强游客联系、增强区域旅游便捷性与时效性提供了保障。

3.1.2.5　发展环境为入境旅游发展提供支撑保障

目的地良好的自然与社会环境对入境旅游发展具有重要作用。目的地优美的自然环境是目的地的旅游吸引物的重要组成部分，可以提升游客感知度与好感度。目的地通过污水处理、“三废”治理、城市绿化与旅游厕所建设等措施，可以为入境游客营造健康美丽的体验环境。目的地和谐文明的社会文化环境对促进目的地主客交往，提升目的地人文环境氛围具有重要作用。目的地通过社会文化环境、社会医疗与安全保障等方面的建设，为入境游客提供稳定与和谐的人文环境。此外，目的地入境旅游的发展还受到国家政策的指导扶持，我国入境旅游的危机化解与快速发展离不开国家在政策、资金、市场营销与签证制度等方面的大力支持。旅游业具有脆弱性，自然灾害与金融危机等事件会对目的地入境旅游造成严重冲击与负面影响，1997 年亚洲金融危机、2003 年“非典”事件与 2008 年美国金融危机等事件均对我国入境旅游业造成了严重的负面影响，对此需要积极应对与化解。

3.2　入境旅游需求与目的地供给耦合评价指标体系构建

3.2.1　指标体系构建原则

根据前文理论基础与文献综述的梳理，从系统论角度看，旅游业具有典型的广泛性与综合性的特征，入境旅游市场是目的地旅游市场的重要组成部分，其所包含的内容同样具备复杂性与多样性，而目的地供给系统相较于入境旅游流系统则更为复杂。故在遴选入境旅游流与目的地供需系统耦合的指标时，需要将系统所呈现出的整体性、层次性、连续性等特征作为遴选两大系统评价指标的原则。

3.2.1.1　系统性原则

系统论认为系统是由若干指标、要素与子系统组成的具备新功能的有机整体，该整体系统内部各独立要素所不具有的结构、性质与功能，形成了新的系统的质的规定性，系统整体的性质与功能也超越各要素与系统的简单相加，系统新的结构与功能是系统内部各要素自组织动态演化的结果。在遴选与确定入境旅游需求系统与目的地供给系统评价指标的过程中，应确保从整体与系统的思路出发，全面梳理两大系统内部指标、要素与子系统，以保证两大系统耦合评价指标体系的系统性与科学性。

3.2.1.2　层次性原则

系统论认为由于组成系统的各指标、要素与子系统本身及其组合方式上存在差异，导致系统内部各组织在地位与作用、结构与功能上表现出一定的层次性，形成了具有质的差异的系统等级。故在遴选两大系统耦合评价指标的过程中，应注重入境旅游流系统以及目的地供给系统各评价指标、要素与子系统的层次性，做到系统内部各要素与子系统边界清晰、层次分明以及结构合理。

3.2.1.3　连续性原则

系统具备动态开放的特征，系统在发展与演化的过程中，只有不断地与地域外部宏观环境进行物质、能量与信息交换，才能优化系统的结构与功能，使得系统得以稳定与发展。故在遴选两大系统耦合评价指标的过程中，要保证指标、要素与子系统等在时间上收集与统计的连续性，只有对连续性指标、要素与子系统进行动态分析，才能通过历时性分析来透视两大系统动态演化的过程、特征与规律。

3.2.1.4　易获得性原则

在对两大系统耦合评价的过程中，鉴于系统的复杂性，需要对系统内部各指标、要素与子系统的边界进行界定，并保证所需指标的简单明确并且容易获得。故在遴选两大系统耦合评价指标的过程中，必须保持各系统评价指标、要素与子系统等数据可以准确清晰、容易获得，才能更加准确地透视系统演化的过程、特征与规律。

3.2.2　评价指标遴选方法与流程

基于入境旅游流与目的地系统供需耦合概念模型，根据系统性、层次性、连续性与可获得性等评价指标遴选原则，采用文献统计、频度分析、专家咨询、归纳总结等方法，尝试通过国内外入境旅游与目的地供给系统耦合的文献梳理，以及入境旅游流与目的地系统评价指标的频度分析，并经专家咨询甄别，最终确定入境旅游流系统与目的地供给系统耦合的评价指标体系（见图3-2）。

3.2.2.1　文献系统梳理

该部分主要是对入境旅游流与目的地系统耦合的国内外文献进行检索、收集与梳理，主要包括入境旅游流与目的地耦合，以及目的地内部子系统之间的耦合等。其中，入境旅游流与目的地供给系统之间的耦合包括入境旅游流与目的地航空交通、区域经济、国际贸易、旅游形象、信息产业、旅游景区、自然环境、星级酒店与文化环境等方面；而目的地内部子系统之间的耦合包括区域经济、城市化、旅游产业、生态环境、区域交通与基础设施等目的地内部子系统之间的耦合。通过该部分文献的梳理，明确了目前入境旅游流与目的地耦合研究的概况，为开展两大系统耦合发展指标的频度分析奠定了基础。

3.2.2.2　指标频度分析

在入境旅游流与目的地系统耦合文献梳理的基础上，从系统论角度出发，从系统性、层次性等方面分别对入境旅游流系统中的旅游人次、旅游收入、游客停留时间等指标，以及目的地系统中的经济水平、基础设施、自然环境、社会环境、旅游企业与旅游景区等所包含的相关指标进行梳理，并对各指标进行频度分析，总结系统内部指标的频度特征，分析各指标所代表的意义。

3.2.2.3　专家咨询甄别

基于对入境旅游流与目的地两大系统的文献梳理与分析，在进行评价指标频度分析的基础上，结合六大城市入境旅游与目的地发展共性的特征，邀请专家对两大系统耦合评价的指标进行甄别遴选，并通过专家对指标的反馈，对指标进行循环增删与调整，直至最终确定入境旅游流与目的地系统耦合评价指标体系。

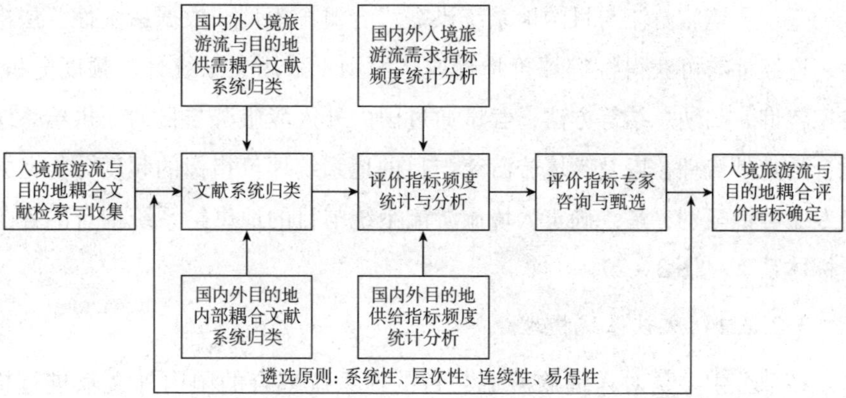

图3-2　入境旅游流与目的地系统耦合评价指标遴选流程

3.2.3　入境旅游需求与目的地供给耦合指标体系构建

基于入境旅游流与目的地系统耦合概念模型，遵循系统性、层次性、连续性与可获得性等原则，此部分对入境旅游流与目的地系统耦合的相关文献进行系统梳理，对两大系统内部组成指标进行统计分析，并进行专家咨询，进而构建本研究入境旅游流与目的地系统耦合评价指标体系。两大系统所包含的评价指标具体遴选过程如下：

3.2.3.1　入境旅游流指标体系遴选

根据指标体系遴选原则与思路，通过梳理国内外入境旅游流与目的地供需耦合相关文献，可以对入境旅游需求系统相关指标进行频度分析（见表3-1）。通过表3-1可以发现，现有对入境旅游需求系统评价的指标方面，入境旅游人次、入境旅游收入等指标出现的频度较高。其中入境旅游人次是游客规模方面最具典型意义的显性指标，而入境旅游收入则是目的地旅游效益方面最具典型意义的显性指标。而入境游客停留时间、入境游客停留天数以及入境游客人均每天消费等指标出现的频度相对较低。除入境游客人次外，入境游客停留时间与停留天数也是衡量目的地容纳游客规模的重要指标，二者均反映出游客对目的地的吸引力与偏好，游客在城市停留时间与停留天数越长，表明该城市对入境游客越具有吸引力，入境游客停留时间与停留天数均是衡量城市接待规模与竞争力的重要指标。除入境旅游收入外，入境旅游人均每天消费也是衡量城市旅游效益的重要指标，入境游客人均每天消费越高，说明城市旅游经济效益越好。

通过对已有入境旅游需求指标的梳理后发现，已有研究较多地将入境旅游人次与收入等作为评价指标，而对入境游客停留时间、入境游客停留人天数与入境游客人均每天消费等衡量城市竞争力与游客消费能力的指标采纳的相对较少，无法从系统视角把握城市入境旅游需求的准确情况，影响对城市入境旅游需求系统的评价与判断。从系统论视角来看，现有评价城市入境旅游系统的指标相对较为单一与简单，且指标层次不清晰，无法从系统视角来准确衡量城市入境旅游发展情况。

鉴于此，在梳理与融合已有入境旅游需求评价指标的基础上，从子系统层、要素层与指标层构建城市入境旅游需求系统评价体系，以更好地认识与评价城市入境旅游需求的表现。其中，子系统包括旅游规模与旅游效益两大子系统，通过两大子系统来衡量入境旅游需求系统的整体表现。要素层内含于子系统层，其中旅游规模子系统包含入境旅游人数与停留时间两大要素，旅游效益子系统包含入境旅游收入与旅游消费两大要素。而具体的指标内含于各要素层，其中入境旅游人次要素层包含国际旅游人次、国际旅游人数环比增长率、国际旅游人数占总游客比重三项指标，国际旅游人次是衡量城市入境旅游接待规模的显性指标，国际旅游人数环比增长率则是衡量游客年度变化与波动的重要指标，可以更加准确反映城市入境旅游规模的发展情况，国际旅游人数占游客比重是衡量城市入境旅游规模市场整体表现的重要指标，它可以反映城市入境旅游市场地位的变化过程。游客停留时间要素层包括国际旅游人天数、国际旅游人天数环比增长率、国际旅游人均停留时间三项指标，其中国际旅游人天数与停留时间整体上反映了城市对入境游客吸引力情况，也是城市接待能力的重要表现指标，而国家旅游人天数环比增长率指标可以更深层次地透视出游客对城市的偏好与重视程度。旅游收入要素层包括国际旅游收入、国际旅游收入占第三产业比重与国际旅游收入占旅游总收入比重三项指标，其中国际旅游收入是衡量城市旅游效益的重要显性指标，国际旅游收入占第三产业的比重可以看出城市入境旅游对城市产业经济的贡献，而国际旅游收入占旅游总收入的比重可以准确反映城市入境旅游市场的变化情况。旅游消费要素层包含国际旅游人均消费与国际旅游人均消费环比增长率两项指标，其中国际旅游人均消费可以反映城市入境游客的消费能力与水平，而消费环比增长率可以透视每年度国际游客消费的动态变化，对评价城市旅游效益具有重要作用。

表3-1　入境旅游流评价指标梳理

作者	年份	指标	文献
Jie Zhang	2007	旅游人数、旅游收入	98
Chokri O.	2008	旅游收入	99
Emanuela M.	2013	旅游人数、旅游人次环比增长率	100
Kim S. S.	2007	旅游人数	102
高楠等	2012	旅游人数、旅游收入、入境旅游者人均天消费、入境旅游者平均停留时间	134
刘宏盈等	2008	旅游人数、旅游收入	135
胡巧娟等	2012	旅游人数、旅游收入	136
詹新惠等	2013	旅游人数、旅游收入、入境旅游者人均天消费、入境旅游者平均停留时间	137
冯娜、李君轶	2014	旅游人数、旅游偏好	138
杨敏等	2012	旅游人数	139
方式巧等	2012	旅游人数、旅游收入	140
王兆峰	2013	旅游人数、旅游流向	141
董亚娟等	2013	旅游人数、旅游收入、入境旅游者人均天消费、入境旅游者人天数	142
吴冰等	2013	旅游人数、旅游收入、入境旅游者人均天消费、入境旅游者人均停留时间、入境旅游者人天数	143
张春晖等	2013	旅游人数、旅游收入、入境旅游者人均天消费、入境旅游者人天数	144
李晓静、王兆峰	2014	旅游人数、旅游收入	145
张琰飞、朱海英	2014	旅游收入、入境旅游者人天数	146
刘军胜等	2015/2017	旅游人数、旅游收入、入境旅游者人均天消费、入境旅游者人均停留时间、入境旅游者人天数	147/216/217
裴博等	2014	旅游人数、旅游收入、入境旅游者人均天消费、入境旅游者人均停留时间、入境旅游者人天数	149

3.2.3.2　旅游景区子系统指标体系遴选

旅游景区是游客在目的地开展旅游活动的基本载体，也是目的地旅游发展的核心依托。旅游景区是目的地供给的核心组成部分，目的地旅游景区的数量、规模与发展效益是衡量目的地旅游供给的重要指标。作为目的地的重要子系统，关于旅游景区的耦合研究已经得到重视。通过对国内外景区耦合的相关研究梳理，可以对景区指标进行频度分析（见表3－2）。从表3－2可知，现有景区耦合研究中，研究景点主要集中在自然与人文景点，景区丰度、景区密度与品位以及景区内部供给信息等方面。其中，景区丰度与品位是衡量城市旅游核心吸引力的重要参考指标，丰度一般表现为景区的数量，而品位表示景区等级的高低。景区密度的高低对游客旅游成本有重要影响，密度高可以相对节约游客时间与心理成本，游客花费较少的时间就可以到达更多的景区。但整体来看，现有研究对景区规模指标概括的相对较少，景区规模不仅包括景区数量与丰度，更包括景区从业人员的数量与规模，以及景区固定资产的规模等，同时现有研究对景区发展效率与经营收入等发展效益指标关注不足。

鉴于此，为更准确与科学地了解六大城市景区供给情况，综合考虑指标的连续性、层次性与可获得性，从景区规模、景区效益与景区效率三大方面来构建城市景区评价体系。其中景区规模方面包括景区数量、景区从业人员数量与景区固定资产三大指标，景区数量是城市旅游吸引力的重要表现，景区数量多，景区的从业人员数量也会较多，相应地对游客的吸引力也会提升，而景区固定资产则是衡量景区发展实力的重要标准，固定资产较多的景区，相应地等级与品位也较高，吸引力也较强。景区效益主要体现在景区的营业收入指标方面，景区营业收入高，表明景区发展效益较好。景区发展效率主要体现为景区全员劳动生产率指标，景区全员劳动生产率高则说明在单位时间内景区的管理水平与生产水平较高，对景区发展具有重要作用。

表3－2 景区评价指标梳理

作者	年份	指标	文献
Steven T.	1999	自然科学与艺术博物馆、历史遗迹、展览走廊	108
Elisa M.	2014	森林、湖泊等生态旅游景区	109
B. T. Werner	2007	自然与人文人造景点	111
Marjo N.	2010	国家公园	112
方世巧等	2012	景区新闻、景区介绍、价格信息、行程信息、住宿信息、饮食信息、购娱信息	140
白丹等	2015	景区新闻、景区介绍、价格信息、行程信息、住宿信息、饮食信息、购娱信息	218
张春晖等	2016	资源丰度、资源品位、资源密度、资源组合	219

3.2.3.3 旅游企业子系统指标体系遴选

旅游企业是目的地旅游供给的重要的子系统，也是旅游产业的核心部分，并通过为游客提供产品与服务实现盈利，目的地旅游业的发展离不开旅游企业的成功运营。国内外对旅游企业的耦合研究已有相关成果，通过对旅游企业相关成果的梳理（见表3－3），可以对旅游企业相关指标进行频度分析，进而发现旅游企业系统中酒店与旅行社出现的频率较高，具体来讲，现有研究指标主要集中在星级酒店与旅行社的规模与数量，以及从业人员等方面。其中，星级酒店与旅行社的数量是衡量目的地旅游企业的重要参考指标，旅游企业数量多意味着城市旅游产业系统较为发达，更能为游客提供较好的旅游服务，促进城市旅游的发展。而从业人员也是衡量目的地企业规模的重要指标，从业人员数量的多少直接和旅游企业服务质量以及企业效益密切相关。但整体来看，目前已有研究中对旅游企业较多关注其发展规模与从业人员规模，忽略了旅游企业效率与企业效益等企业发展质量方面的指标，进而影响对城市旅游企业的准确评价。

鉴于此，立足于层次性、连续性与数据的可获得性等原则，在已有研究的基础上，基于系统论角度，从旅游企业规模、企业效率与企业效益三方面来构建六大城市旅游企业评价指标体系。其中旅游企业规模要素包括旅行社固定资产、星级饭店社固定资产、旅行社数量、星级饭店数量、旅行社从业人员数量、星级饭店从业人员数量六项指标，星级饭店与旅行社固定资产是衡量城市旅游企业发展基础与层次的重要指标，而星级饭店与旅行社数量是评价城市旅游企业规模的显性指标，数量多意味着城市旅游企业发展规模较大，为游客提供旅游产品的能力强，旅行社与星级饭店从业人员数量则是评价城市旅游企业的生产能力和水平的重要指标，从业人员数量多，意味着在单位时间内可以为游客提供更多更好的旅游产品。企业效益指标主要用星级饭店营业收入与旅行社营业收入来表示，而企业效率指标通过旅行社全员劳动生产率和星级饭店全员劳动生产率来显示。

表 3-3　旅游企业评价指标梳理

作者	年份	指标	文献
Ricardo O.	2013	酒店环境、区位与游乐设施	125
Vani K. B.	1999	客房收入、客房入住率及利息率	126
Henry T.	2006	宾馆	127
Huimin G.	2012	饭店产业结构	128
Jan W.	2003	公寓式酒店	129
张海燕、王忠云	2011	旅行社、酒店、旅游商品业	201
生延超、钟志平	2009	商品销售额度、星级宾馆	202
张柳、李君轶等	2011	星级饭店数量、旅行社单位数	203
姜嫣等	2012	星级饭店数、旅行社总数	204
杨松茂、任燕	2013	旅游行业从业人员数、涉外旅行社数量	205
刘金栋、郑向敏等	2013	星级饭店客房数、旅行社总数、旅行社从业人数、酒店从业人数	206
李森等	2014	酒店数量、旅行社数量、酒店从业人员、旅行社从业人员	207
丁红梅	2013	住宿餐饮业从业人员数、星级宾馆数、旅行社	209
余洁	2014	星级饭店数量、旅行社数量	210
高楠等	2015	星级饭店数量、旅行社数量、旅游从业人员数量	213
李田	2015	限额以上住宿和餐饮业营业额、限额以上住宿和餐饮业从业人员、限额以上住宿和餐饮业法人企业数	215

3.2.3.4　区域经济子系统指标体系遴选

区域经济子系统是目的地旅游业发展的基础与支撑，城市经济基础的强弱对初级旅游资源开发、旅游市场拓展、旅游产业发展、城市基础设施建设、自然与人文环境提升等具有重要作用。通过梳理国内外区域经济耦合相关研究成果，可以对区域经济指标进行频度分析（见表3-4），通过表3-4可知，已有研究中区域经济指标出现频率较高的主要包括GDP、人均GDP、第二产业占GDP比重、第三产业占GDP比重、财政收入、财政支出、固定资产投资、进出口总额等指标。其中，GDP与人均GDP指标是衡量城市经济重要的核心与显性指标，第二产业占GDP比重、第三产业占GDP比重是衡量区域结构是否合理的重要指标，而财政收入、财政支出、固定资产投资、进出口总额等指标是衡量城市经济规模的参考。准确评价城市经济发展水平，不但要了解城市经济的规模发展总量，更要关注城市经济结构与对外贸易发展情况。但从已有研究来看，已有指标较多关注城市区域经济规模相关指标，对城市经济结构与对外贸易指标关注较少，且未对评价指标进行合理分层，影响了对城市经济准确合理的评价。

鉴于此，在已有研究的基础上，遵循系统性、层次性、连续性与数据易得性等原则，从城市经济规模、经济结构与对外贸易三方面来遴选城市经济评价指标。其中经济规模要素包括GDP、人均GDP、固定投资与社会消费品零售额四项指标，上述指标可以从经济总量与消费水平方面宏观上了解与把握城市经济的总体发展情况，也是城市经济规模发展的直接显性表现。经济结构要素包括第二产业生产总值、第三产业生产总值、第二产业占GDP比重、第三产业占GDP比重四项指标，上述指标用来衡量与评估城市经济发展结构与变化情况。对外贸易要素包括外商实际投资额、进出口总额等指标，上述两项指标与入境旅游发展具有相关关系，对入境商务游客也会产生一定积极影响，可以反映城市吸引力的强弱，更是区域经济的重要组成部分。

表3-4 区域经济评价指标梳理

作者	年份	指标	文献
Haiyan S.	2012	区域产业发展、区域产业链条、区域旅游市场	119
生延超、钟志平	2009	GDP、第三产业、财政收入、财政支出	202
刘定惠、杨永春	2011	GDP、人均GDP、第二产业占GDP比重、第三产业占GDP比重、全员劳动生产率、财政收入占GDP比重、进出口总额占GDP比重、人均社会消费品零售总额	220

续表

作者	年份	指标	文献
姜嫣等	2012	GDP、第三产业总产值、财政收入、财政支出、人均 GDP、消费品零售额、外贸进出口总额、固定资产投资、居民消费水平	204
刘军胜等	2015	GDP、人均 GDP、第二产业生产总值、第三产业生产总值、财政收入、财政支出、社会消费品零售额、进出口总额、固定资产投资	147
高楠等	2015	财政收入、财政支出、固定资产投资、第三产业生产总值、进出口总额、人均 GDP、居民消费水平	221
杨松茂、任燕	2013	GDP、第二产业产值、第三产业产值、地方一般预算收入、地方一般预算支出、进出口总额、社会商品零售总额、新增固定资产投资	205
詹新惠等	2013	GDP、人均 GDP、财政收入、第三产业增加值、贸易进出口总额、固定资产投资、城镇居民消费水平	137
李田	2015	国内生产总值、第三产业产值、一般预算收入、财政支出	215
周成、冯学钢等	2016	地区生产总值、人均 GDP、地区财政收入、社会消费品零售总额、第三产业产值、第三产业比重	222

3.2.3.5　基础设施子系统指标体系遴选

基础设施是城市发展旅游的重要保障，也是城市旅游业得以顺利运营的基础，良好的基础与服务设施对方便游客集散、增强游客旅游体验具有重要作用。通过对基础设施相关耦合文献的梳理可以对基础设施相关评级指标进行频度分析（见表 3－5），通过表 3－5 可知，现有基础设施研究中，其遴选的指标主要以交通设施为主，国外研究偏重从微观视角对基础设施进行研究，而国内相对较为宏观，但更多限于公路、铁路与航空等指标，此外，现有研究中也包含部分邮电通信、移动业务与城市供气等方面的指标。整体来看，现有研究中对基础设施所包含的指标仅集中在交通部分，而包含城市供水、城市供气、城市邮电通信等基础设施重要指标的相对较少，同时现有研究指标并未能突出基础设施子系统内部各指标的层次性与系统性，影响对基础设施的准确理解。

鉴于此，基于系统论的层次性、连续性、系统性与可获得性，在前人已有研究的基础上，结合六大典型旅游城市基础设施统计现状，从城市供水、城市供气、城市交通与邮电通信四大要素方面来全面构建城市基础设施评价指标体系。其中，城市供水要素包括全年供水总量与年末供水管道长度两个指标，城市酒店、餐饮、住宿、交通等旅游产业的发展离不开城市供水的支撑，而供水总量与供水管道长度是衡量城市供水能力的重要指标，故用此两项指标来反映城市整体的供水能力与规模。城市供气要素包括供气管道长度与供气总量两项指标，城市供气总量与供气管道长度对保障城市交通与餐饮等产业的运营具有重要作用，天然气是城市旅游产业得以发展的重要能源，可用此两项指标来表示城市整体供气能力与规模。城市交通要素包括载客汽车数量、铁路里程、公路里程、客运量、旅客周转量五项指标，城市交通是沟通城市以及城市与景区之间的重要桥梁纽带，对游客集聚与扩散、保障游客梳理流动具有重要作用，可用此五项指标来评估城市交通的运营能力。邮电通信要素包括邮电业务总量、固话年末总数、移动电话户数、互联网户数四项指标，城市旅游的发展离不开电话与互联网等邮电通信的支持，良好的邮电通信设施对游客信息沟通、联络以及信息咨询具有重要作用，故运用此四项指标来评价城市邮电通信的能力与规模。

表 3-5　基础设施评价指标梳理

作者	年份	指标	文献
Yaron E.	2012	航空里程、航空设施、机场停车场、安全控制中心、电力系统设施	113
Werner G.	2007	公共自行车、私人汽车、公共汽车、游艇	114
Daniel A.	2010	公共交通运营车辆数量、公共交通每公里平均运营成本、公共交通平均运营速度、每千人拥有私人交通车辆数量	115
王永明等	2011	铁路客运量、公路客运量、航空客运量、铁路旅客周转量、公路旅客周转量、民用航空旅客周转量、公共交通运营线路网长度、道路长度、人均拥有道路面积	173

续表

作者	年份	指标	文献
陈晓、李悦铮	2008	铁路客运量、公路客运量、水路客运量、航空客运量、铁路周转量、公路周转量、水路周转量、航空周转量、境内公路线路里程、城市道路长度、城市道路面积、年末运营公交车数、营运线路网长度	174
张广海、贾海威	2013	高速公路密度、国道密度、省道密度、县道密度、铁路站邻近度、干线公路邻近度、港口邻近度、航空港临近度	176
陈新哲、熊黑钢	2013	铁路客运量、铁路旅客周转量、铁路线路里程、铁路货运量、铁路货物平均运距、公路客运量、公路旅客周转量、公路线路里程、公路货运量、公路货物平均运距、航空客运量、航空旅客周转量、航空线路里程、航空货运量、航空货物平均运距、民用汽车拥有量、私人汽车数量	178
牛丽静、林涛	2011	公路旅客发送量、公路旅客周转量、铁路旅客发送量、铁路旅客周转量、铁路通车里程、港口旅客发送量、港口旅客周转量、港口通航里程、航空旅客发送量、航空旅客周转量、公共路线长度、运营公交车数量、出租汽车运营里程、出租汽车数量、轨道交通行驶里程、民用汽车拥有量	179
余菲菲、胡文海	2015	公路里程、铁路里程、内河航道里程、公路客运量、铁路客运量、公路旅客周转量、铁路旅客周转量、城市公共交通运营车辆、道路面积	180
李森等	2014	城市供水综合生产能力、人均日常用水量、污水管道长度、生活污水处理率、人均道路面积、全旅客周转量、人均邮电业务量、移动电话普及率、居民燃气用户数、人均生活用电量	207
张春晖等	2015/2016	人均年民航客运量、人均年铁路客运量、人均公路客运量、人均实有铺装道路面积、每万人公共汽车数、每万人出租汽车数、每百人邮电局(所)、每百人固定电话用户数、每百人移动电话用户数、每百人互联网用户数、人均邮电业务量、人均全年社会用电总量、人均全年供水总量、人均煤气供气总量、每万人石油液化气供气总量	219/223

3.2.3.6 自然环境子系统指标体系遴选

自然环境是城市旅游发展的生态基础，良好的自然环境也是城市重要的吸引资源，自然生态环境的好坏事关城市旅游业能否可持续健康发展。自然环境与入境旅游的发展有密切的联系。通过对已有自然环境耦合文献的梳理，可以对自然环境相关指标进行频度统计（见表3-6）。由表3-6可知，现有研究中对自然环境指标的遴选相对较为全面，主要集中在城市用水、城市绿化、污水处理等方面。但整体来看，现有评价指标中对旅游厕所指标的关注不足，与近年来国家提倡的旅游厕所发展趋势不符；同时现有研究指标缺少对其进行系统与层次性梳理分析，使得较难从整体上把握城市自然环境的情况。

鉴于此，基于系统性、层次性、连续性与可获得性等原则，在已有研究基础上，根据六大城市自然环境指标统计现状，从污水处理、城市绿化、公共厕所与“三废”治理四大要素方面来构建城市自然环境子系统。其中污水处理包括污水排放量、污水处理量、污水处理率三项指标。城市污水排放与处理既反映出城市生态环境的承载力度，也是城市自然环境得以持续发展的重要条件。城市绿化要素包括人均公园绿地面积、建成区绿化覆盖率、园林绿地面积、年末绿化覆盖面积四项指标，提升城市绿化水平，营造良好的城市绿色氛围，对提升城市的旅游吸引力与知名度有重要影响。公共厕所指标是城市环卫的重要组成指标，近年来，国家积极实施厕所革命，对城市的公共厕所进行提升改造，对维护、保持与提升城市形象具有一定作用。“三废”治理要素包括工业废水排放量、工业废气排放量、工业固体废物产生量三项指标，工业“三废”是影响城市环境质量与形成雾霾天气的主要因素，并对城市整体旅游环境造成较大影响。

表3-6 自然环境评价指标梳理

作者	年份	指标	文献
Stroma C.	2012	供水量、水质、供水用地	121
Zi Tang	2015	绿化覆盖率、自然保护区覆盖率、人均绿地面积、人均用水面积、人均耕地面积、清洁能源消费占比、单位GDP能源消耗、工业废水处理率、工业固体废物利用率、污染处理资金总额	122

续表

作者	年份	指标	文献
Stefan G.	2012	自然可再生水资源总量、污水淡化量、污水重复使用率、用水总量、家庭用水总量	123
耿松涛、谢彦君	2013	人均绿地面积、建成区绿化覆盖率、工业废水排放量、工业二氧化硫排放量、工业烟尘排放量、工业固体废物综合利用率、城镇生活污水处理率、生活垃圾无害化处理率	181
庞闻等	2011	人均绿地面积、建成区绿化覆盖率、工业废水达标排放率、工业固体废弃物综合利用率、全年环境空气质量达标天数、垃圾无害化处理率、污水处理率、可吸入颗粒物浓度年平均值、区域噪声平均值、道路交通噪声平均值	182
杨主泉、张志明	2014	森林覆盖率、工业废水排放量、工业废水达标率、固体废弃物排放量、固体废弃物综合利用率、环保投入资金、人均公共绿地面积、建成区绿化覆盖率、生活污水处理率、生活垃圾无害化处理率	183
方叶林、黄震方等	2013	工业产值废水排放量、工业产值二氧化硫排放量、城市生活污水排放量、工业固体废弃物排放量、工业废水排放达标量、城镇生活污水处理率、工业固体废弃物综合利用率、建成区绿化覆盖率、生活垃圾无害化处理率、工业粉尘排放达标率	186
谭小莉、宋成舜	2015	市区绿地面积、市区人均绿地面积、建成区绿化覆盖率、城镇生活污水处理率、废水排放量、废气排放量、二氧化硫排放量、烟尘排放量	187
张春晖等	2016	人均公园绿地面积、建成区绿化覆盖率、每万人公共厕所数、可吸入颗粒物年日均值、二氧化硫浓度年均值、二氧化氮浓度年均值、道路交通干线噪声平均值、区域环境噪声平均值、工业废水排放达标率、生活污水处理率、工业固体废弃物综合利用率、生活垃圾无害化处理率	223
高杨等	2016	人均水资源量、人均耕地面积、人均有效灌溉面积、森林覆盖率、保护区面积占辖区面积比重、造林总面积、废水排放量、二氧化硫排放总量、工业废气排放、环境污染治理投资占 GDP 的比重、城市污水处理率、累计水土流失治理面积、工业固体废物处置利用率	224

3.2.3.7　社会环境子系统指标体系遴选

城市旅游业的健康发展离不开社会环境的支持，良好的城市社会环境也是城市的一种吸引力资源，对提升城市知名度与魅力具有重要作用。通过对城市社会环境耦合研究的文献梳理，可以对社会环境指标进行频度分析（见表3－7）。由表3－7可以发现，已有研究中所连续遴选的指标集中在文化传统与创意部门，具体包括相关文化部门的数量、从业人员数量以及营业情况等。整体来看现有研究所包含的指标主要集中为城市文化方面的相关指标，而文化环境只是社会大环境的一个组成部分，社会医疗、安全保障以及群众生活水平等均是社会大环境的主要组成要素，但已有研究中缺乏对社会医疗、安保等要素的关注，无法对城市社会环境进行系统性的准确评价。

鉴于此，基于系统性、层次性、连续性与可获得性等原则，在已有研究的基础上，根据六大城市社会环境指标的统计现状，从生活水平、文化环境、社会医疗与社会治安等要素出发，构建城市社会环境子系统评价指标体系。其中生活水平要素包括城镇居民收入与家庭居民收入两项指标，城镇与家庭居民收入的高低影响城市居民生活水平与幸福感，是衡量城市居民生活水平的直接显性指标。文化环境要素包括高等学校在校人数，群众艺术馆、文化馆（站）机构数，群众艺术馆、文化馆（站）展览个数，群众艺术馆、文化馆（站）组织文艺活动次数四项指标，城市文化景点与活动的数量与规模影响文化环境的氛围，城市文化与演艺活动更是彰显城市文化氛围与魅力的主要手段措施，良好的城市文化环境有助于提升城市知名度。社会医疗要素包括卫生机构数、卫生机构床位数、卫生技术人员数三项指标，目的地旅游业的和谐平稳发展离不开社会医疗的支持，良好的社会医疗对增强游客旅游体验、保障特殊游客人身安全具有重要作用。社会治安要素包括刑事案件立案数、交通事故数、火灾事故数三项指标，目的地社会治安稳定是城市发展旅游业的基本保障，也是游客出游首要考虑的因素，良好的城市安全保障对提升游客安全感与满意度具有重要作用。

表3－7　人文环境评价指标梳理

作者	年份	指标	文献
Hsin－Jung H.	2013	健康医疗、社会福利、教育服务、文化服务	124
韦复生	2011	创意演艺、创意文化园、创意制造	191
周叶	2014	文化产业主营业务收入、文化部门机构数、博物馆收入、博物馆参观人次、文化产业费用	192

续表

作者	年份	指标	文献
尹贻梅、鲁明勇	2009	民族宗教信仰、民族节日、特色饮食、特色医疗、民族艺术、民族建筑、民族工艺、民俗体育竞技	195
张琰飞、朱海英	2013	文化产业总增加值、文化产业总产出、文化事业费、文化产业机构经营总收入、文化市场经营机构营业收入、文化机构经营合计收入、艺术表演团体经营收入、文物机构经营合计收入、艺术表演团体演出收入、文化市场经营机构数量、博物馆数、艺术表演团体机构数、文化市场经营机构从业人员数、艺术表演团体从业人员数	196
翁钢民、李凌雁	2016	人均文化事业费、文化市场营业总收入、文物藏品数、博物馆参观人次、人均拥有公共图书馆藏量、公共图书馆数、博物馆数、艺术表演场馆、文化及相关产业法人单位数、文化艺术科技科研机构数、公共图书馆从业人员比重、博物馆从业人员比重、艺术表演团体从业人员比重、文化市场从业人员比重、文化艺术科技科研机构从业人员比重、人均规模以上文化制造业营业收入、人均重点文化服务业企业营业收入、人均出版印刷生产销售产值、人均文化批发零售企业营业收入、人均艺术表演团体演出收入、文化资源丰度指数、文化资源类型指数、文化资源密度指数、文化资源品位度	198
张春晖等	2016	人均科教文卫等财政支出、高等学校在校学生、各类技术人员数、群众艺术馆、文化馆文艺活动次数、艺术表演团体演出场数、家庭教育文化娱乐人均消费性支出、教育文化娱乐投入、万人刑事案件立案数、万人发生火灾数、万人交通事故死亡人数	223

3.2.3.8 入境旅游需求系统与目的地供给系统耦合指标体系确定

立足于系统论视角，基于系统的层次性、连续性、系统性与可获得性等原则，通过对国内外入境旅游与目的地耦合研究的文献梳理与评价，并通过专家咨询，最终确定入境旅游流与目的地系统耦合的评价指标体系（见表 3－8）。首先，在对国内外已有耦合研究指标体系进行系统梳理与评价的基础上，从入境旅游流系统、目的地旅游景区、旅游企业、区域经济、基础设施、自然环境与社会环境等子系统方面单独对已有研究指标进行频度分析，遴选具有共性的评价指标；其次，对已有研究中入境旅游与目的地内部各子系统所包含的指标进行评价分析，并从层次性、系统性等方面对已有研究指标进行综合考量，分析现有指标的不足与缺陷；最后，立足于系统论视角，综合六大城市入境旅游与目的地现有统计指标现状，在经过6位专家咨询的基础上，从指标层、要素层、子系统与系统层面，系统而又分层次地构建了本研究的指标体系。该指标体系较已有研究体系内容更加系统，层次性更为清晰，指标联系性更强。

基于数据指标的系统性、层次性、连续性与可获得性等要求，北京、上海、广州、西安、昆明与成都六大城市入境旅游相关统计指标与数据主要来源于1996—2015年《中国旅游统计年鉴》与《中国旅游统计年鉴(副本)》，目的地供给系统指标与数据主要来源于1996—2015年《北京统计年鉴》《上海统计年鉴》《广州统计年鉴》《西安统计年鉴》《成都统计年鉴》《昆明统计年鉴》，部分数据来源于1995—2015年六大城市《国民经济和社会发展统计公报》。

表3-8 入境旅游流与目的地系统耦合评价指标体系

系统层	子系统层	要素层	指标层	编号
需求系统/X	旅游规模	旅游人次	国际旅游人次/万人次	X1
			国际旅游人数环比增长率/%	X2
			国际旅游人数占游客总数比重/%	X3
		停留时间	国际旅游人均停留时间/天	X4
			国际旅游人均停留天数/人天	X5
			国际旅游人均停留天数环比增长率/%	X6
	旅游效益	旅游收入	国际旅游收入/万元	X7
			国际旅游收入占第三产业总值比重/%	X8
			国际旅游收入占旅游总收入比重/%	X9
		旅游消费	国际旅游人均消费/元	X10
			国际旅游人均消费环比增长率/%	X11

续表

系统层	子系统层	要素层	指标层	编号
供给系统/*Y*	旅游景区	景区规模	旅游景区固定资产/万元	*Y*1
			景区从业人员数量/人	*Y*2
			景区数量/家	*Y*3
		景区效益	景区营业收入/万元	*Y*4
		景区效率	景区全员劳动生产率/万元人	*Y*5
	旅游企业	企业规模	旅行社固定资产/万元	*Y*6
			星级饭店社固定资产/万元	*Y*7
			旅行社数量/家	*Y*8
			星级饭店数量/家	*Y*9
			旅行社从业人员数量/人	*Y*10
			星级饭店从业人员数量/人	*Y*11
		企业效益	星级饭店营业收入/万元	*Y*12
			旅行社营业收入/万元	*Y*13
		企业效率	旅行社全员劳动生产率/万元人	*Y*14
			星级饭店全员劳动生产率/万元人	*Y*15
	区域经济	经济规模	GDP/亿元	*Y*16
			人均 GDP/元	*Y*17
			固定投资/亿元	*Y*18
			社会消费品零售额/亿元	*Y*19
		经济结构	第二产业生产总值/亿元	*Y*20
			第三产业生产总值/亿元	*Y*21
			第二产业占 GDP 比重/%	*Y*22
			第三产业占 GDP 比重/%	*Y*23
		对外贸易	外商实际投资额/万美元	*Y*24
			进出口总额/万美元	*Y*25
	基础设施	城市供水	全年供水总量/万立方米	*Y*26
			年末供水管道长度/公里	*Y*27
		城市供气	供气管道长度/公里	*Y*28
			供气总量/万立方米	*Y*29
		城市交通	载客汽车数量/辆	*Y*30
			铁路里程/公里	*Y*31
			公路里程/公里	*Y*32

续表

系统层	子系统层	要素层	指标层	编号
供给系统/Y	基础设施	城市交通	客运量/万人	Y33
			旅客周转量/万人公里	Y34
		邮电通信	邮电业务总量/万元	Y35
			固话年末总数户/户	Y36
			移动电话户数/户	Y37
			互联网户数/户	Y38
	自然环境	污水处理	污水排放量/万立方米	Y39
			污水处理量/万立方米	Y40
			污水处理率/%	Y41
		城市绿化	人均公园绿地面积/平方米	Y42
			建成区绿化覆盖率/%	Y43
			园林绿地面积/公顷	Y44
			年末绿化覆盖面积/公顷	Y45
		公共厕所	公共厕所/座	Y46
		“三废”治理	工业废水排放量/万吨	Y47
			工业废气排放量/亿立方米	Y48
			工业固体废物产生量/万吨	Y49
	社会环境	生活水平	城镇居民收入/元	Y50
			家庭居民收入/元	Y51
		文化环境	高等学校在校人数/万人	Y52
			群众艺术馆、文化馆（站）机构数/个	Y53
			群众艺术馆、文化馆（站）展览个数/个	Y54
			群众艺术馆、文化馆（站）组织文艺活动次数/次	Y55
		社会医疗	卫生机构数/个	Y56
			卫生机构床位数/张	Y57
			卫生技术人员数/人	Y58
		社会治安	刑事案件立案数/起	Y59
			交通事故数/起	Y60
			火灾事故数/起	Y61

3.3　本章小结

本章立足于系统论视角，通过构建入境旅游流与目的地供需耦合互动概念模型，对两大系统之间的互动与耦合关系进行理论分析。在此基础上，依据系统论的层次性、系统性、连续性等原则，采用文献梳理统计与指标频度分析等方法，对入境旅游流与目的地等已有相关研究的指标进行评价、归纳与总结，并通过专家咨询甄选，最终确定了六大城市入境旅游流与目的地供需耦合评价指标体系。

耦合理论是分析系统内部与系统之间互动与协调作用关系的理论。入境旅游流与目的地之间存在相互作用、互动耦合的关系。两大系统耦合的外在表现为入境旅游需求市场的扩大可以触发并促进目的地供给系统的发展，而目的地供给系统的完善与提升，也会积极反馈并满足入境旅游市场的需求。两大系统是一组相互作用与协调发展的交互体。

基于入境旅游流与目的地供需耦合互动概念模型，以系统性、层次性、连续性与易得性等原则为指导，在梳理并评价已有耦合研究指标的基础上，从系统层、子系统层、要素层与指标层四大方面，遴选并构建两大系统耦合的指标体系。其中入境旅游流系统包含旅游规模与效益两大子系统，内含旅游人次、停留时间、旅游收入与旅游消费 4 大要素，共计 11 项指标。目的地系统包含旅游景区、旅游企业、区域经济、基础设施、自然环境与人文环境六大子系统，内含景区规模、效益与效率，企业规模、效益与效率，以及经济规模与结构等 21 项要素，共计 61 项指标。该指标体系相较于已有研究指标体系的层次性、系统性与连续性更为突出与合理。

第4章　旅游需求与目的地供给耦合演进规律与影响因素

通过第2章理论基础部分对发生学与系统论的概念、特征、内涵与定律的梳理，基于构建的入境旅游流与目的地供需耦合成长曲线模型，本章的主要研究内容如下：第一，对本章所采用的实证研究方法进行说明，对综合发展水平评价模型、耦合度与耦合协调度评价模型进行简要介绍，并进一步确定本研究采用的耦合协调度划分区间；第二，从发生学视角，分析六大典型旅游城市入境旅游流与目的地供需耦合成长曲线的历时性演进过程，并总结其成长特征；第三，从系统论视角，根据六大典型城市入境旅游流与目的地系统供需耦合协调发展水平区间，分阶段剖析影响两大系统耦合协调发展的指标，并讨论不同阶段系统中各子系统与发展要素的功效贡献；第四，对六大典型旅游城市入境旅游流与目的地供需耦合的成长过程进行比较分析，以归纳典型城市中两大系统耦合演进过程的共性特征以及差异。

4.1　耦合评价模型

4.1.1　综合发展水平评价模型

基于已有研究成果的分析法，采用线性加权法（张春晖，2015a，2016b）对六大城市入境旅游流与目的地系统综合发展水平进行测算，见式（4-1），其中 u_i 为系统第 i 年的综合发展水平值，u_{ij} 为指标 j 对系统的功效贡献大小，w_{ij} 为指标的权重，并采用比较客观的熵值赋权法计算得出。功效贡献 u_{ij} 是根据指标对系统的作用与贡献程度，运用正功效函数（张春晖，2015a，2016b）对各项指标进行分析得到，见式（4-2），取值范围为［0，1］，$X_{j\max}$，$X_{j\min}$ 为第 j 项指标的最大值与最小值。

$$u_i = \sum^{n} w_{ij} \cdot u_{ij} \tag{4-1}$$

$$u_{ij} = (X_{ij} - X_{j\min})/(X_{j\max} - X_{j\min}) \tag{4-2}$$

4.1.2　耦合度评价模型

基于物理学中的耦合模型，参考已有研究成果（张春晖，2015a，2016b），建立六大城市入境旅游流与目的地系统相互作用的耦合度评价模型，见式（4-3）、式（4-4）。其中 u_1 和 u_2 分别为旅游流与目的地系统的综合评价值。C_2 为两个系统的耦合度，$C \in$［0，1］，C 值越大，表示上述系统及内部要素之间的耦合水平越高；当 $C=1$ 时，耦合度最大，两系统内部达到最佳耦合状态，系统结构由无序演变为有序；当 $C=0$ 时，两系统内部处于不协调状态，系统结构表现为无序发展。

$$C_n = \{(u_1 \cdot u_2 \cdot \cdots \cdot u_n)/\Pi(u_i + u_j)\}^{1/n} \tag{4-3}$$

$$C_2 = \{(u_1 \cdot u_2)/[(u_1 + u_2) \times (u_1 + u_2)]\}^{1/2} \tag{4-4}$$

4.1.3　耦合协调度评价模型

耦合度模型中会出现两系统综合发展水平都较低时而协调度较高的假象，参考已有研究（张春晖，2015a，2016b），构建入境旅游流与目的地系统的耦合协调度模型，见式（4-5）、式（4-6）。其中，D 为耦合协调度，C 为耦合度，T 为系统耦合协调指数。耦合协调度值 $D \in$［0，1］，当 $D=0$ 时，耦合协调度最小，系统内部及内部要素之间处于无关状态；D 越大，系统之间及内部要素之间耦合协调状况越好；当 $D=1$ 时，耦合协调度最大，系统之间及内部要素之间达到耦合最佳状态。其中 u_1、u_2 分别代表入境旅游流及目的地系统的综合评价值，α、β 为待定系数。入境旅游流与目的地系统协调过程中，入境旅游流是需求方，目的地为供给方，考虑到两大系统地位及作用程度，并经过专家咨询，确定入境旅游流与目的地系统的待定系数，其中 α 取值为0.4，β 取值为0.6。

$$D(x,y) = \sqrt{C \cdot T} \tag{4-5}$$

$$T = \alpha u_1 + \beta u_2 \tag{4-6}$$

4.1.4 耦合协调度划分区间

为更好地从发生学角度理解入境旅游流与目的地系统协调发展状况，对两系统耦合协调度等级进行进一步划分。文献梳理发现，耦合协调度等级主要有“四分法”“六分法”“七分法”与“十分法”四种（薛华菊，2015；张春晖，2015；陈青松，2014）。从概括性与明确性来看，七分区间法对分析城市旅游耦合现象更具优势（薛华菊，2015；张春晖，2015；陈青松，2014），故本研究采用七分区间法来划分入境旅游流与目的地供需耦合协调度（见表4-1）。

表4-1 耦合协调度等级七分区间划分标准

协调度（D）	协调水平	协调度（D）	协调水平
(0.00，0.30]	严重失调	(0.60，0.70]	中级协调
(0.30，0.40]	中度失调	(0.70，0.80]	良好协调
(0.40，0.50]	轻度失调	(0.80，1.00]	优质协调
(0.50，0.60]	初级协调	—	—

4.2 六大城市入境旅游流与目的地供需耦合演进规律

4.2.1 北京市入境旅游流与目的地供需耦合演进规律

由图4-1可知，北京市入境旅游流、目的地供给系统的综合发展水平与耦合协调度成长曲线的演进过程及特征。从发生学来看，1995—2014年，北京市入境旅游流综合发展水平曲线波动程度较为频繁，标准差为0.0833，环比增长率均值为2.11%。旅游业具有脆弱性，受1997年亚洲金融危机的影响，入境游客环比增长率较1996年下降了16.5%；而后，1998年得到缓慢回升，至2003年“非典”的影响，入境游客环比增长率下降幅度更大，达到38.2%，随后北京市入境游客止跌回升，至2008年达到顶峰；受2008年“汶川地震”以及新一轮经济危机等特殊事件的影响，北京市入境游客持续进入下跌态势，至2014年尚未恢复到2008年增长率水平。整体来看，入境旅游流综合发展水平成长曲线呈现“四峰四谷”的“涨—落波动型”演进特征。

从北京市 1995—2014 年目的地综合发展水平曲线的成长过程来看，目的地综合发展水平曲线的波动程度较小，发展较为稳定，标准差为 0. 256，环比增长率为 16. 7%。从系统学来看，目的地供给系统所包含的内容较为多样，结构也较为复杂，导致其较入境旅游流具备更强的自组织发展与演化能力，目的地供给系统所涵盖的内容不仅包括与旅游流密切相关的旅游景区、旅行社等产业子系统，还包含区域经济、自然与社会文化环境等宏观子系统，复杂的结构使得目的地供给系统稳定态较强。通过实证分析发现，北京市目的地供给水平年均环比增长率仅在 2003 年与 2008 年等特殊年份有轻微下降，其余年份环比增长率均呈现提升态势，整体来看，北京市目的地供给系统综合发展水平成长曲线呈现“平稳增长”的演进特征。

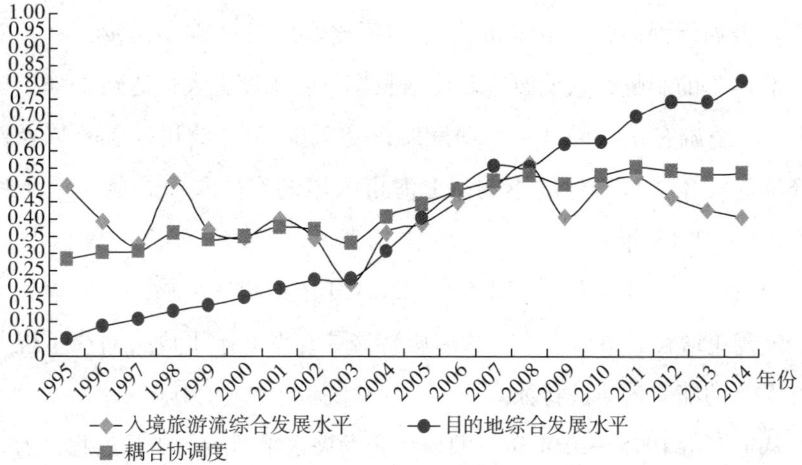

图 4－1　北京市入境旅游流、目的地系统综合发展水平与耦合协调度成长曲线

北京市入境旅游流与目的地系统的耦合协调度成长曲线也具有一定波动性，但相较于入境旅游流综合发展水平成长曲线的波动态势较小，标准差为 0. 094，环比增长率均值为 3. 73%。北京市入境旅游流与目的地供给系统耦合协调度成长曲线呈现“三峰二谷”的“涨—落波动型”演进特征，与入境旅游流发展水平曲线演进过程相对较为一致，但较入境旅游流发展水平曲线波动程度低，其原因可能是入境旅游流作为需求方，受国内微观与国际宏观多种因素的交叉综合影响，较目的地系统更易出现波动与变化，进而影响与支配其与目的地系统耦合的成长过程。整体来看，北京市目的地供给系统综合发展水平环比增长率均值最高，旅游流与目的地系统耦合协调度发展水平环比增长率次之，入境旅游流综合发展水平环比增长率均值最低，入境旅游需求系统成为两大系统耦合成长曲线演化发展的驱动力。二者耦合协调度类型实现了由严重失调至初级协调的本质转变。

4.2.2 上海市入境旅游流与目的地供需耦合演进规律

由图4-2可知，上海市入境旅游流、目的地供给系统的综合发展水平与耦合协调度成长曲线的演进过程及特征。从发生学来看，1995—2014年，上海市旅游流综合发展水平曲线波动程度较大，标准差为0.1692，环比增长率均值为11.2%。旅游业具有脆弱性，受1997年亚洲金融危机的影响，1998年上海入境游客环比增长率较1997年下降了48.4%；而后，1999年开始缓慢回升，至2002年年均环比增长率达到43.8%，由于2003年“非典”的影响，入境游客环比增长率下降幅度更大，达到43%，随后上海市入境游客止跌回升，波动发展；受2008年“汶川地震”以及新一轮经济危机等特殊事件的影响，上海市入境游客增长率持续进入下跌态势，2010—2013年，入境游客环比增长率持续负增长，增长率分别为-22.5%、-13.5%、-12.5%，2014年上海市入境旅游综合发展水平开始恢复正增长。整体来看，入境旅游流综合发展水平成长曲线呈现“五峰五谷”的涨—落演进特征。

从上海市1995—2014年目的地综合发展水平曲线的成长过程来看，目的地综合发展水平曲线的波动程度较小，发展较为稳定，标准差为0.289，环比增长率为14.6%。从系统学来看，目的地供给系统所包含的内容较为多样，结构也较为复杂，导致其较入境旅游流具备更强的自组织发展与演化能力。上海市作为我国接待入境游客的桥头堡与集散地，其拥有强大的旅游供给能力，旅游景区数量众多，旅游企业实力较强，区域经济基础雄厚，基础设施完善，社会文化环境建设均较强，使得上海市旅游供给系统稳定态较强。通过实证分析发现，上海市目的地供给水平年均环比增长率仅在 2002—2006 年等特殊年份有稍微降低，其余年份环比增长率均呈现提升态势，2008 年以来，目的地旅游供给系统综合发展水平评价值高于入境旅游流发展水平。整体来看，上海市目的地供给系统综合发展水平成长曲线呈现“稳步增长”的演进特征。

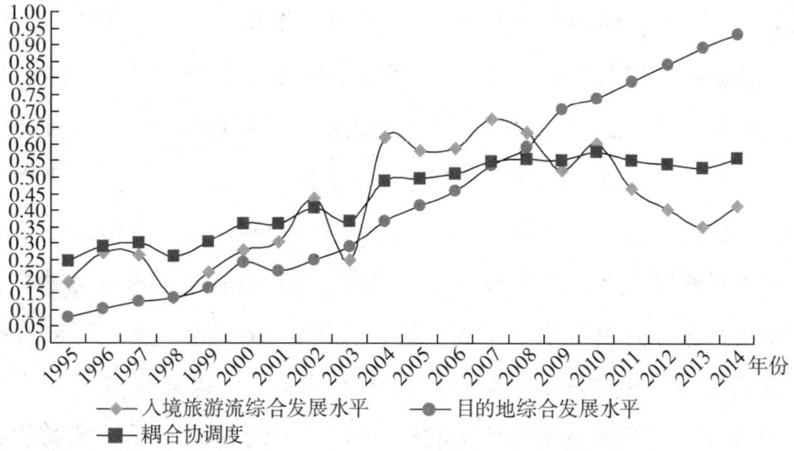

图 4－2　上海市入境旅游流、目的地系统综合发展水平与耦合协调度成长曲线

上海市入境旅游流与目的地系统的耦合协调度成长曲线也具有一定波动性，但相较于入境旅游流综合发展水平成长曲线的波动态势较小，标准差为 0. 117，环比增长率均值为 4. 97%。上海市入境旅游流与目的地供给系统耦合协调度成长曲线呈现“三峰二谷”的“涨—落波动型”演进特征，与入境旅游流发展水平曲线演进过程相对较为一致，但较入境旅游流发展水平曲线波动程度更低，其中，1998 年与 2003 年两大系统呈现出明显的凹谷，两年度耦合协调度仅为 0. 260、0. 368，位于严重失调与中度失调的区间内。其原因是入境旅游流作为需求方，受“非典”与经济危机等宏观国际事件的影响，人数规模、停留时间均波动下降，目的地入境旅游收入也受影响较为严重，影响与支配其与目的地系统耦合的成长与发展过程。整体来看，上海市目的地供给系统综合发展水平环比增长率均值最高，入境旅游流综合发展水平环比增长率均值次之，旅游流与目的地系统耦合协调度发展水平环比增长率最低，二者耦合协调度类型实现了由严重失调至初级协调的本质转变。

4.2.3 广州市入境旅游流与目的地供需耦合演进规律

由图4－3可知广州市入境旅游流、目的地供给系统的综合发展水平与耦合协调度成长曲线的演进过程及特征。从发生学来看，1995—2014年，广州市入境旅游流综合发展水平曲线波动程度较为频繁，标准差为0.1866，环比增长率均值为6.8%。旅游业具有脆弱性，自1996年开始，广州入境旅游流综合发展水平呈下降态势，加之受1997年亚洲金融危机的影响，1998年入境游客综合发展水平环比增长率持续下降，三年降幅分别为－66.7%、－4%、－17.6%，2000年入境旅游系统综合发展水平增长率得到缓慢回升；而后，受2003年"非典"的影响，入境旅游流系统环比增长率下降幅度更大，达到32.7%，随后广州市环比增长率反弹回升，入境旅游流系统综合发展水平得到提升；受2008年"汶川地震"以及新一轮经济危机等特殊事件的影响，广州市入境旅游流综合发展水平再次下降，2009年入境旅游流系统环比增长率得到回升。整体来看，旅游流综合发展水平成长曲线呈现"三峰三谷"的涨—落演进特征。

从广州市1995—2014年目的地综合发展水平曲线的成长过程来看，目的地综合发展水平曲线的波动程度较小，发展较为稳定，标准差为0.235，环比增长率为12.5%。从系统学来看，广州市供给系统所涵盖的与入境旅游流密切相关的旅游景区、旅行社、区域经济、自然与社会文化环境等宏观子系统的绝对量在提高，进而形成了复杂稳定的目的地供给结构。实证分析发现，广州市目的地供给水平年均环比增长率整体上呈现波动下降态势，其中1999年、2002年、2005—2006年的环比增长率均低于10%，但由于广州市目的地供给系统历年发展的绝对值在提升，使得目的地供给综合发展水平持续提高。整体来看，广州市目的地供给系统综合发展水平成长曲线呈现"平稳增长"的演进特征。

广州市入境旅游流与目的地供给系统的耦合协调度成长曲线也具有一定波动性，但相对于入境旅游流综合发展水平成长曲线的波动态势较小，标准差为0.117，环比增长率均值为3.69%。广州市入境旅游流与目的地供给系统耦合协调度成长曲线呈现"三峰三谷"的"涨—落波动型"演进

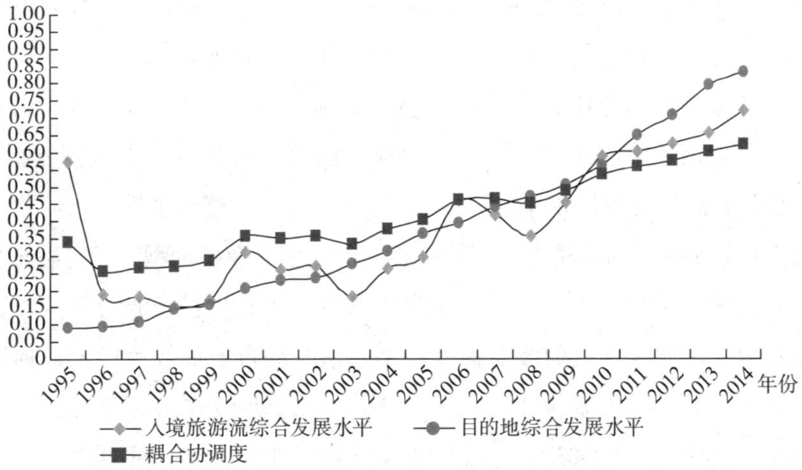

图4-3 广州市入境旅游流、目的地系统综合发展水平与耦合协调度成长曲线

特征，与入境旅游流发展水平曲线演进过程相对较为一致，但较入境旅游流发展水平曲线波动程度更低，其原因可能是入境旅游流作为需求方，其系统内容与结构较为简单，容易受到国内微观与国际宏观多种因素的交叉综合影响，使得耦合成长曲线的涨—落过程与入境旅游流系统发展曲线的涨—落较为一致，入境旅游需求系统成为两大系统耦合成长曲线演化的发展驱动力。整体来看，广州市目的地供给系统综合发展水平环比增长率均值最高，入境旅游流综合发展水平环比增长率均值次之，旅游流与目的地系统耦合协调度发展水平环比增长率最低。二者耦合协调度类型实现了由严重失调至中级协调的本质转变。

4.2.4 西安市入境旅游流与目的地供需耦合演进规律

由图4-4可知，西安市入境旅游流、目的地供给系统的综合发展水平与耦合协调度成长曲线的演进过程及特征。从发生学来看，1995—2014年，西安市入境旅游流综合发展水平曲线波动程度较为频繁，标准差为0.1015，环比增长率均值为12.8%。旅游业具有脆弱性，受1997年亚洲金融危机的影响，入境旅游流综合发展水平环比增长率较1996年下降了17.6%，1998年综合发展水平环比增长率较1997年下降了19.5%；至2003年受“非典”的影响，入境旅游流综合发展水平环比增长率断崖式下跌，

2004 年较 2003 年下降达到 69.7%，随后西安市入境旅游流系统综合发展水平止跌回升，至 2007 年达到顶峰；受 2008 年“汶川地震”以及新一轮经济危机等特殊事件的影响，西安市入境旅游流综合发展水平再次跌入谷底，2008 年环比增长率较 2007 年下降 47.5%；随后，至 2014 年持续恢复，2014 年入境旅游流综合发展水平较 2013 年提升 19.8%。整体来看，入境旅游流综合发展水平成长曲线呈现“三峰二谷”的“涨—落波动型”演进特征。

从西安市 1995—2014 年目的地综合发展水平曲线的成长过程来看，目的地综合发展水平曲线的波动程度较小，系统综合发展较为稳定，标准差为 0.249，环比增长率为 14.2%，区别在于，受 1997 年亚洲金融危机、2003 年“非典”与 2008 年全球经济危机等事件的影响，阶段内年度增长率呈现高低波动发展态势。从系统学来看，系统的自组织演化与发展受目的地内部子系统与因素的影响，同样受到外部宏观条件与特殊环境的制约，故特殊事件的发生必然引起系统综合发展水平出现波动，进而影响目的地供给系统的自组织演化能力，其中 2003 年与 2005 年，目的地综合发展水平的环比增长率较 2002 年与 2004 年分别降低了 3.4%、1.6%，且 2008 年以来，综合发展水平的环比增长率维持在 12% 左右。通过实证分析发现，西安市目的地供给综合发展水平整体上保持增长态势，西安市目的地供给系统综合发展水平成长曲线呈现“平稳增长”的演进特征。

西安市入境旅游流与目的地系统的耦合协调度成长曲线也具有一定波动性，但相对于入境旅游流综合发展水平成长曲线的波动态势较小，标准差为 0.086，环比增长率均值为 4.07%。西安市入境旅游流与目的地供给系统耦合协调度成长曲线呈现“三峰二谷”的“涨—落波动型”演进特征，与入境旅游流综合发展水平曲线演进过程相对较为一致，但较入境旅游流发展水平曲线波动程度低。其原因可能是入境旅游流作为需求方，受国内微观与国际宏观多种因素的交叉综合影响，较目的地系统更易出现波动与变化，进而影响与支配其与目的地系统耦合的成长过程。整体来看，西安市目的地供给系统综合发展水平环比增长率均值最高，入境旅游流与目的地系统耦合协调度发展水平环比增长率次之，入境旅游流综合发展水平环比增长率均值最低。二者耦合协调度类型实现了由严重失调至初级协

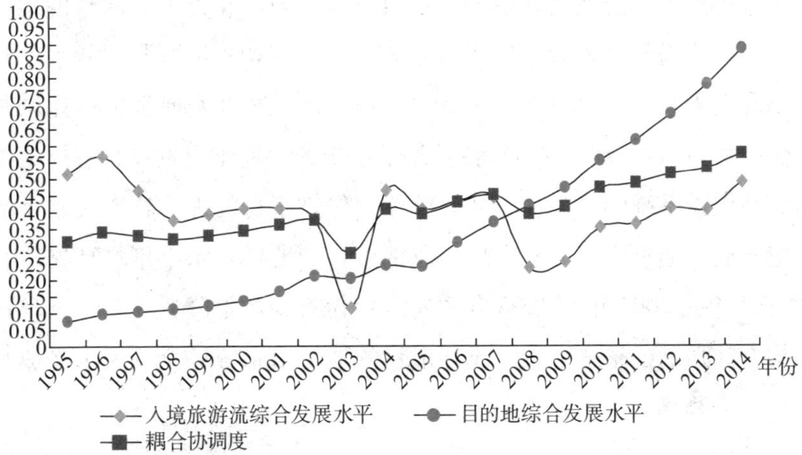

图 4－4　西安市入境旅游流、目的地系统综合发展水平与耦合协调度成长曲线

调的本质转变。

4.2.5　成都市入境旅游流与目的地供需耦合演进规律

由图 4－5 可知，成都市入境旅游流、目的地供给系统的综合发展水平与耦合协调度成长曲线的演进过程及特征。从发生学来看，1995—2014 年，成都市入境旅游流综合发展水平曲线波动程度较为频繁，标准差为 0.1619，环比增长率均值为 12.2%。旅游业具有脆弱性，受 1997 年亚洲金融危机的影响，1998 年入境旅游流综合发展水平环比增长率较 1997 年下降了 48.3%；而后，1999 年开始缓慢回升，至 2003 年受“非典”的影响，入境旅游流综合发展水平环比增长率大幅度下降，降幅达到 28.8%；随后成都市入境旅游流综合发展水平波动回升，至 2007 年综合发展水平升至 0.404；受 2008 年“汶川地震”以及经济危机等特殊事件的影响，成都市入境旅游综合发展水平出现断崖式下跌，2008 年综合发展水平较 2007 年下降 58.6%；随后，综合发展水平缓慢回升，至 2014 年入境旅游流综合发展水平达到 0.649。整体来看，旅游流综合发展水平成长曲线呈现“四峰四谷”的涨—落演进特征。

从成都市 1995—2014 年目的地综合发展水平曲线的成长过程来看，其综合发展水平曲线的波动程度较小，发展较为稳定，标准差为 0.228，环比增长率为 14.9%。从系统学来看，成都市各供给系统综合发展水平均有所提升，提高了目的地供给系统的自组织发展与演化能力。从目的地综合发展水平环比增长率来看，1998 年、2003 年与 2010 年综合发展水平环比增长率分别为6.7%、9.6%与3.5%，其余年份综合发展水平环比增长率基本保持在10%以上。目的地各供给子系统的快速正向发展，整体上提升了目的地供给系统的稳定性，从而整体上保障了目的地综合发展水平的稳定快速发展。通过实证分析发现，成都市目的地供给水平年均环比增长率仅在1998 年、2003 年与2008 年等特殊年份有轻微下降，其余年份环比增长率均增长强劲。整体来看，成都市目的地供给系统综合发展水平成长曲线呈现“平稳增长”的演进特征。

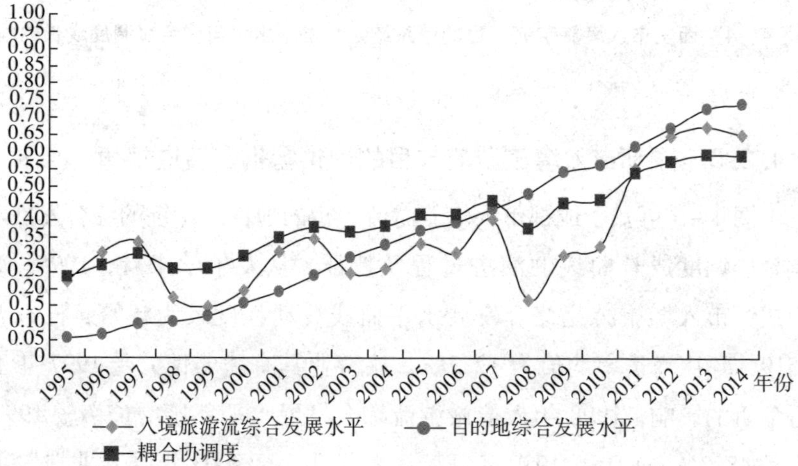

图4－5　成都市入境旅游流、目的地系统综合发展水平与耦合协调度成长曲线

成都市入境旅游流与目的地系统的耦合协调度成长曲线也具有一定波动性，但相较于入境旅游流综合发展水平成长曲线的波动态势较小，发展趋势较为稳定，标准差为0.113，环比增长率均值为5.4%。成都市入境旅游流与目的地供给系统耦合协调度成长曲线呈现“三峰二谷”的“涨—落波动型”演进特征，与入境旅游流综合发展水平曲线演进过程相对较为一致，但较入境旅游流发展水平曲线波动程度低。在1998 年、2003 年与2008 年等特殊年份，二者耦合成长曲线环比增长率分别下降13.8%、3.3%与17.9%，其余年份均保持正向发展，这与入境旅游流系统综合发展水平发展趋势基本一致。整体来看，成都市目的地供给系统综合发展水平环比增长率均值最高，入境旅游流综合发展水平环比增长率均值次之，旅游流与目的地系统耦合协调度发展水平环比增长率最低，二者耦合协调度类型实现了由严重失调至初级协调的本质转变。

4.2.6　昆明市入境旅游流与目的地供需耦合演进规律

由图4－6可知，昆明市入境旅游流、目的地供给系统的综合发展水平与耦合协调度成长曲线的演进过程及特征。从发生学来看，1995—2014年，昆明市入境旅游流综合发展水平曲线波动程度较大，标准差为0.1087，环比增长率均值为9.4%。从具体演进过程来看，1995—1997年持续增长，受1997年亚洲金融危机的影响，1998年入境旅游流综合发展水平环比增长率较1996年下降了65%；而后，1998年得到缓慢回升，至2003年受“非典”的影响，入境游客环比增长率下降幅度也较大，达到62.8%，随后昆明市入境旅游流综合发展水平止跌回升；受2008年“汶川地震”以及新经济危机等特殊事件的影响，昆明市入境旅游流综合成长曲线呈现波动下降态势，至2014年尚未恢复到0.533。整体来看，旅游流综合发展水平成长曲线呈现“四峰四谷”的涨—落演进特征。

从昆明市1995—2014年目的地综合发展水平曲线的演进过程来看，目的地综合发展水平曲线的波动程度较小，发展较为稳定，标准差为0.235，环比增长率为15.3%。从目的地供给系统综合发展水平的演进过程来看，2000—2001年昆明市综合发展水平环比增长率均较低，分别为－2.67%、－0.11%，2008年环比增长率为－2.57%，其余年份昆明市目的地综合发展水平均为正向增长。实证分析发现，昆明市目的地供给水平年均环比增长率仅在2001—2002年、2003年与2008年等特殊年份有轻微下降，其余年份环比增长率均较高。整体来看，昆明市目的地供给系统综合发展水平成长曲线呈现“平稳增长”的演进特征。

昆明市入境旅游流与目的地系统的耦合协调度成长曲线也具有一定波动性，但相对于入境旅游流综合发展水平成长曲线的波动态势较小，标准差为0.091，环比增长率均值为4.35%。昆明市入境旅游流与目的地供给系统耦合协调度成长曲线呈现“三峰二谷”的“涨—落波动型”演进特

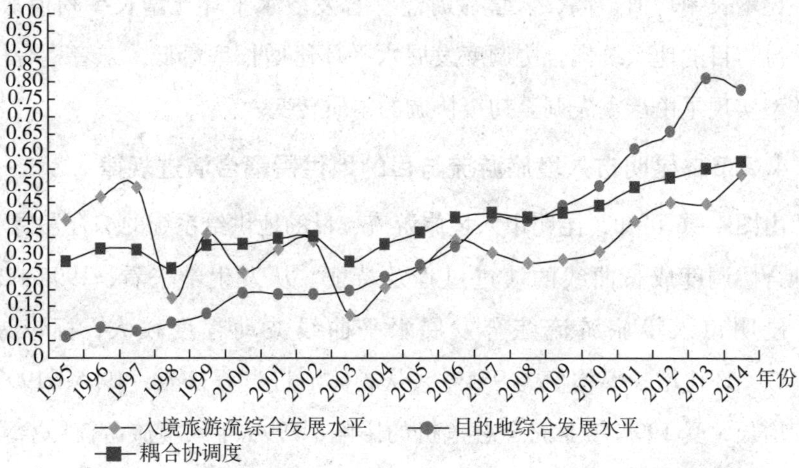

图4－6　昆明市入境旅游流、目的地系统综合发展水平与耦合协调度成长曲线

征，与入境旅游流发展水平曲线演进过程相对较为一致，但较入境旅游流发展水平曲线波动程度低。其中，在1998年与2003年，二者耦合成长曲线环比增长率分别下降17.6%、3.1%。整体来看，昆明市目的地供给系统综合发展水平环比增长率均值最高，入境旅游流综合发展水平环比增长率均值次之，旅游流与目的地系统耦合协调度发展水平环比增长率最低，二者耦合协调度类型实现了由严重失调至初级协调的本质转变。

4.2.7　六大城市入境旅游流与目的地供需耦合演进规律的比较

4.2.7.1　六大城市入境旅游流综合水平的比较

通过对六大城市入境旅游流综合发展水平的整体比较分析，可以透视其综合发展水平的波动特征与总体差异（见图4－7）。从发生学来看，六大典型旅游城市入境旅游流综合发展水平均经历了由快速增长至波动增长的发展过程，并在发展的过程中受到1997年亚洲金融危机、2003年“非典”事件以及2008年新金融危机等的叠加影响。六大城市入境旅游流综合发展水平成长曲线均呈现“涨—落波动型”的发展规律，区别在于城市之间成长曲线的波动程度不同。其中，北京、广州、成都与昆明入境旅游流综合发展水平曲线均为“四峰四谷”型，上海市入境旅游综合发展水平曲线为“五峰五谷”型，而西安市入境旅游流综合发展水平为“三峰二谷”型。从系统论角度来看，入境旅游流综合发展水平波动程度的强弱，可以反映出入境旅游流系统的稳定性，可以看出西安市入境旅游流系统综合发展的稳定性相对较强，而上海市入境旅游流系统综合发展稳定性相对较弱。

通过六大城市入境旅游流综合发展水平均值与标准差，可以透视出六大城市入境旅游流综合发展水平的整体差异。从综合发展水平来看，北京、上海、广州、西安、成都与昆明六大城市入境旅游流综合发展水平均值依次为0.4191、0.4107、0.3864、0.3948、0.3452、0.3372，可以看出北京入境旅游流综合发展水平最高，而昆明入境旅游流综合发展水平最低，东部地区的北京、上海、广州等城市入境旅游流综合发展水平较高，而西安、成都与昆明等西部城市的入境旅游综合发展水平较低，符合我国东西部阶梯差异的地理特征。从综合发展水平标准差来看，北京、上海、广州、西安、成都与昆明六大城市入境旅游流综合发展水平标准差依次为0.0833、0.1692、0.1866、0.1015、0.1619、0.1087。可以看出由于北京入境旅游综合发展水平较高，其标准差相对也较小，说明北京入境旅游系统内部发展相对较为稳定，波动程度相对较小，而上海、广州与西安入境旅游流综合发展水平标准差相对较高。上述三城市入境旅游流系统内部发展波动程度较高，成都与昆明入境旅游流综合发展水平标准差居中，入境旅游流系统内部发展波动程度相对较弱。

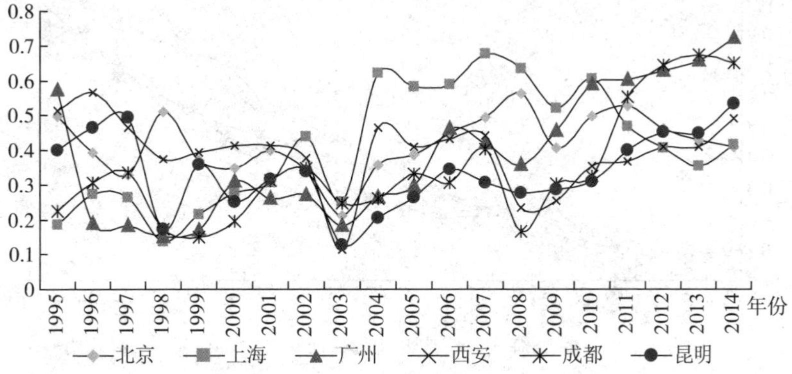

图4-7 六大城市入境旅游流综合发展水平成长曲线

4.2.7.2　六大城市目的地供给系统综合水平的比较

从系统论的角度来看，目的地供给系统相较于入境旅游流系统所涵盖的内容更加丰富多样，不仅包含与旅游流密切相关的旅游景区、旅行社等产业子系统，还包含区域经济、基础设施、自然环境与社会文化环境等宏观子系统，目的地系统内容的复杂性，造成系统的稳定态较强，即使受到金融危机与“非典”等事件的影响，其综合发展水平的波动程度也相对较小。

整体来看，六大城市目的地供给系统综合发展水平成长曲线均呈现“平稳增长”的演进特征，其区别在于城市综合发展水平及其整体差异有所不同（见图4－8）。从六大城市目的地供给综合发展水平均值来看，北京、上海、广州、西安、成都与昆明六大城市目的地供给综合发展水平均值依次为0.3947、0.4442、0.3788、0.3391、0.3595、0.3316，可以看出东部地区的北京、上海与广州的目的地供给水平均高于西安、成都与昆明等西部城市，具体来看，东部地区上海市目的地供给发展水平最高，西部地区西安市目的地供给发展水平最高。从六大城市目的地供给综合发展水平标准差来看，北京、上海、广州、西安、成都与昆明六大城市目的地供给综合发展水平标准差依次为0.2562、0.2896、0.2348、0.2489、0.2283、0.2348，可以看出北京与上海目的地综合发展

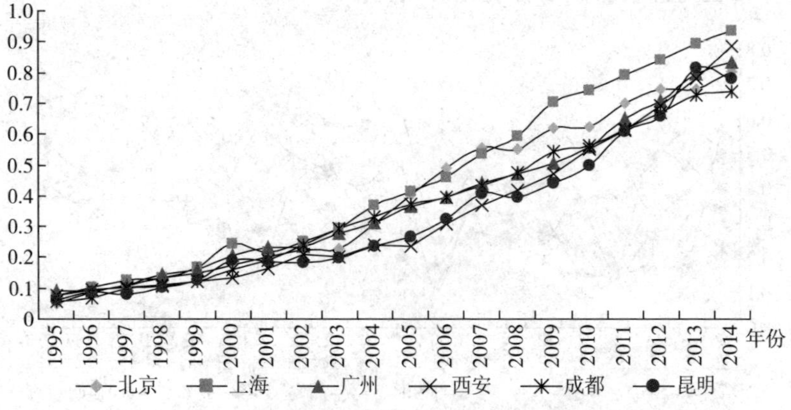

图4－8　六大城市目的地系统发展水平成长曲线

水平标准差相对较高，说明城市内部系统发展有所波动，而其余城市目的地综合发展水平相对较小。

4.2.7.3　六大城市入境旅游流与目的地供需耦合协调度发展规律的比较

从系统论视角来看，目的地系统所包含的子系统与发展要素较入境旅游流系统更加复杂。通过对入境旅游流系统与目的地系统综合发展水平的波动发展分析可以发现，入境旅游流的波动程度较大，而目的地系统波动程度较小，目的地系统相对于入境旅游流系统的稳定性较强。从两大系统耦合的成长过程来看，六大城市入境旅游流与目的地系统耦合成长曲线的波动程度相对弱于入境旅游流系统，强于目的地供给系统。六大城市入境旅游流与目的地供需耦合成长曲线均为涨—落波动型（见图 4－9）。区别在于六大城市两大系统耦合成长均值与标准差不同。

具体来看，北京、上海、广州、西安、成都与昆明六大城市入境旅游流与目的地供需耦合发展水平均值依次为 0.4293、0.4401、0.4180、0.4029、0.3987、0.3868，可以看出北上广等东部城市两大系统耦合的发展水平均高于西部城市，其中上海市两大系统耦合的发展水平最高，昆明市两大系统耦合的发展水平最低。从标准差来看，北京、上海、广州、西安、成都与昆明六大城市入境旅游流与目的地系统耦合发展水平标准差依

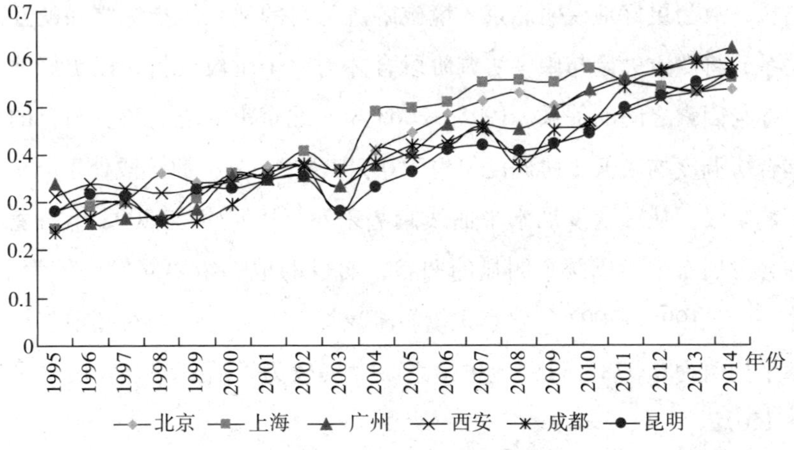

图 4－9　六大城市入境旅游流、目的地系统耦合协调度成长曲线

次为0.0950、0.1171、0.1170、0.0812、0.1126、0.0912，可以看出东部地区的上海市与广州市以及西部的成都市两大系统耦合发展水平标准差相对较高，其余城市两大系统耦合发展水平标准差相对较低。

4.3 六大城市入境旅游流与目的地供需耦合演进的影响因素

基于六大典型城市入境旅游流与目的地供需耦合协调度分析结果，首先，对二者综合发展水平与耦合总体特征进行了概括并进行比较分析（见图4－1～图4－9）；其次，为明确不同阶段内入境旅游需求与目的地供给各指标的关系，采取逐步回归、强制回归与相关分析相结合的方法，以入境旅游流指标为因变量，目的地供给指标为自变量，分析两大系统内部与系统之间指标间的互动影响关系（见表4－2～表4－8）；最后，以各指标的功效贡献值为基础，分析不同阶段各要素与子系统的贡献程度与作用（见图4－10～图4－21）。

4.3.1 北京市入境旅游流与目的地供需耦合演进的影响因素

4.3.1.1 严重与中度失调阶段

1995年北京市入境旅游流与目的地供需耦合协调度位于严重失调区间内，1996—2003年位于中度失调区间内。因入境旅游流与目的地系统包含指标较多，二者耦合的严重失调阶段的时间序列较短，影响指标的回归分析结果，故为更好地说明北京入境旅游流与目的地系统指标之间的互动影响关系，将严重失调与中度协调阶段合并为一个阶段分析，以更好地探讨各指标与因素之间的关系。1995—2003年，北京市入境旅游流与目的地系统耦合协调度均较低，协调度值位于0.281～0.331，此阶段处于严重与中度失调阶段。从综合发展水平曲线趋势来看，1998年与2003年入境旅游流综合发展水平形成两个明显的凹谷，而目的地供给协同发展较为平稳。整体来看，1995—2003年北京入境旅游流综合发展水平相对超前，综合发展水平均值为0.378，目的地供给系统发展较为滞后，综合发展水平均值为0.150。

通过入境旅游流与目的地系统中指标进行回归与相关分析可知，从入境旅游流系统内部指标间的关系来看，国际旅游人数、国际旅游人数环比增长率、国际旅游人天数、国际旅游收入占第三产业比重与入境旅游流系统各指标的相关关系较为密切，相关系数在 0.8 以上，回归关系较为显著，均通过显著性检验，回归系数在 0.7 以上，相关与回归分析后发现，此阶段入境旅游的规模指标表现较好，而入境旅游效益指标优势尚未凸显，也可以看出此阶段入境旅游发展过程中规模效益突出，国际旅游人数、人天数均表现较好。从目的地系统对入境旅游流系统指标的影响来看，景区数量、旅行社数量、旅行社营业收入等旅游企业指标，铁路里程等交通指标，家庭居民收入等社会文化指标，以及卫生技术人员数、刑事案件立案数（起）等社会治安指标与旅游流系统各指标回归与相关关系较为密切，回归系数均大于 0.7，相关系数均大于 0.8。

通过功效贡献值的均值分析发现，从贡献要素来看，游客旅游人次、停留时间、旅游收入、旅游消费、企业规模、企业效率、经济结构、城市供气、公共厕所与社会治安等要素对此阶段二者耦合协调度的贡献程度较大，贡献值均在 0.223 以上，其中旅游人次、旅游收入、旅游消费、公共厕所与社会治安等要素的贡献值在 0.48 以上。此阶段从贡献要素来看，主要集中在入境旅游需求系统方面，而目的地供给系统部分主要集中在旅游企业方面。从子系统贡献值来看，入境旅游需求系统中的旅游效益、旅游规模子系统，以及目的地供给子系统中的自然环境子系统的贡献程度较大，贡献值均在 0.235 以上。从成长动因来看，此阶段旅游流与目的地耦合的主导成长动因以入境旅游流系统与旅游供给子系统等内生性因素为主，其中入境旅游流人次、停留时间与旅游消费等要素表现突出，目的地系统中景区、饭店与旅行社等旅游企业规模与效率要素，以及目的地区域经济水平、城市供气、社会治安与公共厕所的贡献值相对较大，目的地但其他子系统的贡献程度总体上相对较小。整体上入境旅游流与目的地系统中包含的因素与子系统耦合程度较弱。

表4-2 不同阶段北京市入境旅游流与目的地系统各指标关联分析

协调阶段	严重与中度失调 1995—2003年	轻度失调 2004—2006年	初级协调 2007—2014年
国际旅游人数/X1	X5 **、X7 **、X9、X10、Y3 *、Y6、Y8、Y9、Y16 **、Y31 *、Y49 *	X2、X5 *、Y2、Y3、Y8 **、Y11、Y41、Y42、Y45 *、Y52 *	X3、X4、X5 **、X7 **、X10、Y2、Y12 *
国际旅游人数环比增长率/X2	X1、X3、X7、X8、Y1、Y3	X1	Y28 **
国际旅游人数占旅游总人数比重/X3	X7、X8、Y5、Y8、Y17、Y19、Y22、Y28、Y36、Y47 **、Y51、Y54	X2、X6、Y52、Y60	X6 *、X8 **、X9 **、X10、Y5、Y8、Y9 **、Y10 **、Y24、Y25、Y30、Y36 *、Y38、Y48 **、Y49 **、Y52、Y60 **、Y61 *
国际人均停留时间/X4	Y53 *、Y59 **	X1、X9、X10、Y4 **、Y42、Y49 *	X10 **、X11 *、Y54 *
国际旅游人均停留天数/X5	X1 **、X4、X7 **、Y13 **、Y31 *、Y49 *、Y59 **、Y61 *	X1 **、X4、X7 **、X9、Y2、Y3、Y7、Y8 *、Y20 *、Y22、Y29、Y37 *、Y50、Y59 *	X1 **、X3、X4、X7 **、Y2、Y12 **
国际旅游人均停留天数环比增长率/X6	Y5、Y25、Y27、Y40、Y52、Y57	X3、X5、Y42、Y47	X3 *、Y49 *、Y60 *
国际旅游收入/X7	X1 **、X5 **、Y3 *、Y13 **、Y49 *	X4、X5 *、Y3、Y5、Y13 *、Y17 *、Y20 **、Y22、Y25 *、Y35、Y37 *、Y51 *、Y57、Y59 **	X1 **、X5 **、Y2、Y12 **
国际旅游收入占第三产业比重/X8	X1、X3 **、X5、X9 **、Y8、Y22 **、Y23、Y30、Y47 **、Y51、Y58 *	Y18、Y25、Y26、Y38、Y39、Y41、Y58、Y59	X3 **、X5、X9 **、Y5、Y9 **、Y10 *、Y11、Y22 **、Y30、Y36、Y48 **、Y49 **、Y50、Y60 **、Y61 **

续表

协调阶段	严重与中度失调 1995—2003 年	轻度失调 2004—2006 年	初级协调 2007—2014 年
国际旅游收入占旅游总收入比重/X9	X8 **、Y4、Y6、Y22 **、Y25、Y32、Y41、Y46 **、Y47 **、Y51 **、Y58 *	X3、X4、Y4、Y5、Y40、Y49	X1、X3 **、X8 **、Y5、Y9 **、Y10 **、Y11、Y22 *、Y24、Y26、Y36、Y40 **、Y49 **、Y57、Y60 **、Y61 **
国际旅游人均消费/X10	X11 **	Y31、Y33、Y54、Y56 *	X1 *、X4 **、X7、X11、Y54 *
国际旅游人均消费环比增长率/X11	X10	Y1 *、Y2 *、Y6 *、Y7 *、Y15、Y22、Y24 *、Y26 *、Y35、Y43、Y44 *、Y54 *、Y55 *、Y58 *	X4 *、X10 *

注：表中 ** 表示 $p<0.01$，* 表示 $p<0.05$，皮尔森相关分析、双尾检验、指标相关系数值均大于 0.8；指标回归分析在 95% 置信区间下均通过显著性检验，指标 R^2 值≥0.8，调整后的 R^2 值≥0.6。

4.3.1.2　轻度失调阶段

2004—2006 年，北京市入境旅游流与目的地供需耦合协调度值位于 0.407 ~ 0.484，此阶段处于轻度失调阶段，入境旅游需求与目的地供给系统已经开始磨合与响应，但二者协调程度不足。从综合发展水平来看，两大系统除经历了 2003 年的“非典”事件所造成的负面影响外，入境旅游流系统与目的地供给系统均呈现恢复上升态势，此阶段入境旅游流综合发展水平均值为 0.398，目的地供给系统综合发展水平均值为 0.400，两大系统综合发展水平较为接近与同步，目的地系统发展水平稍高于入境旅游流系统发展水平。

通过入境旅游流与目的地系统中各指标的回归与相关分析可知，从入境旅游流系统内部指标关系来看，国际旅游人数、国际旅游人数环比增长率、国际旅游人数占游客总数比重、国际旅游人均停留时间、国际旅游人均停留天数、国际旅游人均停留天数环比增长率等旅游人次、停留时间等规模子系统内部的指标相关关系较为密切，相关系数在 0.75 以上，回归关系较为显著，回归系数均在 0.65 以上，此阶段入境旅游流规模子系统表现较好。从目的地系统对入境旅游流系统指标的影响来看，景区从业人员数量、景区数量、旅行社数量、星级饭店社固定资产、星级饭店数量等旅游企业相关指标；第二产业占 GDP 比重、第三产业占 GDP 比重、外商实际投资额与进出口总额等区域经济指标，全年供水总量、高等学校在校人数、卫生技术人员数、刑事案件立案数等基础设施与社会文化指标与入境旅游流系统各指标回归与相关关系较为密切。

通过功效贡献值的均值分析发现，从贡献要素来看，入境旅游流系统中的旅游人次、停留时间、旅游收入与旅游消费等需求要素，目的地供给系统中的景区规模、景区效益、景区效率、企业规模、企业效益、企业效率等旅游企业要素，以及经济规模、经济结构、对外贸易等国民经济要素，城市供水、城市供气、城市交通、邮电通信等基础设施要素，污水处理、城市绿化、公共厕所与“三废”治理等自然环境要素，生活水平、文化环境、社会医疗与社会治安等社会文化环境要素对此阶段二者耦合协调度的贡献程度较大，贡献均值在 0.412 以上。从子系统贡献值来看，旅游企业、旅游规模、旅游景区、自然环境、基础设施与社会环境的贡献程度均较大，贡献值均在 0.404 以上。从成长动因来看，此阶段入境旅游流与目的地耦合的主导成长动因所包括的供需要素与子系统均有所增加，二者耦合的影响因素不仅包括入境旅游流规模、旅游景区与旅游企业子系统等内生性因素，还包括目的地自然环境、基础设施与社会环境子系统等外生性因素，也进一步说明目的地外部宏观因素开始影响二者的耦合与协调发展。其中，旅游规模子系统贡献值由 0.381 提升至 0.544，旅游企业子系统贡献值由 0.183 提升至 0.491，旅游景区子系统贡献值由 0.134 提升至 0.478，基础设施、自然环境与社会环境子系统贡献值由最低的 0.171 提升至 0.406 以上。整体上除旅游效益这一子系统外，其余子系统贡献值均在提升，主要原因可能是此阶段入境游客虽有增加，但人均消费水平增长程度较低造成入境旅游效益不明显，同时，此阶段北京市入境旅游流与目的地系统中各子系统的耦合协调程度有所提升，二者磨合的程度逐渐加深，有待进一步突破。

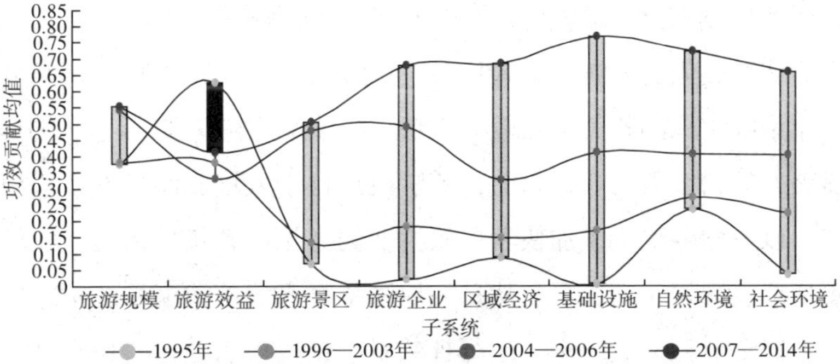

图 4－10　北京市入境旅游流与目的地子系统贡献值

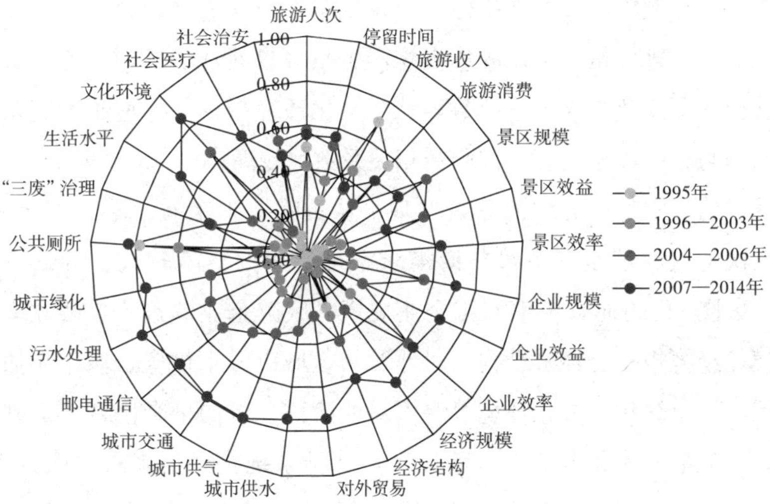

图 4－11　北京市入境旅游流与目的地系统各要素贡献值

4.3.1.3　初级协调阶段

2007—2014 年，北京市入境旅游流与目的地供需耦合协调度位于 0.512～0.535，此阶段处于初级阶段。从两系统综合发展水平来看，受 2008 年“地震、雪灾”以及国际金融危机的影响，入境旅游流综合发展水平与速度有所下降，此阶段综合发展水平均值为 0.473，目的地供给系统综合发展水平均值为 0.668。可以看出，此阶段目的地发展水平较为超前，入境旅游系统发展水平较为滞后。

通过入境旅游流与目的地系统中各指标的回归与相关分析可知，从入境旅游流系统内部指标关系来看，国际旅游人均停留天数、国际旅游人均停留天数环比增长率、国际旅游人数、国际旅游收入占第三产业总值比重、国际旅游收入占旅游总收入比重、国际旅游人均消费环比增长率等入境旅游流系统指标的相关关系较为密切，相关系数在0.80以上，回归关系较为显著，回归系数在0.7以上，此阶段得益于入境旅游发展由规模向质量转变，以及国务院关于加快发展旅游业的意见等政策的出台，入境旅游流各项指标表现均较为抢眼。从目的地系统对入境旅游流系统指标的影响来看，景区全员劳动生产率、旅行社数量、星级饭店数量、旅行社从业人员数量、星级饭店营业收入等旅游企业效率与规模指标，外商实际投资额、进出口总额等国民经济指标，载客汽车数与互联网户数等基础设施指标，工业废气排放量、工业固体废物产生量等自然环境指标，卫生机构床位数、交通事故数与火灾事故数等社会文化环境指标与入境旅游流系统各指标回归与相关关系密切，回归与相关系数均较高。

通过功效贡献值的均值分析发现，从贡献要素来看，游客停留时间、旅游人次与旅游消费等入境旅游需求系统要素的贡献较大，贡献值均在0.467以上。目的地系统中旅游企业规模、旅游企业效益、景区效率、景区规模、经济规模、经济结构、对外贸易、城市供水供气、城市交通、邮电通信、城市绿化、文化环境等要素对此阶段二者的耦合协调度贡献程度较大，贡献值基本上均在0.605以上。从子系统贡献值来看，旅游规模、旅游企业、自然环境、基础设施、区域经济与社会环境的贡献程度均较大，其贡献值均在0.553以上，此阶段二者子系统耦合的程度有较大提升。从成长动因来看，此阶段旅游流与目的地耦合的主导成长动因包括了除旅游效益与旅游景区子系统等内生性因素外，目的地自然环境、区域经济、基础设施与社会环境子系统等外生性因素的贡献值也较突出。其中，旅游企业子系统对二者成长贡献较上阶段提升36%，区域经济子系统的贡献值较上阶段也提升了109%，社会环境子系统的贡献值较上阶段提升了65%，基础设施子系统较上阶段提升了87.8%，自然环境子系统的贡献值较上阶段提升了75.6%。

4.3.2　上海市入境旅游流与目的地供需耦合演进的影响因素

4.3.2.1　严重与中度失调阶段

1995—1996 年，上海市入境旅游流与目的地耦合协调度处于严重失调阶段，1997—2001 年处于中度失调阶段，但因严重与中度失调阶段年份较短，影响两大系统相关与回归分析的结果，故将严重失调与中度失调阶段进行合并分析。1995—2001 年，上海入境旅游流与目的地系统耦合协调度相对较低，协调度值位于 0.244 ~ 0.359，此阶段处于严重与中度失调阶段。从综合发展水平来看，此阶段入境旅游流系统综合发展水平高于目的地系统发展水平，入境旅游流系统综合发展水平值为 0.236，目的地系统发展水平均值为 0.152，入境旅游流发展较为超前，但从发展趋势来看，入境旅游流系统受 1998 年洪水与金融危机影响严重，形成了明显的凹谷，而目的地供给系统呈现平稳上升的发展趋势。

通过入境旅游流与目的地系统中指标的回归与相关分析可知，从旅游流系统内部指标间的关系来看，国际旅游人数、国际旅游人数占游客总数比重、国际旅游人均停留天数、国际旅游收入、国际旅游人均消费等与入境旅游流系统各指标的相关关系较为密切，相关系数在 0.85 以上，回归关系较为显著，均通过显著性检验，回归系数在 0.8 以上，此阶段入境旅游发展规模与停留时间等要素内的指标表现较好。从目的地系统对入境旅游流系统指标的影响来看，旅行社固定资产、景区营业收入、星级饭店社固定资产、旅行社数量、星级饭店数量等旅游企业指标，GDP、人均 GDP、社会消费品零售额、第二产业生产总值、进出口总额、第三产业占 GDP 比重等区域经济指标，年末供水管道长度、供气管道长度、全年供水总量、载客汽车数量、公路里程、旅客周转量、邮电业务总量、固话年末总数户、移动电话户数、互联网户数等基础设施指标，污水处理率、人均公园绿地面积、建成区绿化覆盖率、公共厕所、工业废气排放量等自然环境指标，城镇居民收入、家庭居民收入、高等学校在校人数、群众艺术馆和文化馆（站）组织文艺活动次数、卫生机构床位数、刑事案件立案数、交通事故数等社会文化环境指标与上海入境旅游流系统各指标回归与相关关系较为密切，回归系数均高于0.9，相关系数均高于0.80。

通过功效贡献值的均值分析发现，从贡献要素来看，游客停留时间、旅游收入与旅游消费等入境旅游流系统要素对二者耦合的贡献度较大，贡献值位于0.373~0.627，景区规模、景区效益、景区效率、企业规模、企业效益、企业效率、经济规模、经济结构、对外贸易、城市供水、城市供气、城市交通、邮电通信、污水处理、城市绿化、公共厕所、“三废”治理、生活水平、文化环境、社会医疗、社会治安等目的地供给要素对此阶段二者耦合协调度的贡献程度相对较高，贡献值位于0.272~0.599。从子系统贡献值来看，入境旅游流系统中的旅游效益与旅游景区子系统，目的地供给系统中的社会环境子系统贡献程度较大，贡献值均保持在0.317以上。从成长动因来看，此阶段入境旅游流与目的地耦合的主导成长动因以入境旅游流系统与目的地旅游供给子系统等内生性因素为主，其中入境旅游流停留时间与效益等要素表现突出，目的地供给系统中景区、饭店与旅行社部分规模、效益与效率要素的贡献值相对较高，但其他子系统的贡献程度总体上相对较小。整体来看，此阶段入境旅游流与目的地系统中包含的因素与子系统耦合程度较弱。

表4-3 不同阶段上海市入境旅游流与目的地系统各指标关联分析

协调阶段	严重与中度失调 1995—2001年	轻度失调 2002—2005年	初级协调 2006—2014年
国际旅游收入/X1	X3*、X4、X5、X7**、X10*、Y3**、Y6**、Y7*、Y8**、Y9**、Y11*、Y16*、Y17、Y19*、Y20**、Y23*、Y25*、Y27**、Y28*、Y30**、Y32**、Y34**、Y35*、Y36**、Y37**、Y38**、Y40**、Y41**、Y42**、Y43**、Y46**、Y48**、Y50**、Y52**、Y55**、Y57**、Y59*、Y60**	X5**、X7*、Y13**、Y14**、Y15**、Y16、Y18*、Y19、Y29*、Y31*、Y33*、Y34*、Y35*、Y36*、Y38*、Y40*、Y41*、Y49*、Y55*、Y60	X4、X5**、X9、Y1、Y6、Y8*、Y10、Y16*、Y17*、Y18*、Y19*、Y20*、Y21*、Y24、Y27*、Y28*、Y29*、Y30*、Y31**、Y32*、Y33*、Y37*、Y40*、Y41、Y42*、Y43*、Y44*、Y45*、Y46*、Y48**、Y57*

续表

协调阶段	严重与中度失调 1995—2001 年	轻度失调 2002—2005 年	初级协调 2006—2014 年
国际旅游人数环比增长率/X2	X3 *	X6 **	X5、X6 ** 、X11、Y39
国际旅游人数占旅游总人数比重/X3	X1 * 、X2 * 、X5 * 、X7、X9 * 、X10、Y49 *	X1 ** 、X5 ** 、X7 ** 、X9 * 、Y14 * 、Y15、Y26、Y30、Y31 * 、Y33 * 、Y38 * 、Y52、Y53、Y60	X1、X4 ** 、X6 ** 、X8 ** 、X9 ** 、Y1 * 、Y5、Y8、Y9 ** 、Y10 ** 、Y19、Y21、Y22 ** 、Y25、Y29、Y31、Y36 ** 、Y40、Y53 * 、Y55、Y57、Y58
国际人均停留时间/X4	X11 * 、X15 * 、Y9、Y15	X10 ** 、Y56	X1、X3 ** 、X4、X7 ** 、X8 ** 、X9 ** 、X10、Y1 * 、Y22、Y39、Y48、Y49、Y52
国际旅游人均停留天数/X5	X1 ** 、X3 * 、X4、X7 ** 、X9 ** 、X10 ** 、Y3 ** 、Y6 ** 、Y7 * 、Y8 * 、Y9 * 、Y10 * 、Y11 * 、Y14 ** 、Y16、Y17、Y20 ** 、Y21 ** 、Y25 ** 、Y30 ** 、Y32 ** 、Y36 ** 、Y37 ** 、Y40 ** 、Y41 ** 、Y42 ** 、Y43 ** 、Y44 ** 、Y45 ** 、Y46 ** 、Y48 ** 、Y50 ** 、Y52 ** 、Y56、Y57、Y58、Y59 ** 、Y60 ** 、	X1 ** 、X3 ** 、X7 ** 、X9 ** 、Y14、Y15 ** 、Y18 * 、Y29 * 、Y31 ** 、Y32 * 、Y33 * 、Y34 * 、Y35 * 、Y40 * 、Y41 * 、Y49 * 、Y55 *	X1 ** 、X2、X11、Y39
国际旅游人均停留天数环比增长率/X6	X5	X2 ** 、Y14、Y18	X1、X2、Y39

续表

协调阶段	严重与中度失调 1995—2001 年	轻度失调 2002—2005 年	初级协调 2006—2014 年
国际旅游收入/X7	X1**、X5**、X9**、X10**、Y3**、Y6**、Y7*、Y8**、Y10*、Y11*、Y16**、Y17**、Y19**、Y20**、Y23**、Y25**、Y26**、Y27**、Y28**、Y33**、Y34**、Y35**、Y36**、Y37**、Y38**、Y40**、Y41**、Y42**、Y43**、Y44**、Y45**、Y46**、Y50**、Y51**、Y52**、Y55*、Y58、Y59**、Y60**	X1**、X3**、X5**、X9**、Y13**、Y14**、Y15**、Y18*、Y31*、Y32*、Y33*、Y34*、Y35*、Y38*、Y40*、Y41*、Y49*、Y55*、Y60	X3**、X8、X11、Y8*、Y11*、Y12*、Y13*、Y14*、Y16*、Y17*、Y18*、Y19*、Y20*、Y21*、Y25**、Y26**、Y27**、Y28**、Y29**、Y31*、Y32*、Y33*、Y34*、Y35、Y37*、Y38*、Y40**、Y42**、Y43*、Y44*、Y46**、Y48**、Y57*、Y58*
国际旅游收入占第三产业比重/X8	Y3、Y6、Y8、Y15*、Y22*、Y29**、Y30、Y35、Y39**、Y47**、Y49、Y55、Y56*、Y58*	Y4	X3**、X4**、X9、Y4、Y9**、Y10**、Y11、Y17、Y18、Y19、Y36**、Y41、Y44、Y52、Y53**、Y60**
国际旅游收入占旅游总收入比重/X9	X1**、X3*、X5**、X7**、X10**、Y3、Y6*、Y7*、Y8*、Y9*、Y10*、Y14、Y16**、Y17**、Y21**、Y23*、Y25*、Y26*、Y27*、Y28*、Y30**、Y32*、Y33*、Y34*、Y35*、Y36**、Y46*、Y48*、Y49*、Y50*、Y51*、Y52*、Y56、Y57*、Y59*	X1**、X3*、X5**、X7**、Y11、Y12、Y14**、Y15*、Y31**、Y33*、Y34*、Y37、Y38*、Y55*、Y60	X3**、X4**、X8**、X9**、Y1*、Y2、Y10、Y115、Y13、Y20、Y31、Y45、Y53、Y60*

续表

协调阶段	严重与中度失调 1995—2001 年	轻度失调 2002—2005 年	初级协调 2006—2014 年
国际旅游人均消费/X10	X1*、X5**、X9**、Y3*、Y7*、Y8*、Y9*、Y10*、Y13、Y14*、Y16**、Y17**、Y19**、Y20**、Y21*、Y23**、Y25*、Y26*、Y27*、Y28*、Y32*、Y33*、Y34*、Y35*、Y44**、Y45*、Y46*、Y50*、Y51*、Y52*、Y55、Y59*、Y60*	X4**、Y48、Y59	X5、Y1、Y47
国际旅游人均消费环比增长率/X11	X3、X4*、X6、Y61	X10	X2、Y35、Y39、Y45

注：表中**表示 $p<0.01$，*表示 $p<0.05$，皮尔森相关分析、双尾检验、指标相关系数值均大于0.8；指标回归分析在95%置信区间下均通过显著性检验，指标 R^2 值≥0.8，调整后的 R^2 值≥0.6。

4.3.2.2　轻度失调阶段

2002—2005年，上海市入境旅游流与目的地系统耦合协调度值位于0.406~0.496，此阶段处于轻度失调阶段。从综合发展水平来看，除2003年“非典”特殊年外，入境旅游流综合发展水平均高于目的地供给系统发展水平，入境旅游流综合发展水平均值为0.473，目的地供给综合发展水平均值为0.331。整体来看，此阶段旅游流综合发展水平相对超前，目的地系统发展水平较为滞后。

通过入境旅游流与目的地系统中各指标的回归与相关分析可知，从入境旅游流系统内部指标关系来看，国际旅游人数、国际旅游人数占游客总数比重、国际旅游人均停留天数、国际旅游收入、国际旅游收入占旅游总收入比重等入境旅游人次规模与收入指标与其余指标之间的相关关系均较为密切，相关系数在0.9以上，回归关系较为显著，回归系数均在0.8以上，此阶段入境旅游人次规模与旅游收入指标表现均较好。从目的地系统对入境旅游流系统指标的影响来看，旅行社营业收入、旅行社全员劳动生产率、星级饭店全员劳动生产率等旅游企业收入与效率指标，GDP、固定投资、社会消费品零售额等区域经济指标，供气总量、铁路里程、公路里程、客运量、旅客周转量、邮电业务总量、固话年末总数户、互联网户数等基础设施指标，污水排放量、污水处理量、污水处理率、工业固体废物产生量等自然环境指标，城镇居民收入、群众艺术馆和文化馆（站）组织文艺活动次数、卫生机构数、交通事故数等社会文化环境指标与入境旅游流系统各指标回归与相关关系较为密切。

通过功效贡献值的均值分析发现，从贡献要素来看，入境旅游流系统中游客旅游人次、旅游收入、旅游消费等需求要素对二者耦合的贡献程度较大，其贡献值位于0.486～0.556，目的地供给系统中的景区规模、景区效益、景区效率、企业规模、企业效益、企业效率、经济规模、经济结构、对外贸易、城市供水、城市供气、城市交通、邮电通信、污水处理、城市绿化、公共厕所、“三废”治理、生活水平、文化环境、社会医疗、社会治安等供给要素贡献程度相对较大，贡献值位于0.382～0.665。从子系统贡献值来看，入境旅游流系统中旅游规模与旅游效益子系统的贡献度较大，贡献值分别为0.433、0.547，目的地系统中旅游企业、自然环境与社会环境子系统的贡献值较大，分别为0.389、0.451、0.372。从成长动因来看，此阶段入境旅游流与目的地耦合的主导成长动因涵盖了入境旅游流系统中的旅游规模与效益子系统等内生性因素，以及目的地旅游企业、自然与社会环境子系统等外生性因素。其中，旅游规模子系统贡献度较上阶段提升95%，旅游效益子系统较上阶段提升14.5%，旅游企业子系统对此阶段二者成长贡献较上阶段提升143%，自然环境与社会环境子系统的贡献值分别较上阶段提升了165%、19.4%。整体上入境旅游流与目的地系统中各子系统的耦合协调程度已有较大提升。

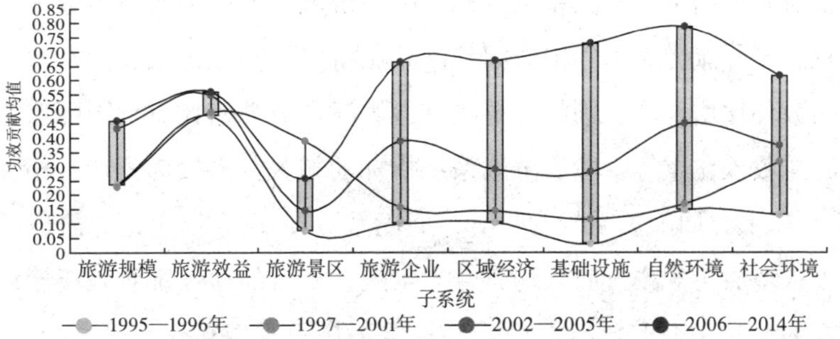

图 4 - 12　上海市入境旅游流与目的地子系统贡献值

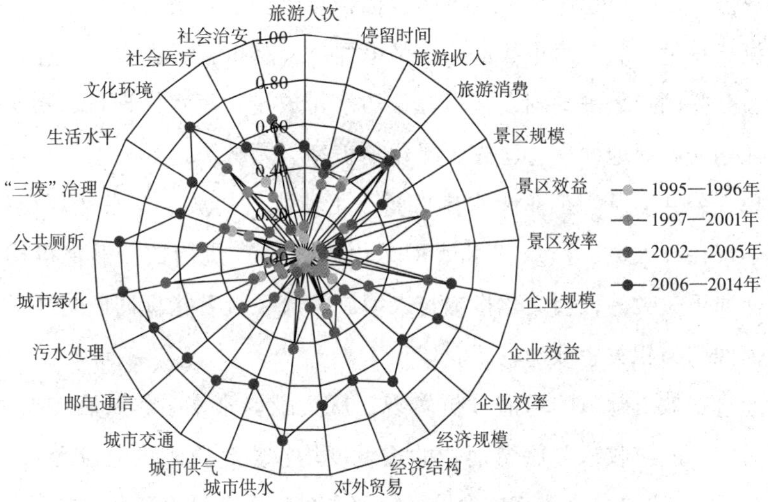

图 4 - 13　上海市入境旅游流与目的地系统各要素贡献值

4.3.2.3　初级协调阶段

2006—2014 年，上海市入境旅游流与目的地系统耦合协调度位于 0.509 ~ 0.558，此阶段处于初级协调阶段。从两系统综合发展水平来看，此阶段经过 2008 年金融危机与地震的影响，入境旅游呈现波动下降的发展趋势，入境旅游流综合发展水平均值为 0.519，而目的地供给综合发展水平波动程度较小，发展较为平稳，其综合发展水平均值为 0.722。整体上目的地发展水平已经超越入境旅游发展水平，入境旅游流综合发展水平相对滞后，目的地系统发展水平相对超前。

通过入境旅游流与目的地系统中各指标的回归与相关分析可知，从入

境旅游流系统内部指标关系来看，国际旅游人数、国际旅游人数占游客总数比重、国际旅游人均停留时间、国际旅游人均停留天数、国际旅游人均停留天数环比增长率、国际旅游收入占第三产业总值比重、国际旅游收入占旅游总收入比重等入境旅游流系统指标的相关关系较为密切，相关系数在0.88以上，回归关系较为显著，回归系数在0.65以上，此阶段得益于上海市入境旅游规模、收入均有较大发展。从目的地系统对入境旅游流系统指标的影响来看，旅行社数量、星级饭店数量等旅游企业指标，GDP、人均GDP、固定投资、社会消费品零售额、第二产业生产总值、第三产业生产总值、进出口总额等区域经济指标，年末供水管道长度、供气管道长度、供气总量、载客汽车数量、铁路里程、公路里程、客运量、移动电话户数、互联网户数等基础设施指标，污水排放量、污水处理量、污水处理率、人均公园绿地面积、建成区绿化覆盖率、园林绿地面积、年末绿化覆盖面积、公共厕所、工业废水排放量、工业废气排放量等自然环境指标，高等学校在校人数、群众艺术馆和文化馆（站）机构数、卫生机构床位数、交通事故数等社会文化指标与入境旅游流系统各指标回归与相关关系密切，回归与相关系数均较高。

通过功效贡献值的均值分析发现，从贡献要素来看，游客旅游人次、停留时间、旅游收入与旅游消费的贡献度均较大，贡献度值位于0.420～0.577。而目的地供给部分，除景区效率、景区效益等旅游企业要素，以及社会治安要素的贡献度较低外，其余发展要素对二者耦合协调发展的贡献度均较高，贡献度值位于0.605～0.876。从子系统贡献值来看，入境旅游需求系统中旅游规模与旅游效益的子系统贡献值较大，分别为0.458、0.558，目的地系统中旅游企业、区域经济、基础设施、自然环境与社会环境的贡献度均较大，其贡献值均在0.617以上，此阶段随着各要素与子系统贡献度的提升，使二者子系统耦合的程度有较大提升。从成长动因来看，此阶段入境旅游流与目的地耦合的主导成长动因包括了除旅游规模、旅游效益与旅游企业子系统等内生性因素外，目的地区域经济、基础设施、自然环境与社会环境子系统等外生性因素的贡献值也较突出。其中，旅游企业子系统对二者成长贡献较上阶段提升69.2%，社会环境子系统的贡献值较上阶段提升了 67.5%，自然环境子系统的贡献值较上阶段提升了 73.3%，基础设施子系统的贡献幅度最大，为 160.7%。

4.3.3　广州市入境旅游流与目的地供需耦合演进的影响因素

4.3.3.1　严重失调阶段

1995—1999 年，广州市入境旅游流与目的地耦合协调度较低，协调度值位于 0.258 ~0.338，此阶段处于严重失调阶段。从综合发展水平来看，1995—1997 年，入境旅游综合发展水平相对超前，1998—1999 年两系统综合发展水平基本持平。整体来看，此阶段入境旅游流综合发展水平相对超前，综合发展水平均值为 0.253，目的地系统发展水平较为滞后，综合发展水平均值为 0.119。

通过入境旅游流与目的地系统中指标的回归与相关分析可知，从入境旅游流系统内部指标间的关系来看，国际旅游人数、国际旅游人数占游客总数比重、国际旅游人均停留时间、国际旅游人均停留天数、国际旅游收入、国际旅游收入占旅游总收入比重、国际旅游人均消费与入境旅游流系统各指标的相关关系较为密切，相关系数在 0.88 以上，回归关系较为显著，均通过显著性检验，回归系数在 0.6 以上，此阶段入境旅游流旅游人次、停留时间、旅游收入等指标表现均较好。从目的地系统对入境旅游流系统指标的影响来看，景区数量、景区营业收入、景区全员劳动生产率、旅行社固定资产、星级饭店社固定资产、旅行社数量、星级饭店数量、星级饭店全员劳动生产率等酒店、旅行社与景区指标，GDP、人均 GDP、社会消费品零售额、第二产业生产总值、第三产业生产总值、外商实际投资额等区域经济指标，年末供水管道长度、供气管道长度、公路里程、固话年末总数等基础设施指标，污水排放量、人均公园绿地面积、污水处理率、年末绿化覆盖面积等自然环境指标，城镇居民收入、家庭居民收入、群众艺术馆和文化馆（站）展览个数、群众艺术馆和文化馆（站）组织文艺活动次数、卫生机构床位数等社会文化环境指标与旅游流系统各指标回归与相关关系较为密切，回归系数均大于 0.8，相关系数均大于 0.6。

通过功效贡献值的均值分析发现，从贡献要素来看，入境旅游需求系统中游客旅游人次、旅游收入与旅游消费等要素的贡献度相对较大，其贡献值位于0.234~0.351，目的地供给系统中景区规模、企业规模与企业效益等要素，经济结构、公共厕所与文化环境等经济与社会文化要素对此阶段二者耦合协调度的贡献程度较大，贡献值均位于0.243~0.497。从子系统贡献值来看，入境旅游流系统中的旅游效益与旅游规模子系统的贡献程度均较大，贡献值分别为0.293、0.256，目的地供给系统中，旅游企业与自然环境子系统的贡献度较大，贡献值分别为0.286、0.217。从成长动因来看，此阶段入境旅游流与目的地耦合的主导成长动因主要以入境旅游流系统为主，目的地供给系统中旅游企业与自然环境表现突出，其余子系统贡献度均较低，均值均低于0.2。整体上入境旅游流与目的地系统中包含的因素与子系统耦合程度较弱。

表4-4　不同阶段广州市入境旅游流与目的地系统各指标关联分析

协调阶段	严重失调 1995—1999年	中度失调 2000—2004年	轻度失调 2005—2009年	初级与中级协调 2010—2014年
国际旅游收入/X1	X1、X4、X5**、X7*、X10、X8、Y3*、Y4*、Y5*、Y6*、Y7*、Y8*、Y9*、Y15**、Y16*、Y17*、Y19*、Y20*、Y21*、Y24、Y27、Y28*、Y32*、Y36、Y39*、Y40*、Y41*、Y42*、Y45*、Y50*、Y51*、Y54*、Y55*	X5**	X4、X5*、X7**、X10、Y6*、Y8**、Y13**、Y14**、Y16*、Y17*、Y18*、Y19*、Y20*、Y21*、Y30*、Y32*、Y33*、Y34*、Y35*、Y37**、Y41*、Y42**、Y44*、Y52*、Y56、Y57*、Y58*	X2*、Y31*、Y43*、Y56、Y60*
国际旅游人数环比增长率/X2	X1*	X6**、Y29、Y53	X4**、X6**	X1**、Y31、Y43*、Y60*
国际旅游人数占旅游总人数比重/X3	X1、X9**、X10*、Y11*、Y12、Y13、Y15、Y24、Y32、Y39、Y48、Y51、Y59*	X10、Y24、Y32、Y39、Y48、Y55*、Y61*	X1、Y1	X7、X8**、X9**、Y5、Y9*、Y10、Y12*、Y16、Y22*、Y34、Y38、Y45、Y49**、Y52

续表

协调阶段	严重失调 1995—1999年	中度失调 2000—2004年	轻度失调 2005—2009年	初级与中级协调 2010—2014年
国际人均停留时间/X4	Y29	Y22*、Y23	X2**、X6*	X1、X5*
国际旅游人均停留天数/X5	X1**、X4、X7**、Y3**、Y4**、Y5**、Y6**、Y7**、Y9*、Y15*、Y16*、Y17*、Y19*、Y20*、Y21*、Y24、Y27*、Y28*、Y42*、Y43**、Y45**、Y50*、Y51**、Y54*、Y55*、Y57*	X1**	X1*、X4、X7*、X8*、Y1、Y5、Y13*、Y14*、Y32*、Y37*	X2、X4*、Y54
国际旅游人均停留天数环比增长率/X6	Y49	X2**、X5**、Y29、Y53	X2*、X4*	Y11、Y12、Y60*
国际旅游收入/X7	X1*、X5*、X8、Y2**、Y3**、Y4**、Y5**、Y6**、Y8**、Y9**、Y12**、Y13**、Y14**、Y15**、Y16**、Y17**、Y18**、Y19**、Y20**、Y23*、Y25*、Y27**、Y28**、Y30**、Y33*、Y34*、Y35*、Y36*、Y37*、Y39*、Y40**、Y41**、Y42**、Y43**、Y44**、Y45**、Y54**、Y55*、Y57**、Y58*	Y13*	X1**、X5*、Y4*、Y6*、Y8*、Y13**、Y14**、Y16*、Y17、Y19*、Y20*、Y21*、Y30*、Y32*、Y33*、Y34*、Y35*、Y37*、Y41*、Y42*、Y43*、Y44**、Y50*、Y51*、Y52**、Y57*、Y58**	X3、X10**、Y5*、Y8*、Y12、Y16*、Y17*、Y18*、Y19*、Y21*、Y23**、Y27、Y28*、Y29*、Y30*、Y33*、Y34*、Y37*、Y39*、Y42**、Y45*、Y50*、Y51*、Y54*、Y55*
国际旅游收入占第三产业比重/X8	X1、X6、X7、Y3、Y6、Y15、Y21、Y27、Y33、Y40、Y42、Y54	Y5**、Y8、Y16、Y37、Y47**、Y48、Y49、Y52、Y 54	Y19、Y27、Y34、Y45、Y56	X3、X9、Y5、Y10、Y20、Y27、Y38、Y45、Y52、Y55

续表

协调阶段	严重失调 1995—1999 年	中度失调 2000—2004 年	轻度失调 2005—2009 年	初级与中级协调 2010—2014 年
国际旅游收入占旅游总收入比重/X9	X3 **、X5、X10 *、Y7、Y15、Y22 **、Y32、Y39、Y42、Y46 *、Y47 **、Y51、Y59 **	Y2、Y4、Y43、Y58	Y9 **、Y28、Y48	X3、X8、Y5、Y13、Y14、Y24、Y38、Y44、Y56、Y58
国际旅游人均消费/X10	X3 *、X7、X9 *、Y32	X3、Y24 **、Y28 **、Y31 **、Y32 **、Y35 *、Y37 *、Y39 *、Y40 *、Y41 *、Y61	X1、X4、X7	X3、X5 **、X7 **、Y5、Y8 *、Y11 *、Y13 **、Y16 *、Y17 *、Y18 *、Y19 *、Y20 *、Y21 **、Y22 **、Y23 **、Y27 *、Y28 *、Y29 *、Y30 **、Y33 **、Y34 **、Y35 *、Y37 **、Y39 **、Y42 **、Y44 *、Y45 **、Y50 **、Y51 **、Y52 **、Y55 *、Y57 **、Y58 **、Y59 *
国际旅游人均消费环比增长率/X11	X10	X10、Y22	Y1 *、Y49	X1、X3、X10、Y1

注：表中 ** 表示 $p<0.01$，* 表示 $p<0.05$，皮尔森相关分析、双尾检验、指标相关系数值均大于 0.8；指标回归分析在 95% 置信区间下均通过显著性检验，指标 R^2 值≥0.8，调整后的 R^2 值≥0.6。

4.3.3.2 中度失调阶段

2000—2004 年，广州市入境旅游流与目的地系统耦合协调度值位于 0.350～0.379，此阶段处于中度失调阶段。从综合发展水平来看，入境旅游流综合发展水平均值为 0.257，目的地供给系统综合发展水平均值为

0. 253，其中，2000—2002 年入境旅游流发展较为超前，2003—2004 年目的地供给发展较为超前。整体来看，此阶段入境旅游流综合发展水平相对超前，目的地系统发展水平较为滞后。

通过入境旅游流与目的地系统中各指标的回归与相关分析可知，从入境旅游流系统内部指标关系来看，国际旅游人数、国际旅游人数环比增长率、国际旅游人数占游客总数比重、国际旅游人均停留天数、国际旅游人均停留天数环比增长率、国际旅游人均消费等旅游规模和效益指标与其余指标之间的相关关系均较为密切，相关系数均在 0. 88 以上，回归关系较为显著，回归系数均在 0. 85 以上，此阶段入境旅游规模指标表现均较好。从目的地系统对入境旅游流系统指标的影响来看，外商实际投资额等国民经济指标，公路里程、供气总量、移动电话户数等基础设施指标，污水排放量与工业废气排放量等自然环境指标，群众艺术馆、文化馆（站）机构数和入境旅游流系统各指标回归与相关关系较为密切。

通过功效贡献值的均值分析发现，从贡献要素来看，入境旅游流系统中旅游人次、停留时间与旅游消费等要素的贡献值较高，其均值位于 0. 305 ~ 0. 376，目的地供给系统中景区规模、企业规模、经济结构、城市供水、城市绿化、公共厕所与社会治安等要素对此阶段二者耦合协调度的贡献程度较大，贡献值均位于 0. 323 ~ 0. 748。从子系统贡献值来看，入境旅游流系统中旅游规模与旅游效益的贡献值均较大，分别为 0. 340、0. 274，目的地供给系统中旅游景区、基础设施与自然环境的贡献程度较大，其贡献均值在 0. 280 以上。从成长动因来看，此阶段入境旅游流与目的地耦合的主导成长动因包括了旅游流系统、旅游供给子系统等内生性因素，以及目的地基础设施、自然环境子系统这些外生性因素。其中，旅游景区子系统对此阶段二者成长贡献较上阶段提升 115%，旅游规模子系统的贡献值较上阶段也提升了 36% 以上，自然环境与基础设施子系统的贡献值较上阶段提升了 86. 4% 以上。整体上入境旅游流与目的地系统中各子系统的耦合协调程度有所提升。

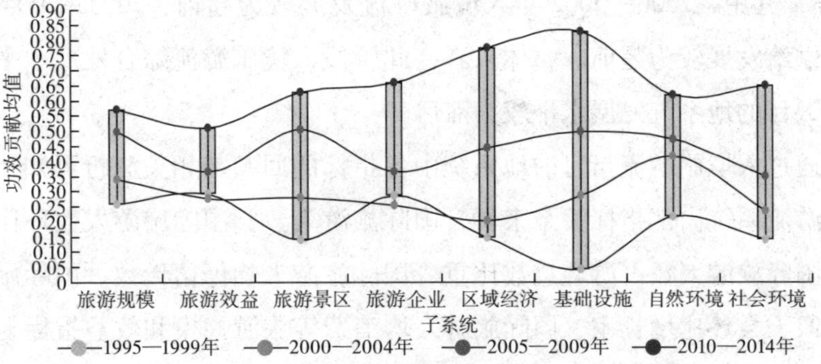

图4－14　广州市入境旅游流与目的地子系统贡献值

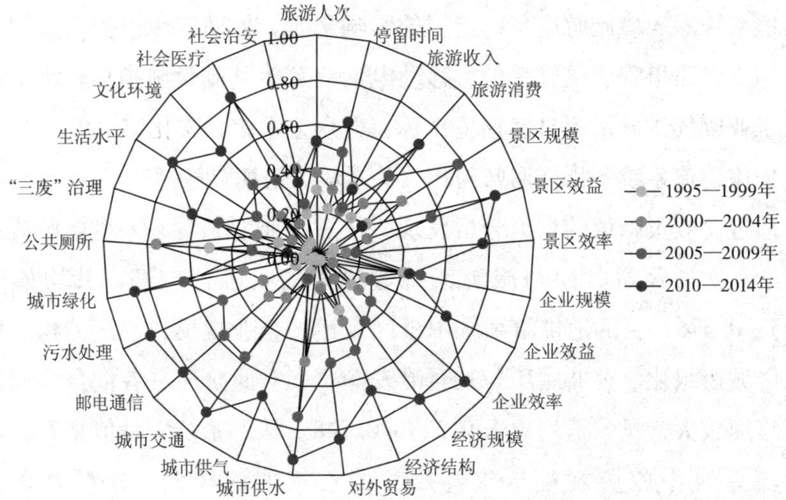

图4－15　广州市入境旅游流与目的地系统各要素贡献值

4.3.3.3　轻度失调阶段

2005—2009年，广州市旅游流与目的地系统耦合协调度值位于0.452～0.489，此阶段处于轻度失调阶段。从两系统综合发展水平来看，入境旅游流综合发展水平均值为0.397，目的地供给系统综合发展水平均值为0.435。整体来看，此阶段入境旅游流综合发展水平相对滞后，目的地系统发展水平较为超前，受2008年“地震、雪灾”以及国际金融危机的影响，入境旅游流综合发展水平与速度有所下降。

通过入境旅游流与目的地系统中各指标的回归与相关分析可知，从入

境旅游流系统内部指标关系来看，国际旅游人数、国际旅游人数环比增长率、国际旅游人均停留时间、国际旅游人均停留天数、国际旅游人均停留天数环比增长率等旅游规模指标与其他指标的相关关系较为密切，相关系数在 0.80 以上，回归关系较为显著，回归系数均在 0.61 以上，此阶段，入境旅游增长快速，接待规模有较大提升。从目的地系统对入境旅游流系统指标的影响来看，旅行社固定资产、旅行社数量、旅行社营业收入、旅行社全员劳动生产率等旅行社规模效益指标，GDP、人均 GDP、固定投资、社会消费品零售额、第二产业生产总值、第三产业生产总值等区域经济指标，载客汽车数量、公路里程、客运量、旅客周转量、邮电业务总量、移动电话户数等基础设施指标，污水处理率、人均公园绿地面积等自然环境指标，以及高等学校在校人数、卫生机构数、卫生机构床位数、卫生技术人员数与入境旅游流系统各指标回归与相关关系密切，回归与相关系数均较高。

通过功效贡献值的均值分析发现，从贡献要素来看，入境旅游流系统中旅客旅游人次、停留时间与旅游消费等要素的贡献度较大，其均值位于 0.485 ~ 0.509，目的地供给系统中，景区规模、景区效益、企业规模、经济结构、对外贸易、城市供水、城市交通、邮电通信、污水处理、城市绿化与“三废”治理等要素对此阶段二者的耦合协调度贡献程度较大，贡献值均在 0.430 以上。从子系统贡献值来看，旅游规模子系统的贡献值较大，为 0.497，目的地系统中，旅游景区、区域经济、基础设施与自然环境的贡献程度较大，其贡献值均在 0.445 以上，此阶段二者子系统耦合的程度有较大提升。从成长动因来看，此阶段入境旅游流与目的地耦合的主导成长动因包括了除旅游规模与旅游景区子系统等内生性因素外，目的地区域经济、基础设施与自然环境子系统等外生性因素的贡献值也较突出。其中，旅游规模子系统对二者成长贡献较上阶段提升了 47.1%，旅游景区子系统的贡献值较上阶段也提升了 78.6%，区域经济子系统的贡献值较上阶段提升了 120%，基础设施子系统的贡献值较上阶段提升了 79%。

4.3.3.4　初级与中级协调阶段

因入境旅游流与目的地系统包含指标较多，二者耦合的初级与中级协调阶段时间序列较短，影响指标的回归分析结果，故为更好地说明旅游流与目的地系统指标之间的互动影响关系，将初级协调与中级协调阶段合并为一个阶段分析，以更好地探讨各指标与因素之间的关系。可以发现，2010—2014 年，广州市入境旅游流与目的地系统耦合协调度位于 0.536 ~ 0.622，此阶段处于协调阶段。从两系统综合发展水平来看，入境旅游流综合发展水平均值为 0.639，目的地综合发展水平均值为 0.708，旅游流综合发展水平相对滞后，目的地系统发展水平较为超前。

通过入境旅游流与目的地系统中各指标的回归与相关分析可知，从入境旅游流系统内部指标关系来看，国际旅游人数、国际旅游人数环比增长率、国际旅游人数占游客总数比重、国际旅游人均停留天数、国际旅游收入、国际旅游收入占第三产业总值比重、国际旅游收入占旅游总收入比重等旅游规模收入指标与其他各指标的相关关系均较为密切，相关系数在 0.9 以上，回归关系较为显著，回归系数在 0.7 以上。从目的地系统对入境旅游流系统指标的影响来看，景区全员劳动生产率、旅行社数量、旅行社从业人员数量、星级饭店营业收入等旅游企业指标，GDP、人均 GDP、固定投资、社会消费品零售额、第三产业生产总值、第二产业占 GDP 比重、第三产业占 GDP 比重等区域经济指标，年末供水管道长度、供气管道长度、载客汽车数量、旅客周转量、互联网户数等基础设施指标，年末绿化覆盖面积、城镇居民收入、家庭居民收入、高等学校在校人数、群众艺术馆和文化馆（站）展览个数、群众艺术馆和文化馆（站）组织文艺活动次数等社会环境指标与入境旅游流系统各指标回归与相关关系较为密切，回归系数与相关系数均较高。

通过功效贡献值的均值分析发现，从贡献要素来看，入境旅游流系统中旅游人次、停留时间、旅游消费等要素对二者耦合协调发展的贡献较大，其贡献均值位于 0.519 ~ 0.685，目的地供给系统中，除景区规模、企业规模、公共厕所与社会治安等要素外，其余要素的贡献度均较大，位于 0.605 ~ 0.929。从子系统贡献值来看，此阶段，旅游规模与旅游效益子系统的贡献值均保持在 0.51 ~ 0.70，旅游景区、区域经济、基础设施、自然环境与社会环境等子系统贡献值均有较大提升，位于 0.617 ~ 0.828，可见目的地供给系统的贡献作用较大。此阶段入境旅游流与目的地子系统的贡献程度均有所提升，二者各子系统耦合的程度达到较高水平。从成长动因来看，入境旅游流与目的地耦合的主导成长的内部与外部动因贡献值均较高。其中，旅游规模与旅游效益子系统对二者成长贡献较上阶段提升 41.7% 以上，基础设施与社会环境子系统的贡献值较上阶段也提升了 64% 以上，旅游企业与区域经济子系统的贡献值较上阶段提升了 71.1%，自然环境子系统的贡献值较上阶段提升了 31.9%。

4.3.4 西安市入境旅游流与目的地供需耦合演进的影响因素

4.3.4.1 严重与中度失调阶段

1995—2002 年，西安市入境旅游流与目的地系统耦合协调度处于中度失调阶段，2003 年处于严重失调阶段，但因严重与中度失调阶段年份较短，影响两大系统相关与回归分析的结果，故将严重失调与中度失调阶段进行合并分析。1995—2003 年，西安市入境旅游流与目的地系统耦合协调度较低，协调度值位于 0.276 ~ 0.375，此阶段处于严重与中度失调阶段。从综合发展水平来看，入境旅游流综合发展水平均值为 0.404，目的地供给系统综合发展水平为 0.135。整体来看，此阶段入境旅游流综合发展水平相对超前，目的地系统发展较为滞后。

通过入境旅游流与目的地系统中指标的回归与相关分析可知，从入境旅游流系统内部指标间的关系来看，国际旅游人数、国际旅游人数环比增长率、国际旅游人数占游客总数比重、国际旅游人均停留天数、国际旅游人均停留天数环比增长率、国际旅游收入、国际旅游收入占第三产业总值比重、国际旅游人均消费等旅游人次、收入指标和其他指标的相关关系较为密切，相关系数在 0.88 以上，回归关系较为显著，均通过显著性检验，回归系数在 0.65 以上，此阶段入境旅游指标表现较好。从目的地系统对入境旅游流系统指标的影响来看，星级饭店从业人员数量、旅行社营业收入等旅游企业指标，固定投资、外商实际投资额、进出口总额等区域经济指标，铁路里程、邮电业务总量、互联网户数等基础设施指标，公共厕所、工业废气排放量等自然环境指标，高等学校在校人数、家庭居民收入、卫生机构数、刑事案件立案数等社会文化环境指标，与入境旅游流系统各指标回归与相关关系较为密切，回归系数均大于0.9，相关系数均大于0.80。

通过功效贡献值的均值分析发现，从贡献要素来看，入境旅游流系统中的旅游人次、停留时间与旅游消费等旅游规模与收入要素对二者耦合的贡献程度较大，其贡献值均在0.356以上，位于0.356~0.556，目的地供给系统中的企业规模、企业效率、城市供水、城市交通、邮电通信、文化环境与社会治安等旅游企业、基础设施与社会文化环境要素对二者耦合的贡献程度较大，其贡献值均在0.295，位于0.295~0.442。从子系统贡献值来看，此阶段入境旅游流系统中，旅游效益与旅游规模子系统的贡献程度均较大，贡献均值分别为0.423、0.402，目的地子系统中，旅游企业、基础设施与社会环境的贡献程度较大，贡献值分别为0.333、0.311、0.303，而其余子系统贡献值均低于0.2。从成长动因来看，此阶段入境旅游流与目的地耦合的主导成长动因既有入境旅游流系统所包含的子系统，又包含目的地供给设施与环境子系统，但从贡献值来看，主要以入境旅游流所包含的内生性因素为主，入境旅游流规模与效益要素表现突出，目的地系统中景区、饭店与旅行社部分企业效率要素的贡献值相对较高，但其他子系统的贡献程度总体上相对较小。整体上入境旅游流与目的地系统中包含的因素与子系统耦合程度较弱。

表4-5　不同阶段西安市入境旅游流与目的地系统各指标关联分析

协调阶段	严重与中度失调 1995—2003年	轻度失调 2004—2011年	初级协调 2012—2014年
国际旅游收入/ X1	X5**、X7**、X10、 Y13*、Y48、Y51、 Y59*	X3、X4、X5**、 X7**、X10	X3*、X5*、Y26*、 Y27*、Y28*、Y43*、 Y44*、Y45*、Y52*、 Y59
国际旅游人数 环比增长率/ X2	X3*、X6**、X7、 X8**、Y24、Y33、 Y38*	X6**、Y31*、Y48*	X1、X6*、Y18、 Y22**、Y38

续表

协调阶段	严重与中度失调 1995—2003 年	轻度失调 2004—2011 年	初级协调 2012—2014 年
国际旅游人数占旅游总人数比重/X3	X1、X2*、X7、X8、Y3*、Y11、Y18、Y25、Y35、Y38、Y39、Y43、Y46**、Y52	X8**、X9**、Y1、Y2*、Y6*、Y15、Y18、Y29、Y33、Y50、Y55、Y60**、Y61*	X1、X2、Y27、Y28、Y40、Y43、Y52、Y59
国际人均停留时间/X4	X1、X5、Y8*、Y9	Y48	X1、X5
国际旅游人均停留天数/X5	X1**、X7**、Y4*、Y13*、Y48、Y51、Y59**	X4、X7**、X10	X1*、X3*、Y2、Y3、Y17、Y18*、Y21*、Y24*、Y27**、Y28、Y43*、Y45、Y51、Y57*
国际旅游人均停留天数环比增长率/X6	X2**、X8*、Y24、Y38	X1、X2**、Y31**、Y48	X1、X2*、Y6*、Y8*、Y21、Y22*、Y28、Y38
国际旅游收入/X7	X1**、X2*、X4、X5**、Y6*、Y13**、Y31*、Y48、Y52、Y56、Y59**	X1**、X3、X5**、Y3**、Y10、Y12*、Y13**、Y14**、Y24*、Y40*、Y42*、Y44*、Y45*、Y49、Y55*、Y56*、Y59*	Y29*、Y34、Y43、Y46
国际旅游收入占第三产业比重/X8	X2**、X3**、X6*、X9*、Y3*、Y25、Y38、Y41、Y43*、Y52、Y56、Y59	X2、X3**、X9**、Y2*、Y15、Y18、Y29、Y32、Y49、Y60**、Y61**	Y42、Y48
国际旅游收入占旅游总收入比重/X9	X3**、X8*、Y3*、Y8、Y11、Y13、Y18、Y27、Y35、Y43*、Y46*、Y52、Y54	X3**、X8**、X10、Y1、Y2*、Y15、Y18、Y29、Y33、Y49、Y50、Y55、Y60**、Y61*	Y6、Y18

续表

协调阶段	严重与中度失调 1995—2003 年	轻度失调 2004—2011 年	初级协调 2012—2014 年
国际旅游人均消费/X10	X11、Y7*、Y8*、Y13*、Y14*、Y16*、Y17*、Y18*、Y19*、Y20*、Y21*、Y23**、Y27**、Y31*、Y45**、Y49、Y50**、Y51*、Y52、Y53**	X3、X5、X7、X9、Y3、Y6、Y7、Y8**、Y12*、Y13**、Y14**、Y15*、Y16**、Y17**、Y18**、Y19**、Y20**、Y21**、Y24**、Y25**、Y28**、Y29*、Y30**、Y32**、Y33**、Y37**、Y38**、Y39**、Y40**、Y41**、Y42**、Y43**、Y45**、Y46**、Y58	X1、X4**、X7、X11*、Y4、Y5、Y7*、Y9*、Y29、Y32
国际旅游人均消费环比增长率/X11	X10、Y23、Y26、Y27、Y31、Y34、Y44**、Y45**、Y49*、Y51、Y52、Y58、Y60	Y23、Y31*、Y49、Y50、Y51、Y52、Y55、Y57、Y58**、Y59*	X9、X10*、Y1*、Y2*、Y5、Y7*、Y9*、Y28、Y32*

注：表中 ** 表示 $p<0.01$，* 表示 $p<0.05$，皮尔森相关分析、双尾检验、指标相关系数值均大于 0.8；指标回归分析在 95% 置信区间下均通过显著性检验，指标 R^2 值 ≥0.8，调整后的 R^2 值 ≥0.6。

4.3.4.2　轻度失调阶段

2004—2011 年，西安市入境旅游流与目的地系统耦合协调度值位于 0.395 ~ 0.487，此阶段处于轻度失调阶段。从综合发展水平来看，2008 年的经济危机对入境旅游造成了较大伤害，入境旅游流综合发展水平呈现下降态势，其综合发展水平均值为 0.369，目的地供给系统综合发展水平均值为 0.402。整体上来看，此阶段入境旅游流综合发展水平相对滞后，目的地系统发展水平较为超前。

通过入境旅游流与目的地系统中各指标的回归与相关分析可知，从入境旅游流系统内部指标关系来看，国际旅游人数占游客总数比重、国际旅游人均停留时间、国际旅游人均停留天数、国际旅游收入、国际旅游收入占第三产业总值比重、国际旅游收入占旅游总收入比重等停留时间及旅游收入指标与其他指标关系较为密切，相关系数在 0.9 以上，回归关系较为显著，回归系数均在 0.8 以上，此阶段入境旅游流停留时间与旅游收入表现较好。从目的地系统对入境旅游流系统指标的影响来看，景区从业人员数量、旅行社固定资产、星级饭店营业收入、旅行社营业收入、旅行社全员劳动生产率、星级饭店全员劳动生产率等旅游企业效益与效率指标，固定投资、外商实际投资额等国民经济指标，供气总量、客运量、公路里程等基础设施指标，污水处理量、人均公园绿地面积、年末绿化覆盖面积、工业固体废物产生量等自然环境指标，城镇居民收入、群众艺术馆和文化馆（站）组织文艺活动次数、刑事案件立案数、交通事故数、火灾事故数等社会文化环境指标与入境旅游流系统各指标回归与相关关系较为密切。

通过功效贡献值的均值分析发现，从贡献要素来看，入境旅游流系统中的旅游人次、停留时间、旅游收入与旅游消费等要素的贡献度值均较大，位于 0.308～0.655，目的地供给系统中的景区效率、企业规模、企业效益、企业效率、经济结构、城市供水、城市供气、城市交通、邮电通信、城市绿化、文化环境与社会治安等要素对二者耦合协调度的贡献程度较大，贡献值均在 0.375 以上，位于 0.375～0.687。从子系统贡献值来看，入境旅游流系统中旅游规模子系统的贡献程度较大，其贡献均值达到 0.552，目的地供给系统中旅游企业、基础设施、自然环境与社会环境子系统的贡献度也有较大提升，分别为 0.548、0.442、0.420、0.455。从成长动因来看，此阶段入境旅游流与目的地耦合的主导成长动因包括旅游流系统、旅游供给子系统等内生性因素，以及目的地基础设施、自然环境与社会环境子系统等外生性因素。其中，旅游规模子系统对此阶段二者成长贡献较上阶段提升 265%，旅游企业子系统的贡献值较上阶段也提升了 64.5% 以上，基础设施、自然环境与社会环境子系统的贡献值分别较上阶段提升了 42.1%、200%、50%。整体上入境旅游流与目的地系统中各子系统的耦合协调程度均有所上升。

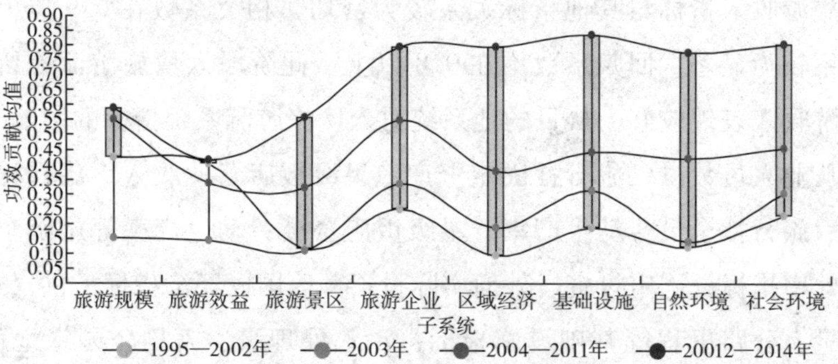

图4-16　西安市入境旅游流与目的地子系统贡献值

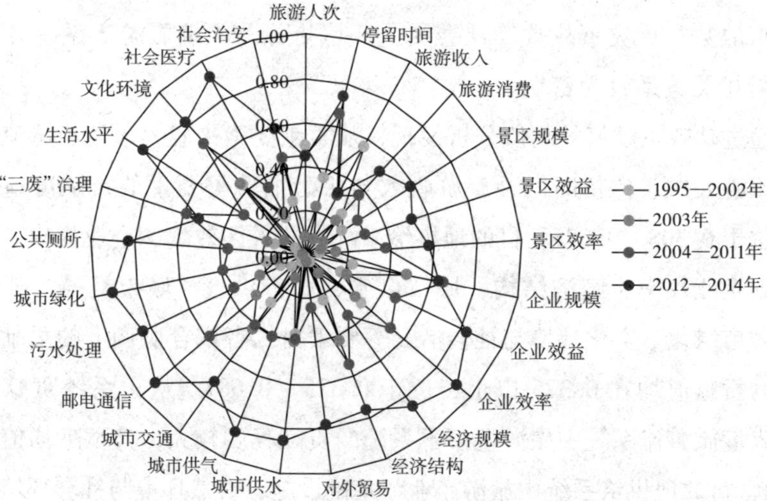

图4-17　西安市入境旅游流与目的地系统各要素贡献值

4.3.4.3　*初级协调阶段*

2012—2014年，西安市入境旅游流与目的地耦合协调度位于0.515~0.574，此阶段处于初级协调阶段。从两系统综合发展水平来看，此阶段目的地综合发展水平全面超越入境旅游流综合发展水平，其综合发展水平均值为0.785，入境旅游流综合发展水平均值为0.437，受经济危机、游客消费趋势转变以及目的地有效供给不足等因素影响，入境旅游发展徘徊不前。

通过入境旅游流与目的地系统中各指标的回归与相关分析可知，从入

境旅游流系统内部指标关系来看，国际旅游人数、国际旅游人数环比增长率、国际旅游人数占游客总数比重、国际旅游人均停留天数、国际旅游人均停留天数环比增长率等指标与系统其他指标的相关关系较为密切，相关系数在 0.88 以上，回归关系较为显著，回归系数在 0.64 以上，此阶段入境旅游规模与人次指标表现抢眼。从目的地系统对入境旅游流系统指标的影响来看，景区从业人员数量、景区全员劳动生产率、旅行社固定资产、星级饭店社固定资产、星级饭店数量等景区、旅行社与饭店指标，固定投资、第二产业占 GDP 比重等区域经济指标，年末供水管道长度、供气管道长度、公路里程、互联网户数等基础设施指标，建成区绿化覆盖率、年末绿化覆盖面积等自然环境指标，高等学校在校人数、刑事案件立案数等社会环境指标等与入境旅游流系统各指标回归与相关关系密切，回归与相关系数均较高。

通过功效贡献值的均值分析发现，从贡献要素来看，入境旅游流系统中的旅游人次、停留时间与旅游消费对二者耦合的贡献程度较大，其贡献值均大于 0.440，位于 0.440 ~ 0.738。目的地供给系统中企业效益、企业效率、经济规模、经济结构、对外贸易、城市供水、城市供气、城市交通、邮电通信、污水处理、城市绿化、公共厕所、生活水平、文化环境、社会医疗等要素对二者耦合的贡献程度较大，其贡献值均大于 0.7，位于 0.724 ~ 0.922。从子系统贡献值来看，入境旅游流系统中旅游规模子系统对二者耦合的贡献程度较大，其贡献值为 0.590，目的地系统中，旅游企业、区域经济、基础设施、自然环境与社会环境的贡献程度均较大，其贡献均值在 0.776 以上，位于 0.776 ~ 0.835，此阶段二者子系统耦合的程度有较大提升。从成长动因来看，此阶段入境旅游流与目的地耦合的主导成长动因既包括旅游规模与旅游企业等内生性因素，也包括区域经济、基础设施、自然环境与社会环境等外部性因素。其中，旅游规模子系统较上阶段对二者耦合的贡献值提升了 7.3%，旅游企业子系统对二者成长贡献较上阶段提升 44.5%，区域经济与基础设施子系统的贡献值较上阶段分别提升了 111.4%、88.7%，社会环境子系统的贡献值较上阶段提升了 77.8%，自然环境子系统的贡献值较上阶段提升了 83.3%。

4.3.5 成都市入境旅游流与目的地供需耦合演进的影响因素

4.3.5.1 严重失调阶段

1995—2000年，成都市入境旅游流与目的地系统耦合协调度较低，协调度值位于0.236~0.296，此阶段处于严重失调阶段。从综合发展水平来看，入境旅游流系统综合发展水平均值为0.230，目的地供给系统综合发展水平均值为0.101。整体来看，此阶段入境旅游流综合发展水平相对超前，目的地系统发展较为滞后，但受1997年亚洲金融危机的影响，1998年开始入境旅游发展水平呈现下降态势。

通过入境旅游流与目的地系统中指标的回归与相关分析可知，从入境旅游流系统内部指标间的关系来看，国际旅游人数、国际旅游人数占游客总数比重、国际旅游人均停留天数、国际旅游人均停留天数环比增长率、国际旅游收入、国际旅游人均消费等指标与入境旅游流系统各指标的相关关系较为密切，相关系数在0.86以上，回归关系较为显著，均通过显著性检验，回归系数在0.75以上，此阶段入境旅游规模、停留时间与收入指标表现较好。从目的地系统对入境旅游流系统指标的影响来看，景区数量、景区全员劳动生产率、旅行社数量、星级饭店数量等指标，GDP、人均GDP、固定投资、社会消费品零售额、第二产业生产总值、第三产业生产总值、第二产业占GDP比重、第三产业占GDP比重、外商实际投资额等区域经济指标，年末供水管道长度、供气管道长度、供气总量、载客汽车数量、旅客周转量、互联网户数等基础设施指标，污水排放量、污水处理量、污水处理率、人均公园绿地面积、建成区绿化覆盖率、园林绿地面积、公共厕所等自然环境指标，城镇居民收入、家庭居民收入、群众艺术馆和文化馆（站）机构数、群众艺术馆和文化馆（站）展览个数、群众艺术馆和文化馆（站）组织文艺活动次数、卫生机构床位数、卫生技术人员数、火灾事故数等社会文化环境指标与入境旅游流系统各指标回归与相关关系较为密切，回归系数均大于0.7，相关系数均大于0.86。

通过功效贡献值的均值分析发现，从贡献要素来看，入境旅游流系统中旅游收入与旅游消费对二者耦合的贡献程度较大，其贡献值分别为

0.423、0.379，目的地供给系统中企业规模、城市交通、“三废”治理与文化环境对二者耦合的贡献程度较大，其贡献值分别为 0.348、0.257、0.271、0.226。从子系统贡献值来看，入境旅游流系统中的旅游效益子系统对二者耦合的贡献程度较大，其贡献值为 0.401，目的地供给系统中旅游企业与基础设施对二者耦合的贡献程度较大，其贡献值分别为 0.162、0.115，其余子系统的贡献作用相对较小。从成长动因来看，此阶段主要以入境旅游流系统中的旅游效益子系统以及目的地供给系统中的旅游企业子系统等内生性因素为主，目的地中仅基础设施表现较好，其他子系统的贡献程度总体上相对较小。整体上入境旅游流与目的地系统中包含的因素与子系统耦合程度较弱。

表 4－6　不同阶段成都市入境旅游流与目的地系统各指标关联分析

协调阶段	严重失调 1995—2000 年	中度失调 2001—2004 年	轻度失调 2005—2010 年	初级协调 2011—2014
国际旅游收入/X1	X3**、X7**、X10、Y1**、Y3*、Y5**、Y8**、Y9**、Y16**、Y17**、Y18**、Y19**、Y20**、Y21**、Y22、Y23**、Y24*、Y27*、Y28*、Y29*、Y30*、Y34*、Y35*、Y36*、Y37*、Y38*、Y39*、Y40**、Y41**、Y42**、Y44**、Y46**、Y50**、Y51**、Y53**、Y55**、Y57**、Y58**、Y60*、Y61*	X7*	X4、X5**、X7**、X9、X10、Y12*、Y38*、Y48*	X3、X4、X5**、X7*、X8、X10、Y4、Y16**、Y17**、Y18*、Y20*、Y25**、Y32*、Y35*、Y39**、Y40*、Y44**、Y45**、Y46*、Y47*、Y50**、Y51**、Y52**、Y56*、Y57、Y59

续表

协调阶段	严重失调 1995—2000 年	中度失调 2001—2004 年	轻度失调 2005—2010 年	初级协调 2011—2014 年
国际旅游人数环比增长率/X2	X5*、Y7**、Y10**、Y25、Y46、Y49、Y54	X4*	X6**、Y14*	X6**、X7、Y18、Y29、Y32、Y35、Y41*、Y47*、Y55、Y60*
国际旅游人数占旅游总人数比重/X3	X1*、X7*、Y1*、Y3*、Y5*、Y8*、Y9*、Y16*、Y17*、Y18*、Y19*、Y20*、Y21*、Y22、Y29*、Y30*、Y32*、Y38*、Y39*、Y40*、Y41*、Y42*、Y44*、Y45*、Y48*、Y49*、Y51*、Y53*、Y55*、Y57*、Y58*	Y50、Y58、Y60	Y39、Y48、Y61*	X1、X4*、X6、Y36
国际人均停留时间/X4	X6**	X6、X9、X10**、X11	Y10、Y12*、Y24*、Y26*、Y31*、Y35*、Y40*、Y41*、Y42、Y46*、Y51*	X3*、Y29、Y33、Y38
国际旅游人均停留天数/X5	X2*、X3、X6*、X10*、Y7、Y25、Y43、Y48、Y49*、Y54	X7*、X9、X11	X1**、X4、X7**、X10、Y12*、Y38*、Y48*	X1**、X3、X4、X7*、Y1、Y2、Y16*、Y17*、Y18*、Y19*、Y20*、Y21*、Y23、Y25**、Y32**、Y39*、Y41、Y44**、Y45**、Y46*、Y50*、Y51*、Y52**、Y57*、Y58*

续表

协调阶段	严重失调 1995—2000 年	中度失调 2001—2004 年	轻度失调 2005—2010 年	初级协调 2011—2014 年
国际旅游人均停留天数环比增长率/X6	X4 **、X5 *、Y43 *	X4、X10、Y27、Y30、Y33	X2 **、Y14 *	X2 **、X7、Y18、Y32、Y47、Y52、Y57、Y60 *
国际旅游收入/X7	X1 **、X3、Y1 **、Y3 **、Y5 **、Y8 **、Y12 *、Y13 *、Y17 *、Y18 *、Y19 *、Y20 *、Y23 **、Y24 **、Y27 **、Y28 **、Y29 *、Y30 *、Y32 *、Y35 *、Y36 **、Y37 **、Y41 **、Y42 **、Y44 **、Y50 **、Y51 **、Y55 **、Y58 **、Y59、Y61 **	X1 *、X5 *	X1 **、X5 **、Y9、Y 12 **、Y14 **、Y15 *、Y38 *	X1 *、X2、X3、X5 *、X6、Y16 *、Y17 *、Y18 *、Y19、Y20 *、Y24 *、Y25 *、Y32 *、Y39 *、Y44 *、Y47 *、Y50 *、Y52 *、Y55 *、Y57 *、Y58 *
国际旅游收入占第三产业比重/X8	X9 **、Y1、Y9、Y24、Y34、Y46、Y51、Y53、Y60	X9 **	X9 **、Y5、Y22、Y26、Y60、Y61	X1、X9
国际旅游收入占旅游总收入比重/X9	X8 **、Y1、Y9、Y24、Y34、Y48、Y56、Y58、Y60	X8 **、Y55、Y56 *	X8 **、X10、Y5、Y10、Y22、Y32、Y38、Y44、Y51、Y55	Y12 *、Y16、Y23、Y28
国际旅游人均消费/X10	X1、Y29、Y44、Y57	X4 *、X6、Y29、Y30、Y33 *、Y55、Y56、Y60 *	X11 *、Y49、Y59 *	X1、X2、X11

续表

协调阶段	严重失调 1995—2000 年	中度失调 2001—2004 年	轻度失调 2005—2010 年	初级协调 2011—2014 年
国际旅游人均消费环比增长率/X11	Y25 **	X7、X10、X14、Y34	X10 *	Y3 * 、Y9 * 、Y12 * 、Y26、Y59

注：表中 ** 表示 $p<0.01$，* 表示 $p<0.05$，皮尔森相关分析、双尾检验、指标相关系数值均大于 0.8；指标回归分析在 95% 置信区间下均通过显著性检验，指标 R^2 值≥0.8，调整后的 R^2 值≥0.6。

4.3.5.2 中度失调阶段

2001—2004 年，成都市入境旅游流与目的地耦合协调度值位于 0.349 ~ 0.383，此阶段处于中度失调阶段。从综合发展水平来看，入境旅游流综合发展水平均值为 0.291，目的地综合发展水平均值为 0.262，2001—2002 年入境旅游流发展水平超前，受 2003 年“非典”事件的影响，2003—2004 年目的地发展水平超前。整体来看，此阶段入境旅游流综合发展水平相对超前，目的地系统发展水平较为滞后。

通过入境旅游流与目的地系统中各指标的回归与相关分析可知，从入境旅游流系统内部指标关系来看，国际旅游人数、国际旅游人均停留天数、国际旅游收入占第三产业总值比重、国际旅游人均停留时间、国际旅游人均停留天数环比增长率、国际旅游收入、国际旅游收入占旅游总收入比重、国际旅游人均消费等指标与其余指标之间的相关关系均较为密切，相关系数在 0.9 以上，回归关系较为显著，回归系数均在 0.8 以上，此阶段入境旅游规模、人次与消费指标表现均较好。从目的地系统对入境旅游流系统指标的影响来看，年末供水管道长度、供气总量、载客汽车数量、客运量、旅客周转量等基础设施指标，城镇居民收入、群众艺术馆和文化馆（站）组织文艺活动次数、卫生机构数、交通事故数等社会文化环境指标与入境旅游流系统各指标回归与相关关系较为密切。

通过功效贡献值的均值分析发现，从贡献要素来看，入境旅游流系统中旅游人次、旅游收入与旅游消费等要素对二者耦合的贡献程度较大，贡献值分别为 0.386、0.410、0.528，目的地系统中景区规模、企业规模、经济结构、城市供气、城市交通、城市绿化、“三废”治理、文化环境与社会治安等要素对二者耦合的贡献程度较大，贡献值位于 0.291 ~0.639，其余要素的贡献值相对较小。从子系统贡献值来看，旅游规模与旅游效益子系统对二者耦合的贡献作用突出，贡献值分别为 0.313、0.469，目的地系统中旅游企业、基础设施、自然环境与社会环境的贡献程度较大，贡献均值位于 0.284 ~0.332。从成长动因来看，此阶段入境旅游流与目的地耦合的主导成长动因包括了入境旅游流系统中的旅游规模与效益子系统、目的地系统中的旅游企业子系统等内生性因素，以及目的地系统中的基础设

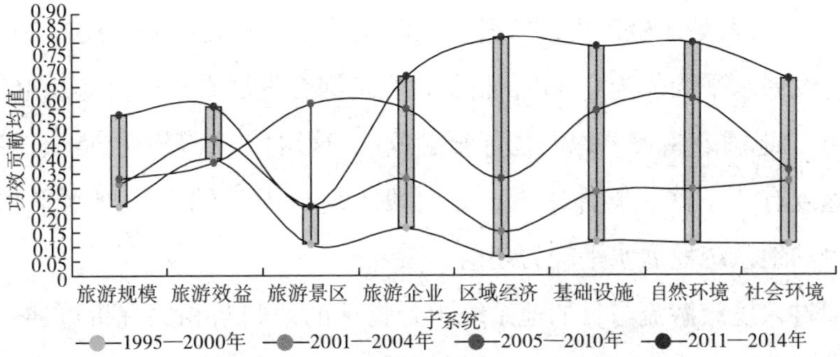

图 4 –18　成都市入境旅游流与目的地子系统贡献值

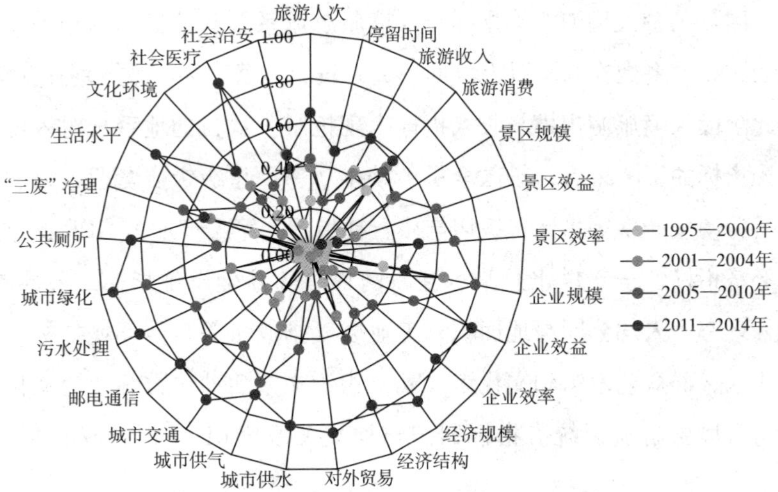

图 4 –19　成都市入境旅游流与目的地系统各要素贡献值

施、自然与社会环境子系统这些外生性因素。其中，旅游规模与旅游效益子系统对二者耦合成长贡献值较上阶段分别提升了24%、17.5%，旅游企业子系统对此阶段二者成长贡献值较上阶段提升106.2%，基础设施子系统的贡献值较上阶段也提升了154.5%以上，自然与社会环境子系统的贡献值较上阶段分别提升了163.6%、190.9%。整体上入境旅游流与目的地系统中各子系统的耦合协调程度有所提升。

4.3.5.3 轻度失调阶段

2005—2010年，成都市入境旅游流与目的地耦合协调度位于0.417～0.462，此阶段处于轻度失调阶段。从两系统综合发展水平来看，入境旅游流综合发展水平均值为0.306，目的地供给综合发展水平均值为0.463。受2008年“地震、雪灾”以及国际金融危机的影响，入境旅游流综合发展水平与速度有所下降。整体来看，此阶段入境旅游流综合发展水平相对滞后，目的地系统发展水平较为超前。

通过入境旅游流与目的地系统中各指标的回归与相关分析可知，从入境旅游流系统内部指标关系来看，国际旅游人数、国际旅游人均停留时间、国际旅游人均停留天数、国际旅游收入、国际旅游收入占旅游总收入比重、国际旅游人均消费等指标与入境旅游流系统其他指标的相关关系较为密切，相关系数在0.9以上，回归关系较为显著，回归系数均在0.75以上，此阶段入境旅游规模与收入指标表现抢眼。从目的地系统对入境旅游流系统指标的影响来看，景区全员劳动生产率、星级饭店营业收入、旅行社全员劳动生产率等景区、饭店与旅行社指标，第二产业占GDP比重这一区域经济指标，全年供水总量、互联网户数等基础设施指标，公共厕所、污水处理率、人均公园绿地面积、工业废气排放量等自然环境指标，家庭居民收入、群众艺术馆和文化馆（站）组织文艺活动次数等社会文化环境指标与入境旅游流系统各指标回归与相关关系密切，回归与相关系数均较高。

通过功效贡献值的均值分析发现，从贡献要素来看，入境旅游流系统中旅游人次与旅游消费等要素对二者耦合发展的贡献程度较大，其贡献值分别为 0. 426、0. 497，目的地供给系统中景区规模、景区效益、景区效率、企业规模、企业效益、经济结构、城市供水、城市供气、城市交通、邮电通信、污水处理、城市绿化、公共厕所、“三废”治理等要素对此阶段二者的耦合协调度贡献程度较大，贡献值均在 0. 435 以上，位于 0. 435 ~ 0. 792。从子系统贡献值来看，入境旅游系统中旅游规模与旅游效益对二者耦合的贡献值相对较小，分别为 0. 333、0. 387，目的地系统中旅游景区、旅游企业、基础设施与自然环境对二者的耦合贡献值相对较大，其贡献值均在 0. 565 以上，位于 0. 565 ~ 0. 606，此阶段二者子系统耦合的程度有较大提升。从成长动因来看，此阶段入境旅游流与目的地耦合的主导成长动因主要以目的地供给系统为主，其中旅游景区与旅游企业贡献相对较大，目的地系统中的基础设施与自然环境这些外部性因素也有一定贡献。其中，旅游景区与旅游企业子系统对二者成长贡献较上阶段分别提升 156. 5%、72. 7%，基础设施子系统的贡献值较上阶段提升了 103. 5%，自然环境子系统的贡献值较上阶段提升了 110. 3%。

4. 3. 5. 4　*初级协调阶段*

2011—2014 年，成都市入境旅游流与目的地耦合协调度位于 0. 540 ~ 0. 592，此阶段处于初级协调阶段。从两系统综合发展水平来看，入境旅游流综合发展水平均值为 0. 630，目的地综合发展水平均值为 0. 688。整体来看，此阶段入境旅游流综合发展水平相对滞后，目的地系统发展水平较为超前。

通过入境旅游流与目的地系统中各指标的回归与相关分析可知，从入境旅游流系统内部指标关系来看，国际旅游人数、国际旅游人数环比增长率、国际旅游人数占游客总数比重、国际旅游人均停留时间、国际旅游人均停留天数、国际旅游人均停留天数环比增长率、国际旅游收入等旅游人次与停留时间指标与系统中的各指标的相关关系均较为密切，相关系数在 0. 8 以上，回归关系较为显著，回归系数在 0. 6 以上。从目的地系统对入境旅游流系统指标的影响来看，星级饭店营业收入旅游企业指标，GDP、人均 GDP、固定投资、社会消费品零售额、第二产业生产总值、进出口总额等区域经济指标，供气总量、公路里程、邮电业务总量等基础设施指标，污水排放量、园林绿地面积、年末绿化覆盖面积、工业废水排放量等自然环境指标，城镇居民收入、家庭居民收入、高等学校在校人数、群众艺术馆和文化馆（站）组织文艺活动次数、卫生机构床位数、卫生技术人员数等社会文化环境指标与入境旅游流系统各指标回归与相关关系较为密切，回归系数与相关系数均较高。

通过功效贡献值的均值分析发现，从贡献要素来看，入境旅游流系统中旅游人次、停留时间、旅游收入与旅游消费对二者耦合的贡献值均有所提升，分别为0.637、0.470、0.591、0.569，目的地系统中除了景区规模、景区效益、景区效率、企业规模、“三废”治理、文化环境与社会治安等要素的贡献值相对较低外，其余子系统发展要素的贡献值均大于0.7，位于0.707~0.945。从子系统贡献值来看，入境旅游流系统中旅游规模与旅游效益子系统的贡献值均较大，分别为0.554、0.580，目的地供给系统除旅游景区子系统的贡献程度为0.235以外，其余子系统贡献均值在0.673以上。此阶段入境旅游流与目的地子系统的贡献程度均有所提升，二者各子系统耦合的程度达到较高水平。从成长动因来看，此阶段入境旅游流与目的地耦合的主导成长动因除旅游景区的贡献值较低外，其余的内生与外生性因素贡献值均有大幅度的提升。其中，旅游规模与旅游效益子系统对二者成长贡献值较上阶段提升了52.6%以上，旅游企业与区域经济子系统对二者成长贡献较上阶段分别提升了72.7%、145.5%，基础设施、自然与社会环境子系统的贡献值较上阶段分别提升了41.1%、33.3%、86.1%。

4.3.6 昆明市入境旅游流与目的地供需耦合演进的影响因素

4.3.6.1 严重与中度失调阶段

1995—2005年，昆明市入境旅游流与目的地系统耦合协调度较低，协调度值位于0.258~0.364，此阶段处于严重与中度失调阶段。从综合发展水平来看，入境旅游流综合发展水平均值为0.299，目的地供给系统综合发展水平为0.165。整体来看，此阶段入境旅游流综合发展水平相对超前，目的地系统发展较为滞后。

通过入境旅游流与目的地系统中指标的回归与相关分析可知，从入境旅游流系统内部指标间的关系来看，国际旅游人数、国际旅游人数环比增长率、国际旅游人数占游客总数比重、国际旅游人均停留时间、国际旅游人均停留天数、国际旅游人均停留天数环比增长率、国际旅游收入、国际旅游收入占第三产业总值比重、国际旅游收入占旅游总收入比重、国际旅游人均消费等规模、人次、收入指标与系统内其他指标的相关关系较为密切，相关系数在 0.9 以上，回归关系较为显著，均通过显著性检验，回归系数在 0.8 以上，此阶段入境旅游规模与效益指标表现均较好。从目的地系统对入境旅游流系统指标的影响来看，旅游景区固定资产、景区从业人员数量、景区全员劳动生产率、旅行社营业收入等景区、饭店与旅行社指标，社会消费品零售额、第二产业占 GDP 比重等区域经济指标，供气管道长度、移动电话户数等基础设施指标，人均公园绿地面积、建成区绿化覆盖率、园林绿地面积等自然环境指标，城镇居民收入、群众艺术馆和文化馆（站）机构数、卫生机构床位数、刑事案件立案数、火灾事故数等社会文化环境指标与入境旅游流系统各指标回归与相关关系较为密切，回归系数均大于 0.9，相关系数均大于 0.75。

通过功效贡献值的均值分析发现，从贡献要素来看，入境旅游流系统中旅游人次、停留时间与旅游收入等需求要素对二者耦合的贡献程度较大，其贡献值分别为 0.416、0.317、0.333，目的地系统中景区规模、企业规模、经济结构、城市交通、邮电通信、“三废”治理、文化环境与社会治安等要素对此阶段二者耦合协调度的贡献程度较大，贡献值均在 0.249 以上，位于 0.249 ~ 0.393。从子系统贡献值来看，入境旅游流系统中，旅游规模与旅游效益子系统对二者耦合的贡献值相对较高，分别为 0.367、0.294，目的地系统中旅游企业与社会环境子系统对二者耦合的贡献值较大，分别为 0.234、0.202，而其余供给子系统的贡献值相对较小，均在 0.2 以下。从成长动因来看，此阶段入境旅游流与目的地耦合的主导成长动因以入境旅游流系统与旅游供给子系统等内生性因素为主，其中入境旅游流规模与效益要素表现较好，目的地系统中景区与旅游企业部分要素的贡献值相对较大，其他子系统的贡献程度尚未得到发挥。整体上入境旅游流与目的地系统中包含的因素与子系统耦合程度较弱。

表 4－7　不同阶段昆明市入境旅游流与目的地系统各指标关联分析

协调阶段	严重与中度失调 1995—2005 年	轻度失调 2006—2010 年	初级协调 2011—2014 年
国际旅游收入/X1	X4、X5**、X7**、X10、Y7*、Y43**	X4、X5**、X7**、X10、Y9、Y13**、Y16**、Y17**、Y18**、Y19**、Y20**、Y21**、Y23、Y24、Y25、Y28*、Y30**、Y31*、Y32**、Y34*、Y37**、Y39**、Y40**、Y41**、Y44**、Y46**、Y50**、Y51**、Y52**、Y56**、Y57**、Y58**、Y60*、Y61*	X1、X4、Y7
国际旅游人数环比增长率/X2	X4、X6**	X6**、X11、Y7、Y51、Y54**	X1、X6*、Y53、Y54
国际旅游人数占旅游总人数比重/X3	X7、X8**、X9**、Y1、Y5、Y13、Y19、Y28、Y42、Y47、Y52、Y53、Y61*	X1、X8*、X9**、X10、Y1、Y3、Y5*、Y15、Y23、Y24、Y28、Y30、Y43、Y60	Y9、Y15、Y28、Y38
国际人均停留时间/X4	X7、X8	Y14、Y23、Y35、Y47*、Y48**、Y53*	X7*、X8、Y40*、Y42、Y43
国际旅游人均停留天数/X5	X1**、X2*、X4、X6*、X7**、X10、Y43*	X1**、X4、X7**、X10、Y11*、Y13**、Y16**、Y17**、Y18**、Y19**、Y20**、Y21*、Y23、Y24*、Y25*、Y28*、Y29*、Y30*、Y31*、Y32*、Y33*、Y34*、Y37**、Y39**、Y40**、Y41**、Y44*、Y46*、Y49**、Y50*、Y51*、Y52*、Y56**、Y57、Y58**	Y9、Y15**

续表

协调阶段	严重与中度失调 1995—2005 年	轻度失调 2006—2010 年	初级协调 2011—2014 年
国际旅游人均停留天数环比增长率/X6	X2 **、X4、X5 *	X2 **、X11、Y7、Y54 *、Y59 *、Y61	X1、X2 *、Y53、Y61
国际旅游收入/X7	X1 **、X5 **、Y14 *、Y42、Y44、Y59 *	X1 **、X2、X5 **、X9、Y11 *、Y13 **、Y16 **、Y17 **、Y18 **、Y19 **、Y20 **、Y24 *、Y25 *、Y28 *、Y29 *、Y30 *、Y31 *、Y32 *、Y33 *、Y34、Y37 **、Y39 **、Y40 **、Y41 **、Y44 *、Y45 *、Y49 **、Y50 **、Y51 **、Y52 **、Y56 *、Y57 *、Y58 *、Y60 *、Y61 *	X3、X4 *、Y40 *、Y43、Y56 *、Y58
国际旅游收入占第三产业比重/X8	X2、X3 **、X5、X9 **、Y2、Y5、Y13、Y19、Y22 *、Y36、Y42、Y44、Y50	X3 **、X9 **、Y1、Y4、Y10 *、Y14、Y15、Y22、Y23、Y24、Y28、Y29、Y30、Y36 *、Y38、Y43、Y60	Y2、Y3、Y36 *、Y37、Y47、Y48
国际旅游收入占旅游总收入比重/X9	X3 **、X7、X8 **、X11、Y2、Y13、Y15、Y22 **、Y23、Y28、Y31、Y42、Y50、Y53、Y57、Y60、Y61 **	X3 *、X6、X8 *、Y1、Y5 *、Y9、Y10 *、Y15、Y24、Y28、Y36 *、Y44、Y50、Y51、Y55	Y2、Y5、Y6、Y13 *、Y27 *、Y31、Y48、Y49 *
国际旅游人均消费/X10	Y5、Y12、Y26 *、Y27 **、Y34 *、Y38 *、Y45、Y51 *、Y53、Y61	X11 *、Y53、Y54	Y7 *、Y10 *、Y14、Y53、Y54 *
国际旅游人均消费环比增长率/X11	Y1、Y8、Y39、Y42、Y44、Y53、Y57、Y59	X2、X10 *、Y7、Y10、Y13、Y54	X2、X5、X10

注：表中 ** 表示 $p<0.01$，* 表示 $p<0.05$，皮尔森相关分析、双尾检验、指标相关系数值均大于0.8；指标回归分析在95%置信区间下均通过显著性检验，指标 R^2 值≥0.8，调整后的 R^2 值≥0.6。

4.3.6.2 轻度失调阶段

2006—2010年，昆明市入境旅游流与目的地系统耦合协调度值位于0.408～0.496，此阶段处于轻度失调阶段。从综合发展水平来看，入境旅游流综合发展水平均值为0.320，目的地供给系统综合发展水平均值为0.445。整体上来看，此阶段入境旅游流综合发展水平相对滞后，目的地系统发展水平较为超前。

通过入境旅游流与目的地系统中各指标的回归与相关分析可知，从入境旅游流系统内部指标关系来看，国际旅游人数、国际旅游人数环比增长率、国际旅游人数占游客总数比重、国际旅游人均停留天数环比增长率、国际旅游收入占第三产业总值比重、国际旅游收入占旅游总收入比重、国际旅游人均消费、国际旅游人均消费环比增长率等指标与其他指标之间的相关关系均较为密切，相关系数在0.9以上，回归关系较为显著，回归系数均在0.8以上，此阶段入境旅游的规模与收入指标表现均较好。从目的地系统对入境旅游流系统指标的影响来看，旅游景区固定资产、景区全员劳动生产率、星级饭店社固定资产、星级饭店数量、星级饭店从业人员数量、旅行社营业收入、旅行社全员劳动生产率、星级饭店全员劳动生产率等景区、饭店与旅行社规模及效率指标，GDP、人均GDP、固定投资、社会消费品零售额、第二产业生产总值、第三产业生产总值、第三产业占GDP比重、外商实际投资额、进出口总额等区域经济指标，供气管道长度、载客汽车数量、铁路里程、公路里程、旅客周转量、移动电话户数等基础设施指标，污水排放量、污水处理量、污水处理率、建成区绿化覆盖率、园林绿地面积、公共厕所等自然环境指标，城镇居民收入、家庭居民收入、高等学校在校人数、群众艺术馆和文化馆（站）展览个数、卫生机构数、卫生机构床位数、卫生技术人员数、交通事故数、火灾事故数等社会文化指标与入境旅游流系统各指标回归与相关关系较为密切。

通过功效贡献值的均值分析发现，从贡献要素来看，入境旅游系统中旅游人次与停留时间等要素对二者耦合协调度的贡献度较大，其贡献值分别为 0.462、0.449，目的地供给系统中企业规模、企业效益、企业效率、经济规模、经济结构、城市供水、城市供气、城市交通、邮电通信、城市绿化、“三废”治理与社会治安等要素对此阶段二者耦合协调度的贡献程度较大，贡献值均在 0.401 以上，位于 0.401 ~ 0.690。从子系统贡献值来看，此阶段入境旅游流系统中旅游规模子系统的贡献值较大，为 0.455，目的地供给系统中，除了旅游景区子系统的贡献度较低外，其余子系统的贡献值均较大，位于 0.422 ~ 0.633。从成长动因来看，此阶段入境旅游流与目的地耦合的主导成长动因包括了入境旅游流系统中的旅游规模子系统，以及目的地旅游企业供给子系统等内生性因素，同时也包括目的地旅游企业、区域经济、基础设施、自然环境与社会环境子系统等外生性因素。其中，旅游规模子系统对此阶段二者成长贡献值较上阶段提升 23.9%，旅游效益与旅游规模子系统的贡献值较上阶段也提升了 55% 以上，旅游企业子系统的贡献值较上阶段提升了 171.1%，区域经济与基础设施子系统的贡献值较上阶段分别提升了 234.9%、211.8%，自然与社会环境子系统的贡献值较上阶段分别提升了 137.7%、120.8%。得益于目的地供给子系统的快速发展与提升，此阶段整体上入境旅游流与目的地系统中各子系统的耦合协调程度有所提高。

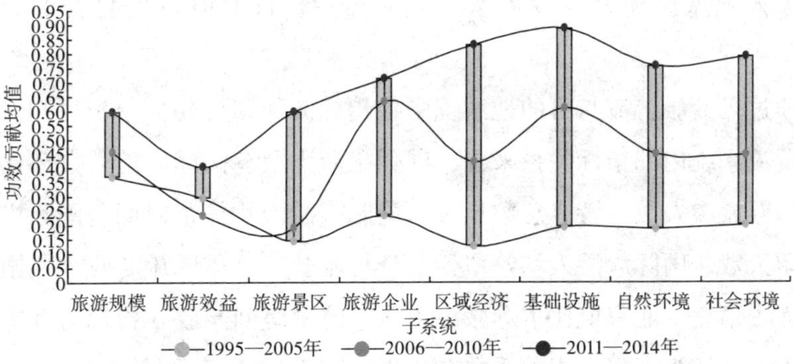

图 4－20　昆明市入境旅游流与目的地子系统贡献值

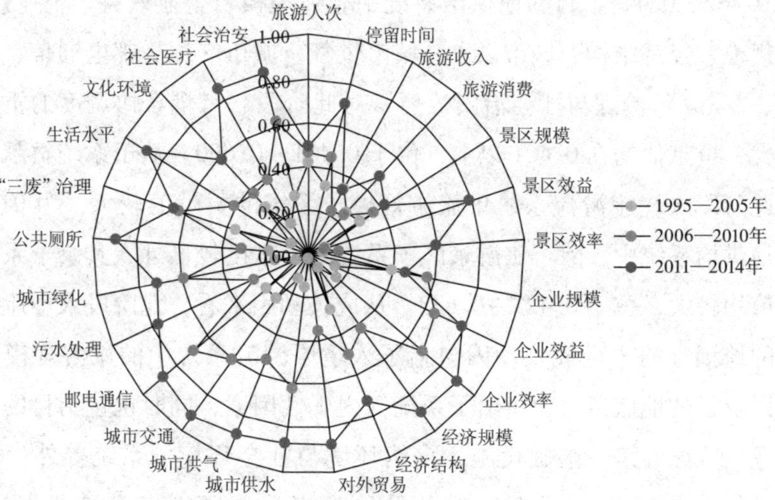

图4-21　昆明市入境旅游流与目的地系统各要素贡献值

4.3.6.3　初级协调阶段

2011—2014年，昆明市入境旅游流与目的地系统耦合协调度位于0.521～0.567，此阶段处于初级协调阶段。从两系统综合发展水平来看，入境旅游流综合发展水平均值为0.477，目的地供给系统综合发展水平均值为0.749。由于受到国际金融危机的影响，入境旅游流综合发展水平并未得到恢复，此阶段入境旅游流综合发展水平相对滞后，目的地系统发展水平较为超前。

通过入境旅游流与目的地系统中各指标的回归与相关分析可知，从入境旅游流系统内部指标关系来看，国际旅游人数、国际旅游人数环比增长率、国际旅游人数占游客总数比重、国际旅游人均停留时间、国际旅游人均停留天数、国际旅游人均停留天数环比增长率、国际旅游收入、国际旅游收入占第三产业总值比重等旅游人次、停留时间与收入指标与其余指标的相关关系较为密切，相关系数在0.88以上，回归关系较为显著，回归系数在0.65以上，此阶段入境旅游规模指标表现抢眼。从目的地系统对入境旅游流系统指标的影响来看，景区从业人员数量、景区全员劳动生产率、旅行社固定资产、星级饭店数量、旅行社从业人员数量、星级饭店全员劳动生产率、旅行社全员劳动生产率等旅游企业指标，年末供水管道长度、固话年末总数户、移动电话户数、铁路里程等基础设施指标，污水处理量、工业废水排放量、工业废气排放量、工业固体废物产生量等自然环境指标，群众艺术馆和文化馆（站）机构数、卫生技术人员数、火灾事故数等社会文化指标与入境旅游流系统各指标回归与相关关系密切，回归与相关系数均较高。

通过功效贡献值的均值分析发现，从贡献要素来看入境旅游系统中，停留时间、旅游人次与旅游消费等要素对二者耦合的贡献值相对较大，贡献值分别为 0.702、0.490、0.481，目的地供给系统中，除景区规模、景区效率、企业规模与文化环境等要素对二者的贡献值维持在 0.5 左右外，其余供给要素的贡献程度均高于 0.65，位于 0.653 ~ 0.917。从子系统贡献值来看，旅游规模与旅游效益子系统对二者耦合协调贡献值分别为 0.596、0.405，目的地系统中，旅游景区子系统对二者耦合协调贡献值为 0.597，旅游企业、自然环境与社会环境的贡献程度较大，其贡献均值位于 0.711 ~0.791，区域经济与基础设施的贡献最大，其贡献值分别为 0.831、0.888，此阶段二者子系统耦合的程度有较大提升。从成长动因来看，此阶段入境旅游流与目的地耦合的主导成长动因除包括旅游规模、旅游效益与旅游企业子系统等内生性因素外，同时还包括目的地区域经济、基础设施、自然环境与社会环境子系统等外生性因素。但整体看来，目的地外生性因素对二者耦合的贡献作用大于入境旅游内生性因素。其中，旅游规模与旅游效益子系统对二者成长贡献值较上阶段分别提升了 31%、73.8%，旅游景区与旅游企业子系统对二者成长贡献值较上阶段分别提升 215.8%、12.3%，区域经济与基础设施对二者成长贡献值较上阶段分别提升了 97.6%、44.3%，自然环境与社会环境子系统的贡献值较上阶段分别提升了 66.7%、79.5%。

4.3.7　六大城市入境旅游流与目的地供需耦合影响因素比较分析

通过对六大城市入境旅游流与目的地供需耦合不同阶段的历时性分析，可以明确不同阶段影响两大系统耦合成长的指标、因素与子系统。而通过对六大城市两大系统之间耦合成长因素的比较分析，可以更清晰地把握六大城市两大系统之间影响因素的异同性。在此需要说明的是，六大城市两大系统耦合成长的区间与时间长度均有差异，且在分析六大城市不同阶段影响因素的过程中，为保证数据处理结果的准确性，将北京、上海、西安与昆明四城市严重与失调阶段进行了合并分析，对广州的初级与中级协调阶段进行了合并分析，故为更好地分析六大城市影响因素的共性与差异，特从严重与中度失调阶段、轻度失调阶段与初级协调阶段三个阶段展开对六大城市两大系统耦合成长的比较分析（见表4-8），以认识六大城市两大系统耦合成长影响因素的异同。

在严重与中度失调阶段，通过六大城市两大系统耦合成长影响因素的比较分析可以发现，支配两大系统耦合成长演化的主要是入境旅游流系统中的规模与效益子系统，部分城市自然环境、社会环境、基础设施、旅游企业等目的地子系统也有贡献，但表现不突出。区别在于不同子系统对城市两大系统耦合成长的贡献程度有所差异。具体来看，影响北京市两大系统耦合成长的主要子系统为入境旅游效益、旅游规模子系统，以及目的地自然环境子系统；影响上海市两大系统耦合成长的子系统为旅游效益、旅游景区与社会环境子系统；影响广州市两大系统耦合成长的子系统为自然环境、旅游规模、基础设施、旅游景区与旅游效益子系统；影响西安市两大系统耦合成长的子系统为旅游规模、旅游效益、旅游企业与基础设施子系统；影响成都市两大系统耦合成长的子系统为旅游效益、旅游企业与社会环境子系统；影响昆明市两大系统耦合成长的子系统为旅游规模、旅游效益与旅游企业子系统。

表4-8　六大城市影响因素比较分析

城市	严重与中度失调阶段	轻度失调阶段	初级协调阶段
北京	旅游效益、旅游规模、自然环境	旅游规模、旅游企业、旅游景区	基础设施、自然环境、区域经济、旅游企业
上海	旅游效益、旅游景区、社会环境	旅游规模、旅游效益、自然环境、社会环境	旅游企业、区域经济、基础设施、自然环境、社会环境

续表

城市	严重与中度失调阶段	轻度失调阶段	初级协调阶段
广州	自然环境、旅游规模、基础设施、旅游景区、旅游效益	旅游景区、旅游规模、基础设施、自然环境、区域经济	基础设施、区域经济、旅游企业、社会环境、旅游景区、自然环境
西安	旅游规模、旅游效益、旅游企业、基础设施	旅游规模、旅游企业、社会环境、基础设施	基础设施、社会环境、区域经济、旅游企业、自然环境
成都	旅游效益、旅游企业、社会环境	自然环境、旅游景区、旅游企业、基础设施	区域经济、自然环境、基础设施、旅游企业、社会环境
昆明	旅游规模、旅游效益、旅游企业	旅游企业、基础设施、旅游规模	基础设施、区域经济、社会环境、自然环境、旅游企业

在轻度失调阶段，通过六大城市两大系统耦合成长影响因素的比较分析可以发现，支配两大系统耦合成长演化的子系统开始转变，入境旅游流系统中的规模与效益子系统支配作用减弱，主要以目的地旅游景区、旅游企业、基础设施、自然环境与人文环境等子系统为主。区别在于不同子系统对城市两大系统耦合成长的贡献程度有所差异。具体来看，影响北京市两大系统耦合成长的主要子系统为旅游规模、旅游企业、旅游景区；影响上海市两大系统耦合成长的主要子系统为旅游规模、旅游效益、自然环境与社会环境；影响广州市两大系统耦合成长的子系统为旅游景区、旅游规模、基础设施、自然环境与区域经济子系统；影响西安市两大系统耦合成长的子系统为旅游规模、旅游企业、社会环境与基础设施子系统；影响成都市两大系统耦合成长的子系统为自然环境、旅游景区、旅游企业与基础设施子系统；影响昆明市两大系统耦合成长的子系统为旅游企业、基础设施与旅游规模子系统。

在初级协调阶段，通过六大城市两大系统耦合成长影响因素的比较分析可以发现，支配两大系统耦合成长演化的子系统继续发生转变，入境旅游流系统中的规模与效益子系统，以及目的地旅游景区、旅游企业等子系统的支配作用减弱，主要以目的地区域经济、基础设施、自然环境与人文环境等子系统为主。区别在于不同子系统对城市两大系统耦合成长的贡献程度有所差异。具体来看，影响北京两大系统耦合成长的主要子系统为基础设施、自然环境、区域经济与旅游企业；影响上海两大系统耦合成长的主要子系统为旅游企业、区域经济、基础设施、自然环境与社会环境；影响广州两大系统耦合成长的子系统为基础设施、区域经济、旅游企业、社会环境、旅游景区与自然环境子系统；影响西安两大系统耦合成长的子系统为基础设施、社会环境、区域经济、旅游企业与自然环境子系统；影响成都两大系统耦合成长的子系统为区域经济、自然环境、基础设施、旅游企业与社会环境子系统；影响昆明两大系统耦合成长的子系统为基础设施、区域经济、社会环境、自然环境与旅游企业子系统。

4.4 本章小结

本章从发生学视角，基于耦合度与耦合协调度评价模型，首先，分析了六大典型旅游城市入境旅游需求与目的地供给耦合成长曲线的历时性演进过程与特征；其次，从系统论视角，分析了不同耦合区间内影响六大典型城市入境旅游流与目的地供需耦合协调发展的指标，并讨论不同阶段各子系统与发展要素的功效贡献；最后，对六大典型旅游城市入境旅游流与目的地系统供需耦合的演进过程与影响因素进行比较和归纳分析。主要结论如下：

（1）六大城市入境旅游流综合发展水平波动程度均较大，六大典型旅游城市入境旅游流综合发展水平均经历了由快速增长至波动增长的发展过程，并在发展的过程中受到金融危机、“非典”事件等的叠加影响。六大城市入境旅游流综合发展水平成长曲线均呈现“涨—落波动型”演进规律，区别在于城市之间成长曲线的波动程度不同。北京市、广州市、成都市与昆明市入境旅游流综合发展水平曲线均为“四峰四谷”型，上海市入境旅游综合发展水平曲线为“五峰五谷”型，而西安市入境旅游流综合发展水平为“三峰二谷”型。

（2）六大城市目的地供给系统综合发展水平成长曲线均呈现“平稳增

长”的演进特征，其区别在于城市综合发展水平及其整体差异有所不同。东部的北京、上海与广州的目的地供给水平高于西安、成都与昆明等西部城市。东部地区上海市目的地供给发展水平最高，西部地区西安市目的地供给发展水平最高。

（3）六大城市入境旅游流与目的地供需耦合成长曲线的波动程度相对弱于入境旅游流系统，强于目的地供给系统。六大城市入境旅游流与目的地耦合成长曲线均为“涨—落波动型”。北上广等东部城市两大系统的耦合发展水平均高于西部城市，其中上海市两大系统耦合的发展水平最高，昆明市两大系统耦合的发展水平最低。

（4）通过对六大城市两大系统耦合不同发展阶段影响因素的历时性识别分析，发现六大城市入境旅游流与目的地供需耦合成长主导因素的演替发展规律：表现在，严重与中度失调阶段，支配两大系统耦合成长演化的主要是入境旅游流系统中的规模与效益子系统，部分城市自然环境、社会环境、基础设施、旅游企业等目的地子系统也有贡献，但表现不突出；轻度失调阶段，支配两大系统耦合成长演化的子系统开始转变，入境旅游流系统中的规模与效益子系统支配作用减弱，目的地供给子系统贡献作用开始增强；初级协调阶段，支配两大系统耦合成长演化的子系统继续演化与转换，入境旅游流系统中的规模与效益子系统，以及目的地旅游景区、旅游企业等子系统的支配作用持续减弱，主要以目的地区域经济、基础设施、自然环境与人文环境等子系统为主。

第5章　旅游需求与目的地供给耦合的系统阐释与驱动机制

基于第2章从发生学视角所建立的入境旅游需求与目的地供给耦合成长曲线模型，在第4章对六大典型旅游城市入境旅游流与目的地供需耦合成长规律与影响因素的分析，本章尝试从系统论角度，从东部与西部城市两大方面，对六大城市入境旅游流与目的地供需系统耦合成长影响因素的转换与优化的过程进行系统性阐释，并进一步归纳总结影响两大系统耦合成长的驱动机制。首先，对六大典型旅游城市不同发展阶段入境旅游流与目的地供需耦合影响因素与子系统的转换优化过程进行系统性回溯式阐释分析，以厘清六大典型城市两大系统不同耦合成长阶段的历时性主导因素与子系统；其次，在透视六大城市两大系统不同耦合阶段所主导因素与子系统的基础上，尝试归纳并总结出六大城市入境旅游流与目的地系统供需耦合成长的驱动机制。

5.1　东部城市旅游流与目的地供需耦合演进过程的系统性阐释

5.1.1　北京市入境旅游流与目的地供需耦合演进过程的系统性阐释

从北京市入境旅游流与目的地耦合成长曲线的演进过程来看（见图5-1），入境旅游流与目的地供给两大系统经历了由严重失调至中度失调，并进一步发展至初级协调的过程，而两大系统实现由失调至协调的耦合发展与成长过程只是表象，两大系统不同耦合成长阶段影响因素与主导子系统的转换才是促进两大系统耦合成长的本质因素。在两大系统不同的耦合成长阶段，由于不同影响因素贡献程度的差异，会导致主导两大系统耦合成长子系统的贡献作用出现波动与涨—落，进而引起不同阶段子系统的转换与变化，并优化系统整体的结构与功能，最终影响两大系统之间的耦合度与耦合协调度。

从北京市入境旅游流与目的地耦合成长的演化过程来看，在两大系统耦合的严重与中度失调阶段，影响与主导二者耦合成长的因素与子系统均较少，且主要以入境旅游流系统为主，目的地供给系统相关内容较少。由图 5－1 可知，此阶段主导两大系统耦合成长的因素主要是入境旅游流收入、旅游人次与停留时间。此阶段入境旅游收入呈现平稳增加的态势，由 1995 年的 21.8 亿元增加至 2002 年的 31.1 亿元，为 1995 年的 1.43 倍；接待旅游人次由 1995 年的 207 万人次增加至 2002 年的 310.4 万人次，为 1995 年的 1.5 倍；游客停留时间也有所延长，增加至 2002 年的 4.21 天。目的地系统中的主要因素包括经济结构、公共厕所与社会治安三方面，此阶段北京市经济发展进步较快，GDP、人均 GDP、固定投资、社会消费品零售额与进出口总额呈现连年增长的态势，其年均环比增长率均值均大于 11%，公共厕所设施较为完善，社会治安环境相对较好。由于受到 1997 年亚洲金融危机以及 2003 年“非典”突发事件的影响，入境旅游流系统受到较大影响，其中旅游人次由 2002 年的 310.4 万人次下降至 2003 年的 185.1 万人次，国际旅游收入也由 31.1 亿元降至 19 亿元，入境游客环比增长率也快速下降；目的地供给系统中，外商投资这一指标也出现波动下降态势，其余经济结构指标受特殊事件的影响较小。在旅游政策方面，1995 年党的十四届五中全会将旅游业列为“积极发展”新兴产业的首要对象，1998 年中央经济工作会议决定将旅游业作为国民经济新的增长点，以及 2001 年《国务院关于进一步加快旅游业发展的通知》，进一步保障并刺激了入境旅游的快速恢复与持续发展。

经过严重与中度失调阶段的磨合与发展，北京市入境旅游流与目的地供需耦合进入轻度失调阶段，该阶段由于前期的发展基础积累与国家政策的积极扶持，影响两大系统耦合成长的主导因素与子系统的数量均有所增加，且各主导因素与子系统的贡献值也有较大提升，但由于各影响因素与子系统的贡献值出现差异，导致影响此阶段的因素与子系统出现转换与变化，并最终影响两大系统的耦合协调度。此阶段主导两大系统耦合成长的子系统包括旅游规模、旅游景区、旅游企业、基础设施、自然环境与社会环境，从主导子系统的对两大系统的贡献程度来看，旅游规模、旅游景区与旅游企业三者贡献较大，贡献值分别为0.544、0.478、0.491，而基础设施、自然环境与社会环境三大子系统对两大系统的贡献值均相对较低，贡献值分别为0.412、0.406、0.404，可见主导此阶段二者耦合成长的依然是入境旅游流系统和目的地旅游景区与旅游企业供给子系统等内生性因素，而目的地其余子系统的贡献程度较小。

此阶段从旅游规模子系统来看，2006年入境旅游接待人次达到390.3万人次，环比增长率较上年度提升了11.6%，国际旅游人天数达到16332854天，环比增长率较上年度提升了8.9%，游客的停留时间达到4.18天。旅游景区子系统方面，景区的固定资产、从业人员、营业收入与全员劳动生产率等关键指标均呈现上升的态势，上述关键指标的年均环比增长率均值分别为17.3%、44.9%、37.8%与37.6%。从旅游企业子系统来看，旅行社固定资产、营业收入、全员劳动生产率、从业人员与旅行社数量均呈现上升态势，上述指标的年均环比增长率均值分别为25.4%、23.3%、12.6%、5.9%与16.3%；星级饭店固定资产、营业收入、全员劳动生产率、从业人员与饭店数量等指标的年均环比增长率均值分别为25%、11.5%、12.6%、8.9%与6.9%。从目的地基础设施子系统来看，互联网用户数、供水总量、供水管道长度、载客汽车数量、公路里程、客运量等关键指标的年均环比增长率均在3%以上，其中互联网用户数年均环比增长率均值大于8.3%；从自然环境子系统来看，污水排放量、污水处理量、污水处理率、人均公园绿地面积、建成区绿化覆盖率、年末绿化覆盖面积、公共厕所等指标的年均环比增长率基本大于2.4%，其中，污水处理量年均环比增长率均值高达30.2%，处理率环比增长率均值也达到16.5%，自然环境的改善为北京创造了良好的发展条件；从社会子系统来看，城镇居民收入、家庭居民收入、高等学校在校人数、群众艺术馆和文化馆（站）机构数、群众艺术馆和文化馆（站）展览个数、群众艺术馆和文化馆（站）组织文艺活动次数、卫生机构床位数、卫生技术人员数等指标的年均环比增长率均值均大于 2.6%，其中居民收入增长率在 13% 以上，群众艺术馆、文化馆（站）机构数，群众艺术馆、文化馆（站）展览个数，群众艺术馆、文化馆（站）组织文艺活动次数三项指标的年均环比增长率均高于 54%。此阶段，经历“非典”等特殊事件后，入境旅游得到快速恢复，同时国家出台了进一步促进旅游业发展的意见和政策，跟进与保障了入境旅游与目的地的持续建设与发展。

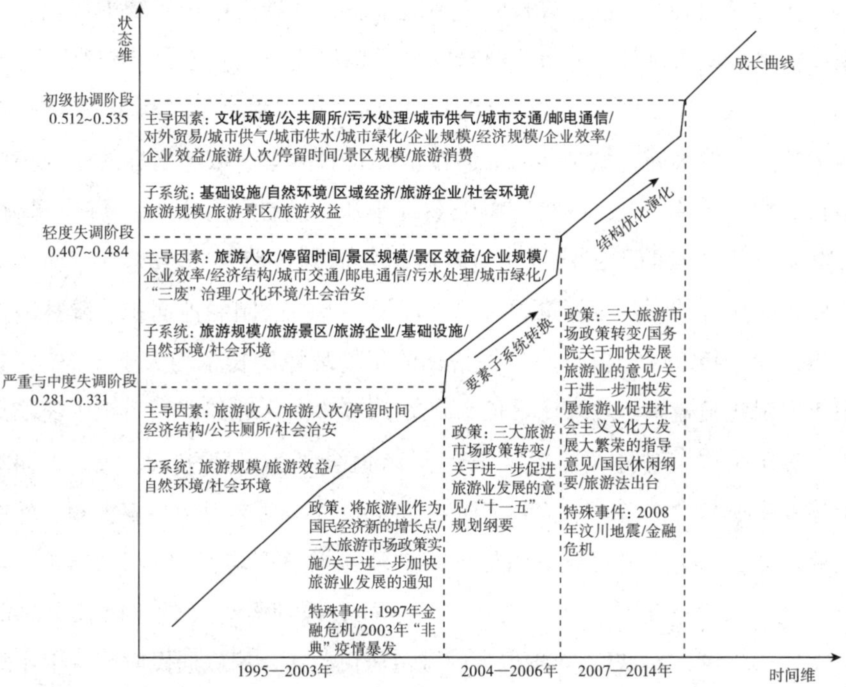

图 5-1　北京市入境旅游流与目的地供需耦合成长曲线演进过程

注：图中加粗字体表示贡献值较大的子系统与主导因素。

随着入境旅游流与目的地建设的快速发展，两大系统之间的耦合协调程度也逐步提升，两大系统在经历了轻度失调阶段后步入了初级协调发展阶段，主导两大系统耦合成长的子系统与因素的数量、贡献度均有较大提升，两大系统耦合协调发展已经实现由量变到质变的转变。由于阶段内各子系统的贡献程度出现差异，此阶段主导两大系统耦合成长的子系统转换为基础设施、自然环境、区域经济与社会环境等目的地供给子系统，其贡献程度较高，而旅游企业、旅游规模、旅游景区与旅游效益等入境旅游流子系统的主导作用相对较小，贡献程度相对较低。从主导此阶段二者耦合成长的子系统贡献值来看，基础设施、自然环境、区域经济与社会环境等子系统的贡献值分别为0.770、0.723、0.685、0.658；旅游企业、旅游规模、旅游景区与旅游效益等子系统的贡献值分别为0.678、0.553、0.505、0.412，主导此阶段二者耦合成长是目的地供给方面的子系统，而入境旅游流系统方面的子系统贡献程度相对较低。

从主导两大系统耦合成长的子系统来看，基础设施子系统中所包含的城市供水、城市供气、城市交通与邮电通信等要素的贡献值均较高，分别为0.742、0.791、0.785与0.760，相应的全年供水总量、载客汽车数量、客运总量、旅客周转量、移动电话数量、互联网用户数等指标的年均环比增长率均大于4.8%。自然环境子系统中所包含的污水处理、城市绿化、公共厕所等要素的贡献值也相对较高，分别为0.839、0.757、0.824，上述要素所包含的污水排放量、污水处理量、人均公园绿地面积、园林绿地面积公顷、年末绿化覆盖面积等指标的年均环比增长率均大于3.2%，其中年末绿化覆盖率年均环比增长率高达14.2%。区域经济子系统中经济规模、经济结构、对外贸易等要素的贡献值分别为0.709、0.605、0.742，上述要素所包含的GDP、人均GDP、固定投资、社会消费品零售额、外商实际投资额与进出口总额等指标的年均环比增长率均值均大于8.8%。社会环境子系统中生活水平、文化环境、社会医疗等要素的贡献值分别为0.681、0.854、0.627，其所包含的城镇居民收入、家庭居民收入、卫生机构数、卫生机构床位数、卫生技术人员数等指标的年均环比增长率均值均高于4%。旅游企业子系统中景区效率、企业规模、企业效益、企业效率等要素的贡献值分别为0.625、0.704、0.684、0.646，其相应的旅行社固定资产、旅行社营业收入、旅行社全员劳动生产率、星级饭店社固定资产、星级饭店全员劳动生产率等指标的年均环比增长率均大于20%，其中旅行社固定资产、星级饭店劳动生产率等指标的年均环比增长率均值高于80%。旅游规模子系统中旅游人次与停留时间的贡献值分别为0.549、0.557，相较于上述要素的贡献值较小，其相应的指标的年均环比增长率较低，仅国际旅游人数环比增长率得到提升，年均环比增长率为5.9%，其余指标的增长率较小。

5.1.2　上海市入境旅游流与目的地供需耦合演进过程的系统性阐释

从上海市入境旅游流与目的地供需耦合成长曲线的演进过程来看(见图5-2)，入境旅游流与目的地供给两大系统经历了由严重失调至中度失调，并进一步发展至初级协调的过程，而两大系统实现由失调至协调的耦合发展与成长过程只是表象，两大系统不同耦合成长阶段影响因素与主导子系统的转换才是实现两大系统耦合成长由失调到协调的本质因素。在两大系统不同的耦合成长阶段，由于不同影响因素贡献程度的差异，会导致主导两大系统耦合成长子系统的贡献作用出现波动与涨—落，进而引起不同阶段子系统的转换与变化，并优化系统整体的结构与功能，最终影响两大系统之间的耦合度与耦合协调度。

从上海市入境旅游流与目的地供需耦合成长的演化过程来看，在两大系统耦合的严重与中度失调阶段，影响与主导二者耦合成长的因素与子系统均较少，且主要以入境旅游流系统为主，目的地供给系统相关内容较少。由图5-2可知，此阶段主导两大系统耦合成长的子系统包括旅游效益、旅游景区、社会环境与旅游规模，其对两大系统耦合成长的贡献值分别为0.489、0.389、0.317、0.228，可见此阶段主导两大系统耦合成长的主要是入境旅游流规模与效益以及目的地旅游景区子系统，而目的地除社会环境外，其余子系统的耦合贡献值相对较小。

从旅游效益子系统来看，该子系统中所包含的旅游消费与旅游收入等要素的贡献值均较高，分别为0.627、0.351，相应的国际旅游人次、国际旅游收入、国际旅游人天数、国际旅游人均消费、国际旅游收入占旅游总收入的比重等指标的年均环比增长率均值均高于4.6%。从旅游景区子系统来看，景区效益要素的贡献值相对较高，其值达到0.599，相应的景区营业收入年均环比增长率达到5.2%。

社会环境子系统中，社会治安与文化环境等要素的贡献值相对较高，分别为0.498、0.390，相应的高等学校在校人数、群众艺术馆和文化馆

（站）机构数、群众艺术馆和文化馆（站）展览个数、群众艺术馆和文化馆（站）组织文艺活动次数、刑事案件立案数、交通事故数等年均环比增长率均值提升了12%以上。旅游规模子系统中，停留时间要素的贡献值相对较高，达到0.394，相应的国际旅游人天数与国际旅游人天数环比增长率等指标的年均环比增长率均值大于1.4%。同时，此阶段由于受到1997年亚洲金融危机以及1998年洪水事件的影响，入境旅游流系统受到较大影响，其中1998年入境旅游人次仅为152.7万人次，国际旅游收入也下降至91.3亿元；目的地供给系统中，社会文化环境等要素指标受特殊事件的影响较小。在旅游政策方面，1995年党的十四届五中全会将旅游业列为“积极发展”新兴产业的首要对象，1998年中央经济工作会议决定将旅游业作为国民经济新的增长点，以及2001年《国务院关于进一步加快旅游业发展的通知》进一步保障并刺激了入境旅游的快速恢复与持续发展。

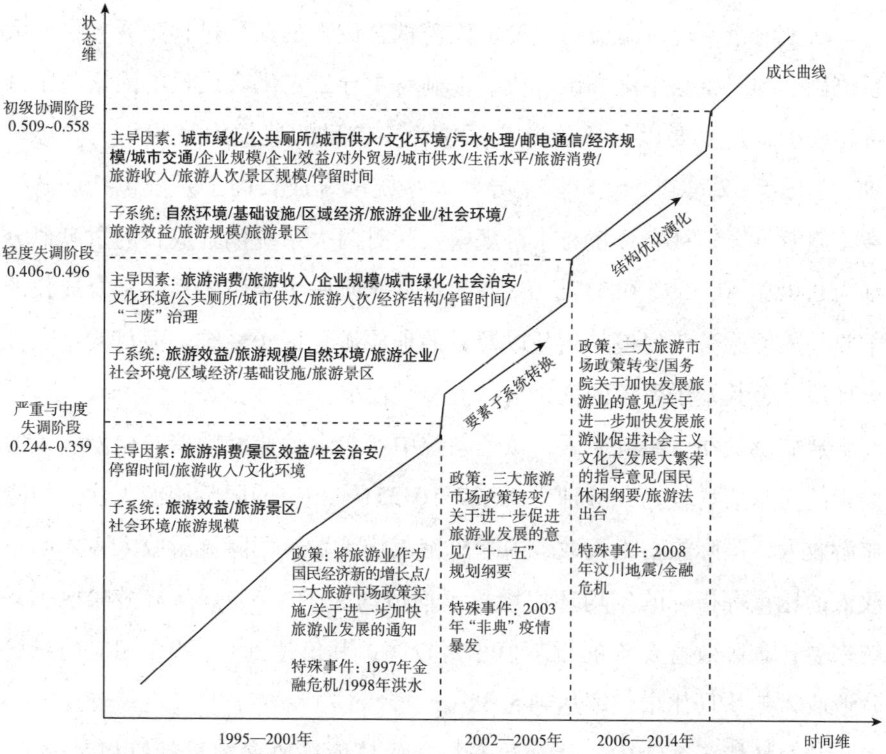

图5-2　上海市入境旅游流与目的地供需耦合成长曲线演进过程

注：图中加粗字体表示贡献值较大的子系统与主导因素。

经过严重与中度失调阶段的磨合与发展，上海市入境旅游流与目的地系统耦合成长进入轻度失调阶段，该阶段由于前期的发展基础积累与国家政策的积极扶持，影响两大系统耦合成长的主导因素与子系统的数量均有所增加，且各主导因素与子系统的贡献值也有较大提升，但由于各影响因素与子系统的贡献值出现差异，导致影响此阶段的因素与子系统出现转换和变化，并最终影响两大系统的耦合协调度。此阶段主导两大系统耦合成长的子系统依次包括旅游效益、旅游规模、自然环境、旅游企业、社会环境、区域经济、基础设施与旅游景区，从主导子系统的对两大系统的贡献程度来看，旅游效益、自然环境、旅游规模、旅游企业、社会环境等的贡献较大，贡献值分别为 0.547、0.450、0.433、0.389、0.372，而区域经济、基础设施与旅游景区三大子系统对两大系统的贡献值均相对较低，其贡献值分别为 0.289、0.283、0.145，可见主导此阶段二者耦合成长的是入境旅游流系统与目的地旅游企业供给子系统等内生性因素，除自然环境与社会环境等子系统外目的地其余子系统的贡献程度较小。

此阶段从旅游效益子系统来看，旅游消费与旅游收入等要素的贡献值均较高，分别为 0.556、0.539，相应的国际旅游收入、国际人均消费环比增长率、国际旅游收入占旅游总收入的比重等指标的年均环比增长率分别为 18.4%、2.6% 与 8.4%。自然环境子系统方面，城市绿化与公共厕所等要素的贡献值相对较高，分别为 0.665、0.483，相应的人均公园绿地面积、建成区绿化覆盖率、园林绿地面积、年末绿化覆盖面积等指标的年均环比增长率均值大于 7.5%。旅游规模子系统方面，旅游人次与停留时间等要素的贡献值分别为 0.486、0.379，相应的国际旅游人次、国际旅游人数环比增长率、国际旅游人数占总游客比重、国际旅游人天数、国际旅游人天数环比增长率等指标的年均环比增长率均值均大于 5.3%。从旅游企业子系统来看，企业规模、企业效益与企业效率等要素的贡献值均较高，分别为 0.698、0.688、0.605，相应的旅行社固定资产、营业收入、全员劳动生产率、星级饭店社固定资产、营业收入、全员劳动生产率等指标的年均环比增长率均大于 18.6%。此阶段，经历了“非典”等特殊事件，入境旅游发展虽然受到重创，但国家积极出台了进一步促进旅游业发展的意见和政策，提高了入境旅游快速恢复的能力，保障了入境旅游与目的地的持续建设与发展。

随着入境旅游流与目的地建设的快速发展，两大系统之间的耦合协调程度也迅速提高，两大系统在经历了轻度失调阶段后步入了初级协调发展阶段，主导两大系统耦合成长的子系统与因素的数量、贡献度均有较大提升，两大系统耦合协调发展已经实现由量变到质变的转变。由于阶段内各子系统的贡献程度出现差异，此阶段主导两大系统耦合成长的子系统转换为自然环境、基础设施、区域经济、旅游企业与社会环境等目的地供给子系统，其贡献程度较高，而旅游规模、旅游景区与旅游效益等入境旅游流子系统的主导作用相对较小，贡献程度相对较低。从主导此阶段二者耦合成长的子系统贡献值来看，自然环境、基础设施、区域经济、旅游企业与社会环境等子系统的贡献值分别为0.787、0.727、0.671、0.664、0.617，旅游规模、旅游景区与旅游效益等子系统的贡献值分别为0.458、0.256、0.558，主导此阶段二者耦合成长已经演变为目的地供给方面的子系统，而入境旅游流系统方面的子系统贡献程度相对较低。

从主导两大系统耦合成长的子系统来看，自然环境子系统中所包含的污水处理、城市绿化、公共厕所等要素的贡献值也相对较高，分别为0.782、0.874、0.876，上述要素所包含的污水处理量、污水处理率、人均公园绿地面积、园林绿地面积、年末绿化覆盖面积等指标的年均环比增长率均大于12.4%，其中年污水处理量、污水处理率的年均环比增长率分别高达64.2%、60.7%。基础设施子系统中所包含的城市供水、城市供气、城市交通与邮电通信等要素的贡献值均较高，分别为0.848、0.632、0.707与0.723，相应的全年供水总量、载客汽车数量、客运总量、旅客周转量、邮电业务总量、固定电话年末总数、移动电话数量、互联网用户数等指标的年均环比增长率均大于9.1%。区域经济子系统中经济规模、经济结构、对外贸易等要素的贡献值分别为0.711、0.615、0.685，上述要素所包含的GDP、人均GDP、固定投资、社会消费品零售额、外商实际投资额与进出口总额等指标的年均环比增长率均值均大于5.5%。旅游企业子系统中企业规模、企业效益、企业效率等要素的贡献值分别为0.699、

0.688、0.605，其相应的旅行社固定资产、旅行社营业收入、旅行社全员劳动生产率、星级饭店社固定资产、星级饭店全员劳动生产率等指标的年均环比增长率均高于 18.6%，其中旅行社收入、劳动生产率等指标的年均环比增长率均值高于 34.7%。社会环境子系统中生活水平、文化环境、社会医疗等要素的贡献值分别为 0.624、0.798、0.557，其所包含的城镇居民收入、家庭居民收入、高等学校在校人数、群众艺术馆和文化馆（站）组织文艺活动次数等指标的年均环比增长率均大于 10%，卫生机构数、卫生机构床位数等指标的年均环比增长率均值均大于 1.6%。旅游规模子系统中旅游人次与停留时间的贡献值分别为 0.497、0.420，国际旅游人次、国际旅游人数环比增长率、国际旅游人数占总游客比重、国际旅游人均停留天数、国际旅游人均停留天数环比增长率等指标的年均环比增长率均大于 5.3%。其余子系统与要素的贡献度则相对较小。

5.1.3　广州市入境旅游流与目的地供需耦合演进过程的系统性阐释

从广州市入境旅游流与目的地供需耦合成长曲线的演进过程来看（见图 5－3），入境旅游流与目的地供给两大系统经历了由严重失调至中度失调，并进一步发展至中级协调的过程，而两大系统实现由失调至协调的耦合发展与成长只是表象，两大系统不同耦合成长阶段影响因素与主导子系统的转换才是促进两大系统耦合成长的本质因素。在两大系统不同的耦合成长阶段，由于不同影响因素贡献程度的差异，会导致主导两大系统耦合成长子系统的贡献作用出现波动与涨—落，进而引起不同阶段子系统的转换与变化，并优化系统整体的结构与功能，最终影响两大系统之间的耦合度与耦合协调度。

从广州市入境旅游流与目的地供需耦合成长的演化过程来看，在两大系统耦合的严重失调阶段，影响与主导二者耦合成长的因素与子系统均较少，且主要以入境旅游流系统为主，目的地供给系统相关内容较少。由图 5－3可知，此阶段主导两大系统耦合成长的主要子系统主要为旅游企业、旅游规模与旅游效益，其对二者耦合成长的贡献值分别为 0.286、0.256、0.293，而目的地旅游景区、基础设施、区域经济、自然与社会环境的贡献值相对较小。此阶段对两大系统耦合成长起关键作用的是入境旅游需求系统，目的地供给子系统作用程度较小。

从旅游企业子系统来看，此阶段旅游企业规模与企业效益等要素的贡献值分别为0.403、0.245，相应的旅行社固定资产、旅行社营业收入、旅行社全员劳动生产率、旅行社从业人员数量、旅行社数量、星级饭店社固定资产、星级饭店营业收入、星级饭店全员劳动生产率、星级饭店从业人员数量等指标的年均环比增长率均在8%以上，其中旅行社劳动生产率、星级饭店营业收入年均环比增长率均高于30%。从旅游规模子系统来看，旅游人次与停留时间等要素的贡献值分别为0.297、0.214，相应的国际旅游人次、国际旅游人天数等指标的年均环比增长率均值分别为11.1%、10.3%。从旅游效益子系统来看，旅游收入与旅游消费等要素的贡献值分别为0.351、0.234，相应的国际旅游收入指标的年均环比增长率均值达8.1%。在旅游政策方面，1995年党的十四届五中全会将旅游业列为“积极发展”新兴产业的首要对象，1998年中央经济工作会议决定将旅游业作为国民经济新的增长点，拉开了全国旅游快速发展的序幕，也刺激了入境旅游的快速恢复与持续发展。

经过严重失调阶段的磨合，广州市入境旅游流与目的地系统耦合成长进入中度失调阶段。该阶段由于前期的基础积累与国家政策的积极扶持，影响两大系统耦合成长的主导因素与子系统的数量均有所增加，且各主导因素与子系统的贡献值也有一定的提升，但由于各影响因素与子系统的贡献值出现差异，导致影响此阶段的因素与子系统出现转换与变化，并最终影响两大系统的耦合协调度。此阶段主导两大系统耦合成长的子系统包括自然环境、旅游规模、基础设施、旅游效益、旅游企业，从主导子系统的对两大系统的贡献程度来看，自然环境、旅游规模与基础设施三者贡献较大，贡献值分别为0.416、0.340、0.286，而旅游效益与旅游企业子系统对两大系统的贡献值均相对较低，其贡献值分别为0.274、0.254，可见主导此阶段二者耦合成长的子系统中，目的地外部环境子系统有所增加，入境旅游流子系统等内生性因素有所减少，主导两大系统耦合成长的主要子系统开始向目的地供给系统演变。

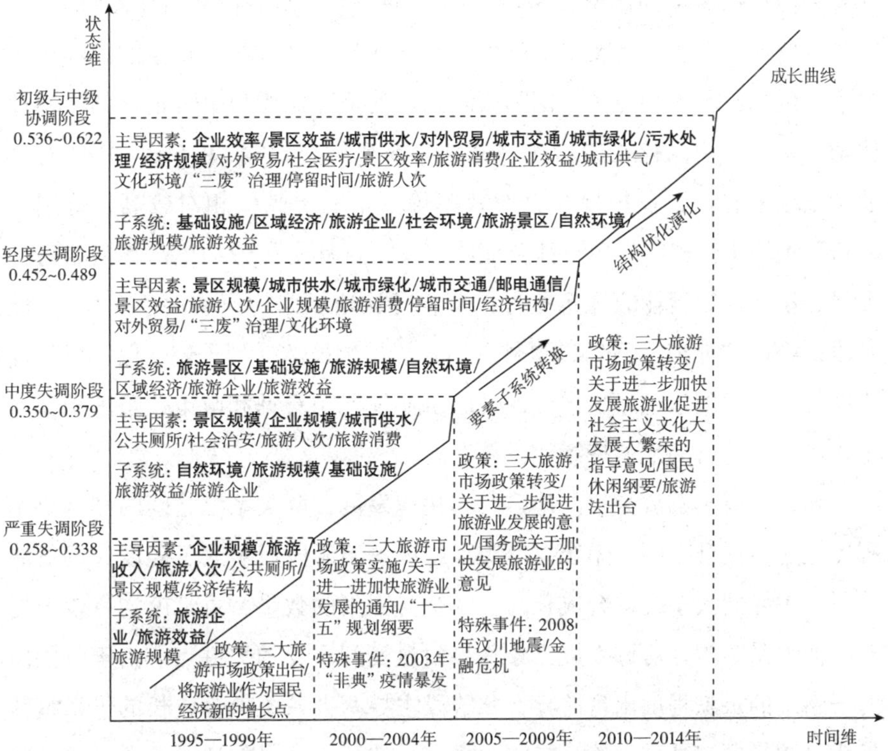

图 5－3　广州市入境旅游流与目的地供需耦合成长曲线演进过程

注：图中加粗字体表示贡献值较大的子系统与主导因素。

此阶段从自然环境子系统来看，公共厕所与城市绿化等要素的贡献值相对较高，分别为 0.748、0.349，相应的公共厕所、人均公园绿地面积、园林绿地面积、年末绿化覆盖面积等指标的年均环比增长率均值均大于 6%，其中园林绿地面积、年末绿化覆盖面积的年均环比增长率分别高达 25.5%、30.9%。从旅游规模子系统来看，旅游人次与停留时间等要素的贡献值分别为 0.376、0.305，该阶段虽然受到"非典"等特殊事件的影响，但整体来看相应的旅游人次、国际旅游人天数等指标的年均环比增长率保持正数，分别为 1.8%、1%。从目的地基础设施子系统来看，城市供水、邮电通信等要素的贡献值相对较高，达到 0.491、0.292，相应的全年供水总量、年末供水管道长度、邮电业务总量、固话年末总户数、移动电话户数、互联网用户数等关键指标的年均环比增长率均在 11% 以上，其中互联网用户数年均环比增长率均值高达44.7%。从旅游效益子系统来看，旅游消费与旅游收入等要素贡献值分别为0.319、0.230，相应的国际旅游收入、国际旅游人均花费、国际旅游人均消费环比增长率等指标的年均环比增长率均值均保持正向增长，分别为6.6%、5.1%、0.6%。从旅游企业子系统来看，企业规模与企业效率等要素的贡献值相对较高，分别为0.433、0.250，相应的旅行社营业收入、旅行社全员劳动生产率、旅行社数量、星级饭店营业收入等指标的年均环比增长率均值均大于6.5%。此阶段，经历"非典"等特殊事件后，入境旅游虽然受到重创，但也得到快速恢复，同时国家进一步出台促进旅游业发展的意见和政策，跟进与保障了入境旅游与目的地的持续建设与发展。

随着入境旅游流与目的地建设的快速发展，两大系统之间的耦合协调程度也逐步提升，两大系统在经历了中度失调阶段后步入了轻度失调发展阶段，主导两大系统耦合成长的子系统与因素的数量、贡献度均有较大提升，两大系统耦合协调发展已经临界由量变到质变的关键点。由于阶段内各子系统的贡献程度出现差异，此阶段主导两大系统耦合成长的子系统转换为旅游景区、基础设施、旅游规模、自然环境等目的地供给子系统，其贡献程度较高，而区域经济、旅游效益、旅游企业与社会环境等子系统的主导作用相对较小，贡献程度相对较低。从主导此阶段二者耦合成长的子系统贡献值来看，旅游景区、基础设施、旅游规模、自然环境等子系统的贡献值分别为0.504、0.497、0.497、0.473；区域经济、旅游效益、旅游企业与社会环境等子系统的贡献值分别为0.445、0.365、0.365、0.347，主导此阶段二者耦合成长是目的地供给方面的子系统，而入境旅游流系统方面的子系统贡献程度相对较低。

从主导两大系统耦合成长的子系统来看，旅游景区子系统中，景区规模与景区效益等要素的贡献值相对较高，分别为0.775、0.555，相应的景区营业收入、景区从业人员劳动生产率等指标的年均环比增长率均在23.5%以上。基础设施子系统中所包含的城市供水、城市交通、邮电通信与污水处理等要素的贡献值均较高，分别为0.740、0.570、0.564与0.482，相应年末供水管道长度、供气管道长度、供气总量、载客汽车数量、公路里程、客运量、旅客周转量、邮电业务总量、移动电话户数等指标的年均环比增长率均高于 4.85%。旅游规模子系统中旅游人次与停留时间的贡献值分别为 0.509、0.485，相较于上述要素的贡献值较小，其相应的国际旅游人次、国际旅游人数环比增长率、国际旅游人数占总游客比重、国际旅游人均停留天数、国际旅游人均停留天数环比增长率、国际人均停留时间等指标的年均环比增长率均值均大于 2.1%，其中国际旅游人次、国际旅游人天数等指标的年均环比增长率均值分别为 12.5%、15.7%。自然环境子系统中所包含的污水处理、城市绿化、“三废”治理等要素的贡献值也相对较高，分别为 0.482、0.633、0.476，上述要素所包含的污水排放量、污水处理量、人均公园绿地面积、园林绿地面积、年末绿化覆盖面积等指标的年均环比增长率均大于 2.7%。此阶段，经历汶川地震与金融危机等特殊事件后，入境旅游虽然受到重创，但同时国家进一步出台促进旅游业发展的意见和政策，保障了入境旅游与目的地的持续建设与发展。

随着入境旅游流与目的地供给系统耦合的发展，两大系统之间的耦合协调程度也逐步提升，两大系统在经历了轻度失调阶段后步入了初级与中度协调发展阶段，主导两大系统耦合成长的子系统与因素的数量、贡献度均有较大提升，两大系统耦合协调发展已经实现由量变到质变的转变。由于阶段内各子系统的贡献程度出现差异，此阶段主导两大系统耦合成长的子系统依次转换为基础设施、区域经济、旅游企业、社会环境、旅游景区、自然环境等目的地供给子系统，其贡献程度较高，而旅游效益与旅游规模等子系统的主导作用相对较小，贡献程度相对较低。从主导此阶段二者耦合成长的子系统贡献值来看，基础设施、区域经济、旅游企业、社会环境、旅游景区、自然环境等子系统的贡献值分别为 0.828、0.772、0.660、0.649、0.626、0.617，旅游规模与旅游效益等子系统的贡献值分别为 0.570、0.511，主导此阶段二者耦合成长是目的地供给方面的子系统，而入境旅游流系统方面的子系统贡献程度相对较低。

从主导两大系统耦合成长的子系统来看，基础设施子系统中所包含的城市供水、城市交通、邮电通信与污水处理等要素的贡献值均较高，分别为0.740、0.570、0.564与0.482，相应年末供水管道长度、供气管道长度、供气总量、载客汽车数量、公路里程、客运量、旅客周转量、邮电业务总量、移动电话户数等指标的年均环比增长率均高于4.85%。区域经济子系统中，经济规模、经济结构、对外贸易等要素对两大系统耦合成长的贡献值均较高，分别为0.807、0.666、0.843，相应的GDP、人均GDP、固定投资、社会消费品零售额、第二产业生产总值、第三产业生产总值、外商实际投资额、进出口总额等指标的年均环比增长率均值均高于6%。旅游企业子系统中，企业效率与企业效益等要素的贡献值均较高，分别为0.892、0.658，相应的旅行社营业收入、旅行社从业人员数量、旅行社数量、星级饭店全员劳动生产率等指标的年均环比增长率均值均高于5%。社会环境子系统中，生活水平、文化环境、社会医疗等子系统的贡献值相对较高，其贡献值分别为0.788、0.649、0.819，相应的城镇居民收入、家庭居民收入、高等学校在校人数、群众艺术馆和文化馆（站）组织文艺活动次数、卫生机构数、卫生机构床位数、卫生技术人员数、刑事案件立案数、火灾事故数等指标的年均环比增长率均高于4.8%。旅游景区子系统中，景区效率与景区效益等要素的贡献值相对较高，分别为0.765、0.863，相应的景区营业收入、景区从业人员劳动生产率等指标的年均环比增长率分别为1.9%、15.1%。自然环境子系统中所包含的污水处理、城市绿化、“三废”治理等要素的贡献值也相对较高，分别为0.855、0.870、0.605，上述要素所包含的污水排放量、污水处理量、人均公园绿地面积、园林绿地面积、工业废气排放量等指标的年均环比增长率均高于1.8%。此阶段，国家出台的相关旅游政策包括，《关于进一步加快发展旅游业促进社会主义文化大发展大繁荣的指导意见》《中华人民共和国旅游法》《国务院关于促进旅游业改革发展的若干意见》等，保证了入境旅游的积极发展与振兴。

5.2 西部城市旅游流与目的地供需耦合演进过程的系统性阐释

5.2.1 西安市入境旅游流与目的地供需耦合演进过程的系统性阐释

从西安市入境旅游流与目的地供需耦合成长曲线的演进过程来看

（见图5－4），入境旅游流与目的地供给两大系统经历了由严重失调至中度失调，并进一步发展至初级协调的过程，而两大系统实现由失调至协调的耦合发展与成长只是表象，两大系统不同耦合成长阶段影响因素与主导子系统的转换才是促进两大系统耦合成长的本质因素。在两大系统不同的耦合成长阶段，由于不同影响因素贡献程度的差异，会导致主导两大系统耦合成长子系统的贡献作用出现波动与涨—落，进而引起不同阶段子系统的转换与变化，并优化系统整体的结构与功能，最终影响两大系统之间的耦合度与耦合协调度。

从西安市入境旅游流与目的地供需耦合成长的演化过程来看，在两大系统耦合的严重与中度失调阶段，影响与主导二者耦合成长的因素与子系统均较少，且主要以入境旅游流系统为主，目的地供给系统相关内容相对较少。由图5－4可知，此阶段主导两大系统耦合成长的主要子系统分别为旅游规模、旅游效益、旅游企业、基础设施与社会环境，其对两大系统耦合成长的贡献值相对较大，贡献值分别为0.423、0.402、0.205、0.188、0.228。而目的地区域经济与自然环境等子系统的贡献值相对较低。从旅游规模子系统来看，旅游人次与停留时间等要素的贡献值相对较高，分别为0.492、0.356，相应的国际旅游人数、国际旅游人天数与人均停留时间的年均环比增长率均值均呈现增长态势，分别为0.93%、2.92%、3.43%。旅游效益子系统方面，旅游收入要素的贡献值相对较高，为0.556，相应的国际旅游收入指标的年均环比增长率均值为6.3%。旅游企业子系统方面，企业效率与企业规模等要素对两大系统的耦合成长贡献值相对较高，分别为0.340、0.229，相应的旅行社固定资产、旅行社全员劳动生产率、旅行社从业人员数量、旅行社数量、星级饭店社固定资产、星级饭店全员劳动生产率、星级饭店从业人员数量、星级饭店数量等指标的年均环比增长率均值均高于6%，其中旅行社数量、星级饭店营业收入、星级饭店全员劳动生产率等指标的年均环比增长率均值分别达到78.3%、48%、65.3%。基础设施子系统方面，城市供水、城市交通等要素对两大系统的耦合成长贡献值相对较大，分别为0.361、0.272，其相应的年末供水管道长度公里、载客汽车数量、公路里程、客运量等指标的年均环比增长率均值均高于4%。社会环境子系统方面文化环境与社会治安等要素对两大系统耦合的成长作用相对较高，分别为0.424、0.246，相应的高等学校在校人数、群众艺术馆和文化馆（站）机构数、群众艺术馆和文化馆（站）展览个数、群众艺术馆和文化馆（站）组织文艺活动次数、刑事案件立案数、交通事故数、火灾事故数等指标的年均环比增长率均值均高于6%，其中群众艺术馆和文化馆（站）组织文艺活动次数指标的年均环比增长率均值高达88.1%。此阶段入境旅游发展受到1997年亚洲金融危机、1998年洪水以及2003年“非典”等事件的影响，对入境旅游收入、人次等关键指标造成深刻的负面影响，但国家通过及时出台的区域旅游发展积极抵消了上述事件对入境旅游发展的消极影响，保障了入境旅游的快速恢复与顺利发展。旅游政策主要包括1995年党的十四届五中全会将旅游业列为“积极发展”新兴产业的首要对象，1998年中央经济工作会议决定将旅游业作为国民经济新的增长点，以及2001年《国务院关于进一步加快旅游业发展的通知》等。

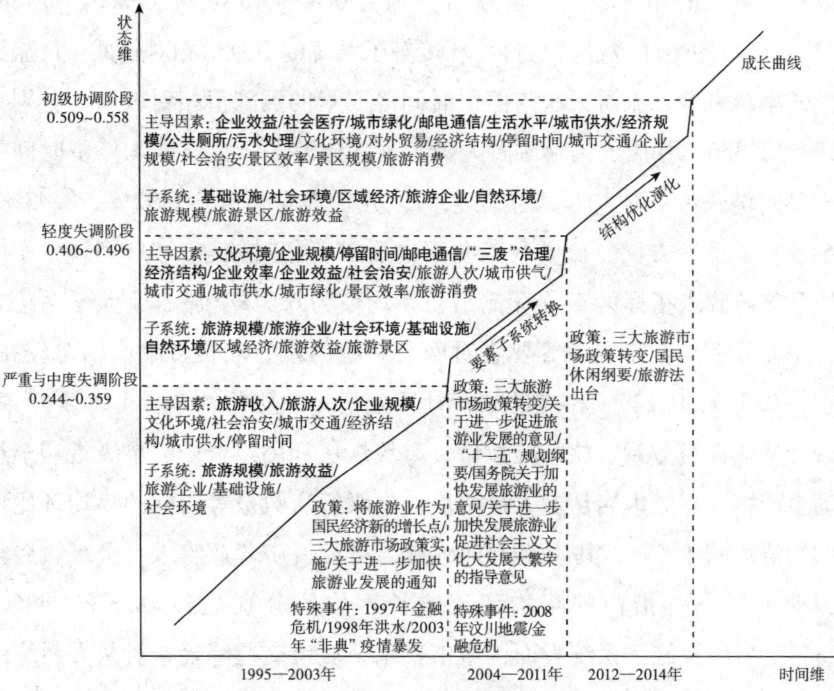

图5-4　西安市入境旅游流与目的地供需耦合成长曲线演进过程

注：图中加粗字体表示贡献值较大的子系统与主导因素。

经过严重与中度失调阶段的磨合与发展，西安市入境旅游流与目的地供需耦合成长进入轻度失调阶段，该阶段由于前期的发展基础积累与国家政策的积极扶持，影响两大系统耦合成长的主导因素与子系统的数量均有所增加，且各主导因素与子系统的贡献值也有较大提升，但由于各影响因素与子系统的贡献值出现差异，导致影响此阶段的因素与子系统出现转换与变化，并最终影响两大系统的耦合协调度。此阶段主导两大系统耦合成长的子系统包括旅游规模、旅游企业、社会环境、基础设施、自然环境与区域经济，从主导子系统的对两大系统的贡献程度来看，旅游规模、旅游企业与社会环境三者贡献较大，贡献值分别为 0.552、0.548、0.455，而基础设施、自然环境与区域经济三大子系统对两大系统的贡献值均相对较低，其贡献值分别为 0.442、0.420、0.376，可见主导此阶段二者耦合成长的依然是入境旅游流系统和目的地旅游景区与旅游企业供给子系统等内生性因素，目的地其余子系统的贡献程度相对较小。

此阶段从旅游规模子系统来看，旅游人次与停留时间等要素对两大系统耦合成长的贡献值相对较高，分别为 0.450、0.655，相应的国际旅游人次、国际旅游人天数、国际人均停留时间等指标的年均环比增长率均值均高于 1.7%，其中国际旅游人次与国际旅游人天数的年均环比增长率均值分别为 8.6%、9.3%。从旅游企业子系统来看，企业规模、企业效益、企业效率等要素对二者耦合成长的贡献值分别为 0.655、0.467、0.522，相应的旅行社营业收入、旅行社全员劳动生产率、旅行社从业人员数量、旅行社数量、星级饭店社固定资产、星级饭店营业收入、星级饭店全员劳动生产率、星级饭店从业人员数量等指标的年均环比增长率均值均高于 1.8%，其中星级饭店营业收入、全员劳动生产率等指标的年均环比增长率均值分别为 30.1%、45.6%。从社会环境子系统来看，文化环境与社会治安等要素对两大系统的耦合成长贡献值分别为 0.687、0.450，相应的高等学校在校人数、群众艺术馆和文化馆（站）展览个数、群众艺术馆和文化馆（站）组织文艺活动次数、刑事案件立案数等指标的年均环比增长率均值均高于 8.9%。从目的地基础设施子系统来看，城市供水、城市供气、城市交通、邮电通信等要素对两大系统耦合成长的贡献值分别为 0.390、

0.403、0.395、0.578，相应的供水管道长度、载客汽车数量、供气管道长度、公路里程、客运量、旅客周转量、邮电业务总量、移动电话数、互联网用户数等关键指标的年均环比增长率均在4.3%以上，其中供气管道长度、移动电话数、互联网用户数年均环比增长率均值高达8.3%。从自然环境子系统来看，污水排放量、污水处理量、污水处理率、人均公园绿地面积、建成区绿化覆盖率、年末绿化覆盖面积、公共厕所等指标的年均环比增长率基本高于2.4%，其中，污水处理量年均环比增长率均值高达25%以上。从区域经济子系统来看，经济规模与经济结构等要素对两大系统耦合成长的贡献值相对较高，分别为0.343、0.541，相应的GDP、人均GDP、固定投资、社会消费品零售额、第二产业生产总值、第三产业生产总值、外商实际投资额、进出口总额等指标的年均环比增长率均值均高于16.9%，其中固定投资、外商实际投资、进出口总额等指标的年均环比增长率均值分别为27.2%、36%、22.9%。此阶段，经历了2008年经济危机等特殊事件，对入境旅游的发展造成了冲击，针对入境旅游萎靡不振的发展趋势，国家相继出台了《国务院关于加快发展旅游业的意见》《关于进一步加快发展旅游业促进社会主义文化大发展大繁荣的指导意见》等政策，保障了入境旅游的回升与发展。

随着入境旅游流与目的地建设的快速发展，两大系统之间的耦合协调程度也逐步提升，两大系统在经历了轻度失调阶段后步入了初级协调发展阶段，主导两大系统耦合成长的子系统与因素的数量、贡献度均有较大提升，两大系统耦合协调发展已经实现由量变到质变的转变。由于阶段内各子系统的贡献程度出现差异，此阶段主导两大系统耦合成长的子系统转换为基础设施、社会环境、区域经济、旅游企业与自然环境等目的地供给子系统，其贡献程度较高，而旅游规模、旅游景区与旅游效益等入境旅游流子系统的主导作用相对较小，贡献程度相对较低。从主导此阶段二者耦合成长的子系统贡献值来看，基础设施、社会环境、区域经济、旅游企业与自然环境等子系统的贡献值分别为0.835、0.804、0.795、0.793、0.775，旅游规模、旅游景区与旅游效益等子系统的贡献值相对较低，分别为0.589、0.415、0.556，主导此阶段二者耦合成长的主要是目的地供给方面的子系统，而入境旅游流系统方面的子系统贡献程度相对较低。

从主导两大系统耦合成长的子系统来看，基础设施子系统中所包含的城市供水、城市供气、城市交通与邮电通信等要素的贡献值均较高，分别为0.850、0.867、0.715与0.906，相应的全年供水总量、年末供水管道长度、载客汽车数量、客运总量、移动电话数量、互联网用户数等指标的年均环比增长率均高于4.5%，其中载客汽车数量与互联网用户数等指标的年均环比增长率均值分别高达21.5%、18%。社会环境子系统中生活水平、文化环境、社会医疗等要素的贡献值分别为0.894、0.817、0.916，其所包含的城镇居民收入、家庭居民收入、群众艺术馆和文化馆（站）展览个数、群众艺术馆和文化馆（站）组织文艺活动次数、卫生机构床位数、卫生技术人员数、刑事案件立案数、火灾事故等指标的年均环比增长率均值均高于6.5%。区域经济子系统中经济规模、经济结构、对外贸易等要素的贡献值分别为0.848、0.760、0.777，上述要素所包含的GDP、人均GDP、固定投资、社会消费品零售额、第二产业生产总值、第三产业生产总值、外商实际投资额与进出口总额等指标的年均环比增长率均值均高于8%。旅游企业子系统中企业规模、企业效益、企业效率等要素的贡献值分别为0.629、0.828、0.922，其相应的旅行社营业收入、旅行社从业人员数量、星级饭店社固定资产、星级饭店营业收入、星级饭店从业人员数量、星级饭店数量等指标的年均环比增长率均高于11.1%，其中星级饭店数量等指标的年均环比增长率均值高于40%。自然环境子系统中所包含的污水处理、城市绿化、公共厕所等要素的贡献值也相对较高，分别为0.836、0.917、0.824，上述要素所包含的污水排放量、污水处理量、人均公园绿地面积、园林绿地面积、年末绿化覆盖面积等指标的年均环比增长率均高于4.8%，其中污水处理量、公共厕所等指标年均环比增长率分别高达16.2%、16.3%。此阶段国家出台了《中华人民共和国旅游法》《国务院关于促进旅游业改革发展的若干意见》《关于贯彻党的十八届四中全会精神全面推进依法兴旅、依法治旅的意见》等政策，进一步保障了入境旅游的快速发展。

5.2.2 成都市入境旅游流与目的地供需耦合演进过程的系统性阐释

从成都市入境旅游流与目的地供需耦合成长曲线的演进过程来看（见图5-5），入境旅游流与目的地供给两大系统经历了由严重失调至中度失调，并进一步发展至初级协调的过程，而两大系统实现由失调至协调的耦合发展与成长只是表象，两大系统不同耦合成长阶段影响因素与主导子系统的转换才是促进两大系统耦合成长的本质因素。在两大系统不同的耦合成长阶段，由于不同影响因素贡献程度的差异，会导致主导两大系统耦合成长子系统的贡献作用出现波动与涨—落，进而引起不同阶段子系统的转换与变化，并优化系统整体的结构与功能，最终影响两大系统之间的耦合度与耦合协调度。

从成都市入境旅游流与目的地供需耦合成长的演化过程来看，在两大系统耦合的严重失调阶段，影响与主导二者耦合成长的因素与子系统均较少，且主要以入境旅游流系统为主，目的地供给系统相关内容较少。由图5-5可知，此阶段主导两大系统耦合成长的子系统包括旅游效益、旅游规模、旅游企业与基础设施等，其对两大系统耦合的贡献程度相对较高，贡献值分别为0.401、0.235、0.162、0.115，而目的地旅游景区、自然环境与社会环境等子系统的贡献值相对较小，贡献值仅维持在0.1左右。从旅游效益子系统来看，旅游收入与旅游消费等要素对两大系统耦合成长的贡献值分别为0.423、0.379，相应的国际旅游收入、国际旅游人均环比增长率等指标的年均环比增长率均值分别高于13.4%、2.7%。从旅游规模子系统来看，旅游人次与停留时间等要素对两大系统耦合成长的贡献值相对较高，分别为0.231、0.239，相应的国际旅游人次、国际旅游人数环比增长率、国际旅游人数占总游客比重、国际旅游人天数、国际旅游人天数环比增长率、国际人均停留时间等指标的年均环比增长率均值均高于5.5%，其中国际旅游人天数及其增长率均值均高于27.9%。旅游企业子系统方面，企业规模要素对两大系统耦合成长的贡献值较大，为0.348，相应的旅行社固定资产、旅行社从业人员数量、星级饭店社固定资产等指标的年均环比增长率均值均高于44%。从基础设施子系统来看，城市交通要素对两大系统耦合成长的贡献值相对较高，达到 0.257，相应的载客汽车数量、公路里程、客运量、旅客周转量等指标的年均环比增长率均值均高于 9.4%。旅游政策方面，1995 年党的十四届五中全会将旅游业列为“积极发展”新兴产业的首要对象，1998 年中央经济工作会议决定将旅游业作为国民经济新的增长点等的实施保障并刺激了入境旅游的快速恢复与持续发展。

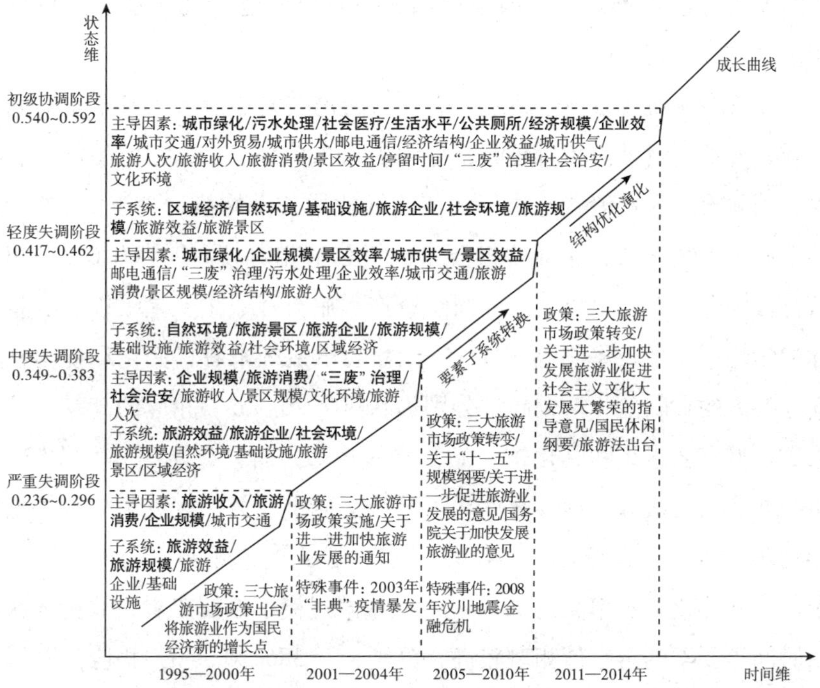

图 5-5　成都入境旅游流与目的地供需耦合成长曲线演进过程

注：图中加粗字体表示贡献值较大的子系统与主导因素。

经过严重失调阶段的初期磨合，成都市入境旅游流与目的地供需耦合成长进入中度失调阶段。该阶段由于前期的发展基础积累与国家政策的积极扶持，影响两大系统耦合成长的主导因素与子系统的数量均有所增加，且各主导因素与子系统的贡献值也有较大提升，但由于各影响因素与子系统的贡献值出现差异，导致影响此阶段的因素与子系统出现转换与变化，并最终影响两大系统的耦合协调度。此阶段主导两大系统耦合成长的子系统包括旅游效益、旅游企业、社会环境、旅游规模、自然环境、基础设施、旅游景区等，从主导子系统的对两大系统的贡献程度来看，旅游效益、旅游企业、社会环境、旅游规模四者贡献较大，贡献值分别为0.469、0.332、0.322、0.313，而自然环境、基础设施、旅游景区、区域经济四大子系统对两大系统的贡献值均相对较低，其贡献值分别为0.294、0.284、0.235、0.150，可见主导此阶段二者耦合成长的依然是入境旅游流系统与目的地旅游景区子系统等内生性因素，而目的地其余子系统的贡献程度较小。

此阶段从旅游效益子系统来看，旅游消费与旅游收入等要素对两大系统耦合成长的贡献值相对较高，分别为0.528、0.410，相应的国际旅游收入、国际旅游人均消费等指标的年均环比增长率均值均高于2.5%。从旅游企业子系统来看，企业规模要素的贡献值相对较高，为0.639，相应的旅行社固定资产、星级饭店社固定资产、旅行社数量、星级饭店数量等指标的年均环比增长率均高于4.1%。社会子系统来看，文化环境与社会治安等要素的贡献值相对较高，分别为0.407、0.463，相应的高等学校在校人数、群众艺术馆和文化馆（站）展览个数、群众艺术馆和文化馆（站）组织文艺活动次数、刑事案件立案数、交通事故数、火灾事故数等指标的年均环比增长率均值均高于4.2%，其中群众艺术馆和文化馆（站）展览个数年均环比增长率高达72.1%。从旅游规模子系统来看，旅游人次与停留时间等要素的贡献值相对较高，分别为0.386、0.240，相应的国际旅游人次、国际旅游人数环比增长率、国际旅游人数占总游客比重、国际旅游人均停留天数、国际旅游人均停留天数环比增长率等指标的年均环比增长率均高于7.2%。其余子系统对二者耦合成长的贡献值相对较小，同时此阶段，经历“非典”等特殊事件后，入境旅游得到快速恢复，同时国家进一步出台促进旅游业发展的意见，以及《关于在旅游业恢复与振兴中进一步规范和整顿旅游市场秩序的通知》，跟进与保障了入境旅游与目的地的持续建设与发展。

随着入境旅游流与目的地建设的快速发展，两大系统之间的耦合协调程度也逐步提升，两大系统在经历了中度失调阶段后步入了轻度失调发展阶段，主导两大系统耦合成长的子系统与因素的数量贡献度均有较大提升。由于阶段内各子系统的贡献程度出现差异，此阶段主导两大系统耦合成长的子系统转换为自然环境、旅游景区、旅游企业与基础设施等目的地供给子系统，其贡献程度较高，而旅游效益、旅游规模、区域经济与社会环境等子系统的主导作用相对较小，贡献程度相对较低。从主导此阶段二者耦合成长的子系统贡献值来看，自然环境、旅游景区、旅游企业与基础设施等子系统的贡献值分别为 0.606、0.589、0.570、0.565，旅游效益、旅游规模、区域经济与社会环境等子系统的贡献值分别为 0.387、0.333、0.331、0.361，主导此阶段二者耦合成长是目的地供给方面的子系统，其他子系统贡献程度相对较低。

从主导两大系统耦合成长的子系统来看，自然环境子系统中所包含的污水处理、城市绿化、公共厕所与“三废”治理等要素的贡献值也相对较高，分别为 0.590、0.782、0.436、0.617，上述要素所包含的污水排放量、污水处理量、污水处理率、人均公园绿地面积、建成区绿化覆盖率、园林绿地面积、年末绿化覆盖面积、公共厕所、工业废气排放量、工业固体废物产生量等指标的年均环比增长率均高于 1.6%，其中人均公园绿地面积与公共厕所等指标的年均环比增长率分别高达 7.6%、9.6%。旅游景区子系统中，景区规模、景区效益、景区效率等要素的贡献值相对较高，分别为 0.470、0.620、0.677，相应的景区营业收入与景区全员劳动生产率均高于 20%。旅游企业子系统中，企业规模、企业效益、企业效率等要素的贡献值分别为 0.792、0.537、0.380，其相应的旅行社营业收入、旅行社全员劳动生产率、星级饭店社固定资产、星级饭店营业收入、星级饭店全员劳动生产率等指标的年均环比增长率均高于 7.4%，其中星级饭店固定资产、星级饭店劳动生产率等指标的年均环比增长率均值高于 14.5%。基础设施子系统中所包含的城市供水、城市供气、城市交通与邮电通信等要素的贡献值均较高，分别为 0.455、0.642、0.536 与 0.628，相应的全年供水总量、年末供水管道长度、供气管道长度、铁路里程、公路里程、载客汽车数量、客运总量、旅客周转量、邮电业务总量、移动电话数量、互联网用户数等指标的年均环比增长率均高于 3.6%，其中供气管道长度、载客汽车数量、邮电业务总量等指标的年均环比增长率分别达到26.6%、24.2%、42.3%。此阶段，受2008年经济危机与汶川地震的影响，入境旅游受损严重，但国家及时出台了《中华人民共和国国民经济和社会发展第十一个五年规划纲要》《关于大力发展入境旅游的指导意见》《关于进一步促进旅游业发展的意见》《国务院关于加快发展旅游业的意见》等政策，保障了入境旅游的发展与恢复。

随着入境旅游流与目的地建设的快速发展，两大系统之间的耦合协调程度也逐步提升，两大系统在经历了轻度失调阶段后步入了初级协调发展阶段，主导两大系统耦合成长的子系统与因素的数量、贡献度均有较大提升，两大系统耦合协调发展已经实现由量变到质变的转变。由于阶段内各子系统的贡献程度出现差异，此阶段主导两大系统耦合成长的子系统转换为区域经济、基础设施、自然环境、旅游企业与社会环境等目的地供给子系统，其贡献程度较高，而旅游规模、旅游景区与旅游效益等入境旅游流子系统的主导作用相对较小，贡献程度相对较低。从主导此阶段二者耦合成长的子系统贡献值来看，区域经济、基础设施、自然环境、旅游企业与社会环境等子系统的贡献值分别为0.816、0.785、0.799、0.683、0.673，旅游规模、旅游景区与旅游效益等子系统的贡献值分别为0.554、0.235、0.580，主导此阶段二者耦合成长是目的地供给方面的子系统，而入境旅游流系统方面的子系统贡献程度相对较低。

从主导两大系统耦合成长的子系统来看，区域经济子系统中经济规模、经济结构、对外贸易等要素的贡献值分别为0.855、0.762、0.833，上述要素所包含的GDP、人均GDP、固定投资、社会消费品零售额、第二产业生产总值、第三产业生产总值、外商实际投资额与进出口总额等指标的年均环比增长率均值均高于10%。基础设施子系统中所包含的城市供水、城市供气、城市交通与邮电通信等要素的贡献值均较高，分别为0.803、0.707、0.833、0.797，相应的全年供水总量、年末供水管道长度、供气管道长度、载客汽车数量、客运总量、旅客周转量、邮电业务总量、移动电话数量、互联网用户数等指标的年均环比增长率均高于2.9%。自然环境子系统中所包含的污水处理、城市绿化、公共厕所、“三废”治理等要素的贡献值也相对较高，分别为 0.888、0.945、0.843、0.517，上述要素所包含的污水排放量、污水处理量、园林绿地面积、年末绿化覆盖面积、公共厕所等指标的年均环比增长率均高于 4.5%，其中公共厕所年均环比增长率高达 10%。旅游企业子系统中企业规模、企业效益、企业效率等要素的贡献值分别为 0.447、0.836、0.765，其相应的旅行社固定资产、旅行社从业人员数量等指标的年均环比增长率分别高达 232%、136%。社会环境子系统中生活水平、文化环境、社会医疗、社会治安等要素的贡献值分别为 0.850、0.504、0.883、0.453，其所包含的城镇居民收入、家庭居民收入、高等学校在校人数、群众艺术馆和文化馆（站）组织文艺活动次数、卫生机构数、卫生机构床位数、卫生技术人员数等指标的年均环比增长率均值均高于 3.4%。此阶段，国家出台的旅游政策包括《关于进一步加快发展旅游业促进社会主义文化大发展大繁荣的指导意见》《关于鼓励和引导民间资本投资旅游业的实施意见》《中华人民共和国旅游法》《国务院关于促进旅游业改革发展的若干意见》，以及《关于贯彻党的十八届四中全会精神全面推进依法兴旅、依法治旅的意见》等，积极引导入境旅游的进一步发展。

5.2.3　昆明市入境旅游流与目的地供需耦合演进过程的系统性阐释

从昆明市入境旅游流与目的地供需耦合成长曲线的演进过程来看（见图 5－6），入境旅游流与目的地供给两大系统经历了由严重失调至中度失调，并进一步发展至初级协调的过程，而两大系统实现由失调至协调的耦合发展与成长只是表象，两大系统不同耦合成长阶段影响因素与主导子系统的转换才是促进两大系统耦合成长的本质因素。在两大系统不同的耦合成长阶段，由于不同影响因素贡献程度的差异，会导致主导两大系统耦合成长子系统的贡献作用出现波动与涨一落，进而引起不同阶段子系统的转换与变化，并优化系统整体的结构与功能，最终影响两大系统之间的耦合度与耦合协调度。

从昆明市入境旅游流与目的地供需耦合成长的演化过程来看，在两大系统耦合的严重与中度失调阶段，影响与主导二者耦合成长的因素与子系统均较少，且主要以入境旅游流系统为主，目的地供给系统相关内容较少。由图5－6可知，此阶段主导两大系统耦合成长的子系统主要包括旅游规模、旅游效益、旅游企业与社会环境，其对两大系统耦合成长的贡献值相对较高，分别为0.367、0.294、0.233、0.202，旅游景区、区域经济、基础设施、自然环境等子系统的贡献值相对较小，均维持在0.1～0.2。可见此阶段主导二者耦合成长演化的子系统以入境旅游流为主，目的地各子系统的贡献值相对较小。

从旅游规模子系统来看，旅游人次与停留时间等要素对两大系统的耦合贡献值相对较高，分别为0.416、0.317，相应的国际旅游人次、国际旅游人数环比增长率、国际旅游收入、国际旅游人均停留天数、国际旅游人均停留天数环比增长率等指标的年环比增长率均值均高于4.8%。从旅游效益子系统来看，旅游收入与旅游消费等要素对两大系统耦合的贡献值相对较高，分别为0.333、0.256，相应的国际旅游收入、国际旅游人均消费与国际旅游人均消费环比增长率均值均高于2.2%。从旅游企业子系统来看，企业规模要素对两大系统耦合成长的贡献值较高，为0.393，相应的旅行社固定资产、从业人员数量、星级饭店社固定资产、星级饭店从业人员数量、星级饭店数量等指标的年均环比增长率均值均高于10.8%，其中旅行社固定资产年均环比增长率均值高达266%。从社会环境子系统来看，文化环境与社会治安等要素对两大系统耦合成长的贡献值相对较高，分别为0.291、0.266，相应的高等学校在校人数、群众艺术馆和文化馆（站）展览个数、群众艺术馆和文化馆（站）组织文艺活动次数、刑事案件立案数、交通事故数等指标的年均环比增长率均值均高于3.4%，其中高等学校在校人数年均环比增长率均值高达17.4%。在此期间，1997年亚洲金融危机、1998年洪水以及2003年“非典”对入境旅游造成严重的负面影响，但国际积极出台了相关旅游政策，包括党的十四届五中全会将旅游业列为“积极发展”新兴产业的首要对象、中央经济工作会议决定将旅游业作为国民经济新的增长点、《国务院关于进一步加快旅游业发展的通知》《关于在旅游业恢复与振兴中进一步规范和整顿旅游市场秩序的通知》等政策，进一步保障并刺激了入境旅游的快速恢复与持续发展。

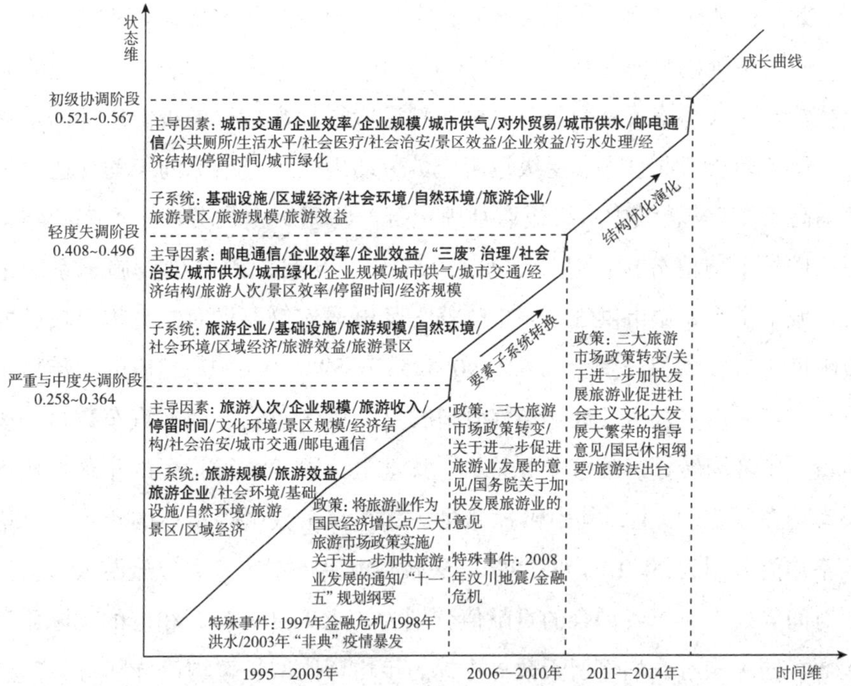

图5－6 昆明市入境旅游流与目的地供需耦合成长曲线演进过程

注：图中加粗字体表示贡献值较大的子系统与主导因素。

经过严重与中度失调阶段的磨合与发展，昆明市入境旅游流与目的地供需耦合成长进入轻度失调阶段，该阶段由于前期的发展基础积累与国家政策的积极扶持，影响两大系统耦合成长的主导因素与子系统的数量均有所增加，且各主导因素与子系统的贡献值也有较大提升，但由于各影响因素与子系统的贡献值出现差异，导致影响此阶段的因素与子系统出现转换与变化，并最终影响两大系统的耦合协调度。此阶段主导两大系统耦合成长的子系统包括旅游企业、基础设施、旅游规模、自然环境、社会环境、区域经济、旅游效益与旅游景区，从主导子系统的对两大系统的贡献程度来看，旅游企业、基础设施、旅游规模、自然环境、社会环境、区域经济等子系统的贡献值相对较大，贡献值分别为0.633、0.608、0.455、0.447、0.444、0.422，而旅游效益与旅游景区等子系统对两大系统的贡献值均相对较低，其贡献值分别为0.233、0.190，可见主导此阶段二者耦合成长的子系统以目的地供给子系统为主，而如入境旅游子系统的贡献程度较小。

此阶段从旅游企业子系统来看，企业规模、企业效益、企业效率等要素对两大系统耦合成长的贡献值分别为0.563、0.647、0.688，相应的旅行社营业收入、旅行社全员劳动生产率、旅行社数量、星级饭店社固定资产、星级饭店营业收入、星级饭店全员劳动生产率等指标的年均环比增长率均高于4.7%，其中星级饭店社固定资产与星级全员劳动生产率的年均环比增长率均值分别高达19.6%、22.3%。从目的地基础设施子系统来看，城市供水、城市供气、城市交通、邮电通信等要素对二者耦合成长的贡献值相对较高，分别为0.621、0.525、0.598、0.690，相应的全年供水总量、年末供水管道长度、供气管道长度、供气总量、载客汽车数量、客运量、旅客周转量、邮电业务总量、移动电话数等关键指标的年均环比增长率均在2.5%以上，其中供气总量、载客汽车数量等指标的年均环比增长率均值分别为20.4%、21.9%。从旅游规模子系统来看，旅游人次与停留时间等要素对二者耦合的贡献值分别为0.462、0.449，相应的国际旅游人数、国际旅游人均停留天数等指标的年均环比增长率均值分别为5.2%、6.4%。从自然环境子系统来看，城市绿化与“三废”治理等要素的贡献值相对较高，分别为0.584、0.622，相应的人均公园绿地面积、建成区绿化覆盖率、园林绿地面积、年末绿化覆盖面积、工业固体废物产生量等指标的年均环比增长率基本高于5.5%。其中，除人均公园绿地面积指标外，其余指标年均环比增长率均值均高于10%。从社会子系统来看，生活水平与社会治安等要素对两大系统耦合成长的贡献值相对较高，分别为0.401、0.618，相应的城镇居民收入、家庭居民收入、交通与火灾事故等指标的年均环比增长率均值均高于11.5%。从区域经济子系统来看，经济规模、经济结构、对外贸易等要素对两大系统耦合成长的贡献值分别为0.419、0.497、0.351，相应的GDP、人均GDP、固定投资、社会消费品零售额、第二产业生产总值、第三产业生产总值、外商实际投资额、进出口总额等指标的年均环比增长率均值均高于14.3%。此阶段，经历了2008年的金融危机，入境旅游受到重创，同时《关于大力发展入境旅游的指导意见》《关于进一步促进旅游业发展的意见》《国务院关于加快发展旅游业的意见》等政策，保障了入境旅游与目的地的持续建设与发展。

随着入境旅游流与目的地建设的快速发展，两大系统之间的耦合协调程度也逐步提升，两大系统在经历了轻度失调阶段后步入了初级协调发展阶段，主导两大系统耦合成长的子系统与因素的数量、贡献度均有较大提升，两大系统耦合协调发展已经实现由量变到质变的转变。由于阶段内各子系统的贡献程度出现差异，此阶段主导两大系统耦合成长的子系统转换为基础设施、区域经济、社会环境、自然环境与旅游企业等目的地供给子系统，其贡献程度较高，而旅游规模、旅游景区与旅游效益等入境旅游流子系统的主导作用相对较小，贡献程度相对较低。从主导此阶段二者耦合成长的子系统贡献值来看，基础设施、区域经济、社会环境、自然环境与旅游企业等子系统的贡献值分别为 0. 888、0. 831、0. 791、0. 754、0. 712，旅游规模、旅游景区与旅游效益等子系统的贡献值分别为 0. 596、0. 405、0. 597，主导此阶段二者耦合成长是目的地供给方面的子系统，而入境旅游流系统方面的子系统贡献程度相对较低。

从主导两大系统耦合成长的子系统来看，基础设施子系统中所包含的城市供水、城市供气、城市交通与邮电通信等要素的贡献值均较高，分别为 0. 872、0. 884、0. 917、0. 877，相应的全年供水总量、载客汽车数量、铁路里程、邮电业务总量、旅客周转量、移动电话数量、互联网用户数等指标的年均环比增长率均大于 4. 9%。区域经济子系统中经济规模、经济结构、对外贸易等要素的贡献值分别为 0. 894、0. 722、0. 876，上述要素所包含的 GDP、人均 GDP、固定投资、社会消费品零售额、第二产业生产总值、第三产业生产总值、外商实际投资额与进出口总额等指标的年均环比增长率均值均大于 6. 3%。自然环境子系统中所包含的污水处理、城市绿化、公共厕所、“三废”治理等要素的贡献值也相对较高，分别为 0. 766、0. 708、0. 890、0. 653，上述要素所包含的污水排放量、污水处理量、人均公园绿地面积、园林绿地面积、年末绿化覆盖面积、公共厕所等指标的年均环比增长率均高于 5. 2%，其中年污水排放量年均环比增长率高达 17. 6%。社会环境子系统中生活水平、文化环境、社会医疗、社会治安等要素的贡献值分别为 0. 878、0. 579、0. 857、0. 849，其所包含的城镇居民收入、家庭居民收入、高等学校在校人数、群众艺术馆和文化馆

（站）展览个数、群众艺术馆和文化馆（站）组织文艺活动次数、卫生机构数、卫生机构床位数、卫生技术人员数等指标的年均环比增长率均值均大于6.4%，其中群众艺术馆和文化馆（站）展览个数、群众艺术馆和文化馆（站）组织文艺活动次数等指标的年均环比增长率均值分别高达52.5%、42.1%。旅游企业子系统中企业规模、企业效益、企业效率等要素的贡献值分别为0.456、0.781、0.897，其相应的旅行社数量、星级饭店社固定资产、星级饭店营业收入、星级饭店全员劳动生产率、星级饭店从业人员数量等指标的年均环比增长率均大于4.3%，其中旅行社固定资产、旅行社数量、星级饭店从业人员数量等指标的年均环比增长率均值大于16%。此阶段在经历了金融危机后，入境旅游发展处于徘徊恢复成长阶段，国家出台的相关旅游政策包括《关于进一步加快发展旅游业促进社会主义文化大发展大繁荣的指导意见》《关于鼓励和引导民间资本投资旅游业的实施意见》《中华人民共和国旅游法》《国务院关于促进旅游业改革发展的若干意见》以及《关于贯彻党的十八届四中全会精神全面推进依法兴旅、依法治旅的意见》等，为促进入境旅游发展提供了顶层设计。

5.3 入境旅游流与目的地耦合演进的驱动机制分析

从系统论角度来看，入境旅游流与目的地供需耦合的演进过程是一种复杂的自组织现象，在二者自组织演化的过程中受系统内部要素与子系统的变化以及外部宏观环境因素的影响，使得二者的耦合演化过程呈现出不同的涨—落现象，并通过不同阶段系统内部要素与子系统的转换与变化，优化两大系统的结构与功能，最终实现两系统由低质耦合到高质耦合的成长演化。本章基于第4章对六大旅游典型城市入境旅游流与目的地系统耦合的成长过程特征与影响因素的系统性分析，立足内外因与成长性视角，提出了入境旅游流与目的地供需耦合演进的驱动力。其中，内外因包括内部驱动力与外部驱动力，成长动因包含发展驱动力与原生驱动力，进而形成六大城市入境旅游流与目的地系统耦合成长曲线的驱动机制（见图5－7），以深刻理解与把握不同城市两大系统耦合成长曲线背后深层次原因，更加准确与科学地理解六大典型旅游城市两大系统耦合的成长过程。

通过对六大城市两大供需耦合演进的系统性剖析发现，游客需求是引致旅游流与目的地供需耦合演进的发展驱动力（见图 5 – 7）。入境旅游流与目的地供给供需耦合成长现象的发生，主要基于游客的内生期望、动机与需求引起的规模效应。从六大城市耦合成长的过程来看，在严重与中度失调阶段，六大城市入境旅游系统是主导两大系统耦合成长的主导因素，随后在国家政策的影响下，目的地供给系统开始逐步进行积极响应，而后两大系统耦合的成长过程才逐步发展与协调。正是强大的游客需求，引致并推动了旅游流与目的地耦合现象的发展与演化。

入境旅游需求与目的地供给的自组织发展与动态演化是决定二者耦合成长曲线的原生驱动力（见图 5 – 7）。从六大城市入境旅游流与目的地供给耦合成长的演化过程来看，随着入境游客可支配收入与闲暇时间的增加，旅游需求量迅速扩大以及需求市场地位的变化，在市场调节的影响下，必然引起目的地供给系统的要素与子系统在不同发展阶段发生转换，并对旅游需求主动做出积极响应。伴随着不同阶段入境旅游与目的地发展水平的差异，必然导致不同阶段目的地供给要素与子系统的差异与转换，并对旅游需求的响应程度造成影响。同时，入境旅游流系统中需求规模的扩大、旅游效益的提升、目的地系统中基础设施的完善、产业与经济结构的转变，以及社会与自然环境的塑造强化，在市场调节这只“看不见的手”的影响下，共同驱动二者耦合成长曲线的演进与发展。

入境旅游流与目的地系统内部因素与子系统在不同发展阶段的转换与变化是影响二者耦合成长的内部驱动力（见图 5 – 7）。从六大旅游城市两大系统耦合成长过程来看，两大系统内部要素与子系统发展水平的此消彼长，使得不同发展阶段各因素与子系统发挥的功能与作用不同，并进一步优化两大系统内部要素与子系统的功能和组合结构，推动并导致旅游流与目的地系统耦合成长的优化升级。在旅游流与目的地耦合成长的过程中，随着两大系统结构与要素的优化演化，二者的耦合协调度也出现涨—落波动现象。从图 5 – 1 至图 5 – 6 来看，在旅游流与目的地系统耦合成长的严重失调阶段，主导两大系统耦合成长的因素集中在入境旅游流系统以及目的地旅游景区、企业等内生性因素与子系统方面，目的地其他各要素与子系统供给水平不突出，二者的状态为低质耦合，在随后的不同演化阶段，主导二者系统演化的因素与子系统逐渐变换，数量也渐进增加，驱动入境旅游需求与目的地供给结构不断进行优化，两大系统耦合的质量也不断提升，最终实现两大系统的耦合由严重失调到中级协调的嬗变。

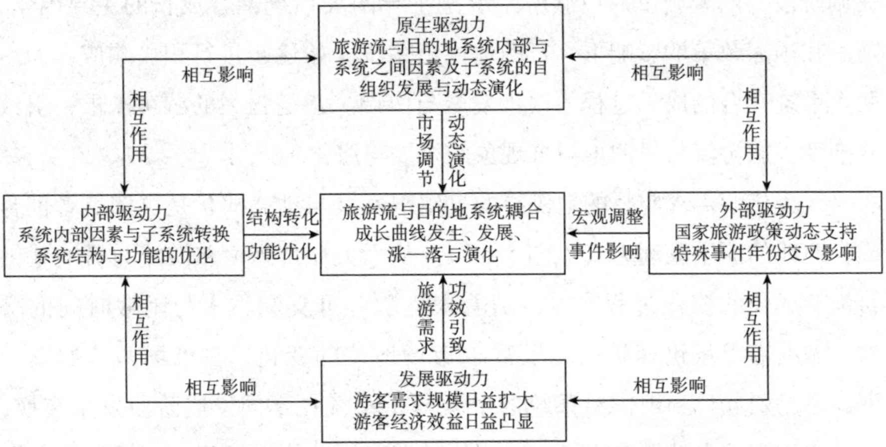

图 5-7　入境旅游流与目的地系统耦合成长驱动机制

国家政策的动态支持与特殊事件年份的出现是影响二者耦合成长的外部驱动力（见图 5-7）。入境旅游流与目的地系统的自组织耦合演化离不开外部宏观环境的影响，国家政策是影响旅游需求与目的地供给发展的重要支持条件，也是国家宏观调控这只“看得见的手”的外在表现，特殊事件年份则是影响二者耦合协调度波动变化的转折点，也是旅游业脆弱性的外在表现。从图 5-1 至图 5-6 来看，1998 年的洪灾、2003 年的“非典”疫情、2008 年的汶川地震与金融危机均对旅游需求造成了负面影响，导致旅游需求不同程度的下跌，致使旅游流与目的地系统耦合成长曲线发生偏离。与之伴随的是国家及时出台系列旅游政策，积极削弱特殊事件年份对旅游需求的负面影响，并进一步刺激、引导与影响旅游需求向积极的方向演化，一系列重要政策与意见包括 1995 年党的十四届五中全会将旅游业列为“积极发展”新兴产业的首要对象，1998 年中央经济工作会议决定将旅游业作为国民经济新的增长点，2001 年《国务院关于进一步加快旅游业发展的通知》、2005 年出台的《国民经济和社会发展第十一个五年规划纲要》、2009 年《国务院关于加快发展旅游业的意见》、2011 年《关于进一步加快发展旅游业促进社会主义文化大发展大繁荣的指导意见》，以及《关于大力发展入境旅游的指导意见》等。在特殊事件年份与旅游政策的共同驱动下，旅游流与目的地耦合成长曲线呈现峰谷波动的涨—落发展特征。

5.4　本章小结

本章尝试从系统论角度，首先，对六大典型旅游城市不同发展阶段入境旅游流与目的地供需耦合影响因素与子系统的转换优化过程进行回溯式阐释分析，厘清了六大典型城市两大系统不同耦合成长阶段的历时性子系统的转换过程与发展路径；其次，在透视六大城市两大系统不同耦合阶段所主导因素与子系统的基础上，提出了六大城市入境旅游流与目的地供需耦合成长的驱动机制。主要结论如下：

北京市两大系统耦合呈现严重失调—中度失调—轻度失调—初级协调的演进特征。路径如下：严重与中度失调阶段，影响两大系统耦合成长的主要子系统以旅游效益、旅游规模为主。轻度失调阶段，影响两大系统耦合成长的主要子系统演变为旅游规模、旅游企业、旅游景区。初级协调阶段，支配两大系统耦合成长的主要子系统转换为基础设施、自然环境、区域经济与旅游企业。

上海市两大系统耦合呈现严重失调—中度失调—轻度失调—初级协调的演进特征。路径如下：严重与中度失调阶段，影响两大系统耦合成长的子系统为旅游效益、旅游景区与社会环境。轻度失调阶段，影响两大系统耦合成长的主要子系统演变为旅游规模、旅游效益、自然环境与社会环境。初级协调阶段，支配两大系统耦合成长的主要子系统转换为自然环境、基础设施、区域经济与社会环境等。

广州市两大系统耦合呈现严重失调—中度失调—轻度失调—初级协调—中级协调的演进特征。路径如下：严重与中度失调阶段，影响两大系统耦合成长的子系统为自然环境、旅游规模、基础设施、旅游景区与旅游效益。轻度失调阶段，影响两大系统耦合成长的子系统演变为旅游景区、旅游规模、基础设施、自然环境与区域经济。初级协调阶段，影响两大系统耦合成长的子系统转换为基础设施、区域经济、旅游企业、社会环境、旅游景区与自然环境。

西安市两大系统耦合呈现严重失调—中度失调—轻度失调—初级协调的演进特征。路径如下：严重与中度失调阶段，影响两大系统耦合成长的子系统为旅游规模、旅游效益、旅游企业与基础设施。轻度失调阶段，影响两大系统耦合成长的子系统演变为旅游规模、旅游企业、社会环境与基础设施。初级协调阶段，影响两大系统耦合成长的子系统转换为基础设施、社会环境、区域经济、旅游企业与自然环境。

成都市两大系统耦合呈现严重失调—中度失调—轻度失调—初级协调的演进特征。路径如下：严重与中度失调阶段，影响两大系统耦合成长的子系统为旅游效益、旅游企业与社会环境。轻度失调阶段，影响两大系统耦合成长的子系统演变为自然环境、旅游景区、旅游企业基础设施。初级协调阶段，影响成都两大系统耦合成长的子系统为区域经济、自然环境、基础设施、旅游企业与社会环境。

昆明市两大系统耦合呈现严重失调—中度失调—轻度失调—初级协调的演进特征。路径如下：严重与中度失调阶段，影响两大系统耦合成长的子系统为旅游规模、旅游效益与旅游企业。轻度失调阶段，影响两大系统耦合成长的子系统演变为旅游企业、基础设施与旅游规模。初级协调阶段，影响两大系统耦合成长的子系统为基础设施、区域经济、社会环境、自然环境与旅游企业。

通过对六大城市入境旅游流与目的地供需耦合演进过程的历时性阐释分析，从内外因与成长性视角提出入境旅游流与目的地系统供需耦合成长的驱动机制。其中，内外动因方面包括内部驱动力与外部驱动力，成长动因包括发展驱动力与原生驱动力。游客需求是引致入境旅游流与目的地系统耦合成长的发展驱动力。入境旅游需求与目的地供给的自组织发展与动态演化是决定二者耦合成长曲线的原生驱动力。入境旅游流与目的地系统内部因素与子系统在不同发展阶段的转换与变化是影响二者耦合成长的内部驱动力。国家政策的动态支持与特殊事件年份的出现是影响二者耦合成长的外部驱动力。

第 6 章　利益相关群体视角下目的地供需耦合的感知分析

本章的内容主要从“人—人”关系视角，基于利益相关者理论、旅游系统理论，通过理论基础部分对目的地旅游发展核心利益相关者界定，依托针对六大城市利益相关群体的调查，分析了六大城市入境游客、社区居民与旅游从业人员等核心利益相关群体对目的地旅游供需耦合的感知差异，其中入境游客代表需求方，目的地社区居民与旅游从业人员是供给方，并通过比较分析，从“人—人”关系视角总结六大城市内部与城市之间的优势、劣势与稳定供给要素。

6.1　理论基础与研究假设

6.1.1　理论基础

本章主要以第 2 章中冈恩、雷珀与吴必虎的旅游系统模型，以及旅游利益相关者理论为基础进行研究设计。其中，冈恩认为旅游系统由市场需求与目的地供给两部分组成，其中供给系统由交通、信息、促销、吸引物与服务等子系统组成，且各子系统之间相互联系与制约（郭长江，2007）。雷珀认为旅游系统模型包括内部系统与外部宏观环境两部分，内部系统包括旅游者、旅游业、客源地、旅游通道与目的地等，外部宏观环境包括经济、社会、文化、自然等因素，该系统凸显了旅游系统的地理空间结构与供需功能结构（Leiper N.，1990），并得到旅游地理学界的广泛认同。国内学者吴必虎结合中国实际情况，在吸收与借鉴冈恩与雷珀旅游系统模型的基础上，构建了基于中国情景的旅游供需系统模型，模型架构包括客源市场系统、出行系统、目的地系统与支持系统四个部分，其中目的地系统由旅游吸引物、旅游设施、旅游服务、旅游交通、旅游环境等组成（吴必虎，2010）。故本章基于吴必虎的旅游系统模型，结合旅游经济学的核心供给与辅助性供给两大视角，来构建本研究的理论框架（见图6-1），其中旅游产业“行、住、食、游、娱、购”六要素是目的地旅游发展的核心供给，目的地自然环境、社会文化环境、旅游信息、市场营销与安全保障则是目的地旅游发展的辅助供给。

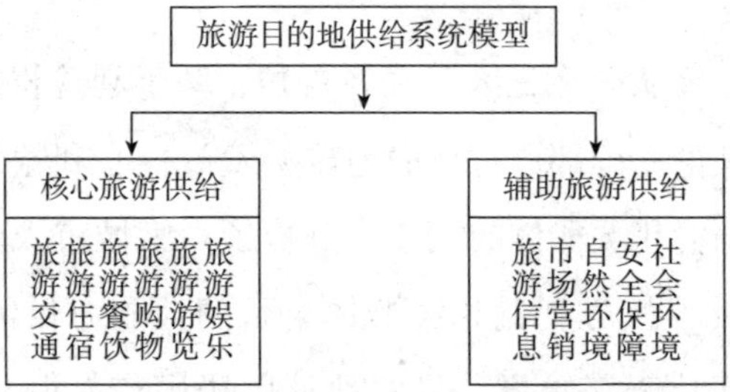

图6-1　旅游目的地供给系统模型

6.1.2　研究假设

旅游景区是目的地旅游得以持续发展的基础与核心，也是游客进行游览体验的物质载体，旅游景区的类型与价值、景区导游及其服务质量是衡量目的地景区竞争力的重要指标。李仁杰等运用敏感度方法测度了游客对山岳型观光线路的感知程度，发现质量与价值较高的景区景点，游客感知与集聚程度较深（李仁杰等，2011）。李万莲通过对游客的满意度测评发现，旅游景区与导游服务等因素与游客满意度存在较强的因果关系（李万莲，2010）。可见，目的地景区类型与质量、导游服务等因素对目的地竞争力的保持以及游客满意度具有重要作用，也是衡量目的地游览业供给水平的重要方面。

据此提出H1：旅游景区与目的地旅游供给存在显著正相关关系。

交通是连接目的地与客源地，以及客源地内部景点之间的桥梁与纽带，也是衡量目的地旅游产业水平的重要因素（张建春，2002）。王兆峰通过分析游客对张家界公共交通的感知发现，交通便捷性对游客满意度与行为意图影响最深；何燕发现交通可进入性、交通设施及服务是影响游客决策行为的重要因素（王兆峰，2014；何燕，2007），可见目的地多样化的交通方式、完善的交通设施、快捷安全的交通服务等是决定游客快速集散与开展深度体验的重要供给要素。

据此提出 H2：旅游交通与目的地旅游供给存在显著正相关关系。

住宿业是支撑目的地旅游产业发展的三大支柱之一，是衡量目的地旅游供给水平的重要指标，对游客目的地旅游体验也有重要影响，目的地多样化的住宿类型和高质量的住宿服务与过夜游客旅游体验有密切联系。隋丽娜通过对游客期望—感知模型的分析，发现住宿设施与服务是游客评价目的地服务质量的重要指标，并认为高质量的住宿体验会对游客后续行为产生积极的正向影响（隋丽娜，2014；刘静艳，2009）。

据此提出 H3：旅游目的地住宿设施与服务对目的地旅游供给有显著正向影响。

独具当地特色的餐饮对提高游客体验质量与满意度有重要作用，规模化的旅游餐饮业发展对优化目的地产业结构、提升当地旅游经济收入、彰显地域文化内涵、促进旅游市场营销有积极影响。李钢通过对国际游客餐饮行为的分析，发现食物质量与服务水平是决定国际游客餐饮满意度的重要指标；王灵恩认为餐饮设施与环境卫生是制约拉萨市餐饮业的关键因素（李钢，2013；王灵恩，2013）。

据此提出 H4：旅游目的地餐饮对旅游供给有显著正向影响。

旅游购物是游客在目的地旅游体验过程中的一个重要环节，也是旅游活动的延续与升级，同时对增加目的地旅游产业收入具有重要推动作用。黄鹂认为购物过程体现了游客体验价值与商品感知价值，商品的价格与购物服务是影响游客购物体验的关键指标；韩会然认为购物设施环境、服务水平与质量是游客购物目的地选择的主要影响因子（黄鹂，2009；韩会然，2013）。

据此提出 H5：目的地旅游购物对旅游供给有显著正向影响。

旅游娱乐作为旅游过程中的一种非基本消费，对丰富游客旅游体验内容有重要作用，并越来越得到游客的重视，同时旅游娱乐业的发展对促进目的地文化挖掘、活化与显化以及带动目的地文化产业转型有重要作用。马凌认为游客通过旅游娱乐活动的参与体验，实现了对目的地文化价值的再认识，而完善的娱乐设施与服务是实现游客深度旅游体验的关键因子（马凌，2012；赵现红，2014）。

据此提出 H6：目的地旅游娱乐对旅游供给有显著正向影响。

从宏观来讲，优美的自然环境也是目的地旅游资源的一个组成部分，广义上来讲也是目的地旅游供给的一部分，是吸引游客前往的重要旅游因素，优美的自然环境条件会对游客决策行为产生积极影响。苏欣欣等通过对景区游客环境感知的分析后发现，游客对目的地自然环境的积极与正面感知，会增强游客目的地满意度，并促使其履行环保责任；高军等通过对国外游客访谈的归纳总结，认为环境污染与卫生问题成为影响我国入境旅游的关键负面要素（苏欣欣，2011；高军，2010）。

据此提出 H7：目的地自然环境对旅游供给有显著正向影响。

人文环境是旅游目的地健康发展不可或缺的组成部分，也是游客与目的地居民开展主客交往的必要条件，热情好客的居民、热忱的旅游服务、浓厚的城市休闲氛围与文化气息等会对游客游后行为产生深刻积极影响（Presenza A.，2013；王纯阳，2014）。

据此提出 H8：目的地人文环境对旅游供给有显著正向影响。

旅游业是信息高度密集型的产业，旅游信息对游客的游前目的地选择，游中的旅游体验与游后的行为评价造成深刻影响。郑鹏通过对旅游信息渠道的整理分析，构建出基于“官商—他人—自身”三位一体的旅游信息传播模式；白凯等在界定旅游信息来源类型的基础上，分析了不同类型旅游信息来源对游客行为意图的影响程度（郑鹏，2009；白凯，2012）。

据此提出 H9：目的地旅游信息对旅游供给有显著正向影响。

市场营销是旅游目的地对外宣传与吸引游客的重要拉力，也是体现目的地旅游竞争力的重要方面，良好的市场营销策略与措施会对游客出游行为产生积极影响。Tosun 认为良好的市场形象对游客的重游意愿产生积极影响；张宏梅等认为促销资料、营销方式与游客涉入程度与目的地旅游形象的正负感知有密切联系（Tosun C.，2015；张宏梅等，2010）。

据此提出 H10：目的地旅游市场营销对旅游供给有显著正向影响。

安全保障是游客出游的前提，也是目的地持续发展的必要条件，良好的社会治安、安全的旅游服务设施以及完善的投诉机制等是目的地安全保障的重要因素。Leppa 和 Fuchs 认为游客扮演的角色影响其对目的地风险的感知与选择情况，并分析了初次游客与回头客之间的风险感知差异；何巧华分析了目的地相关利益主体的风险感知差异（Leppa A.，2008；Fuchs G.，2011；何巧华，2013）。

据此提出 H11：目的地旅游安全保障对旅游供给有显著正向影响。

目的地旅游利益相关群体供需耦合感知假设模型见图 6－2。

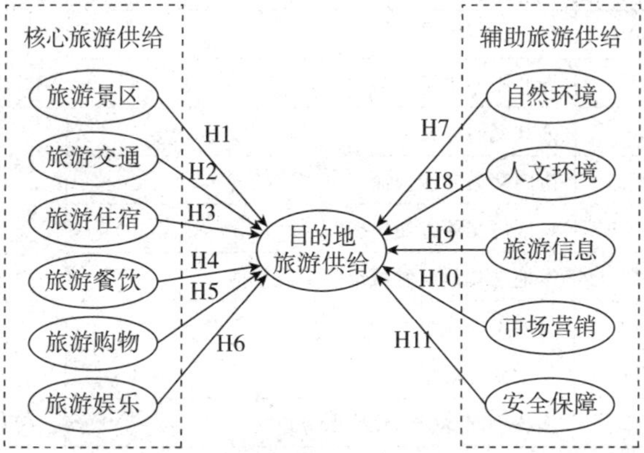

图 6－2　目的地旅游利益相关群体供需耦合感知假设模型

6.2　问卷设计与样本概况

6.2.1　问卷设计

基于吴必虎的旅游系统模型（吴必虎，2010），依据旅游经济学中旅游供给内容表（林南枝，2011），参考李万莲等学者的研究成果（李万莲，2010；张建春，2002；王兆峰，2014；隋丽娜，2014；李爽，2010；乌铁红，2009），运用李克特七点式样表，从核心供给与辅助两方面设计旅游供需耦合的测量指标，其中 1 表示“完全不同意”，7 表示“完全同意”。

问卷内容包括旅游景区、旅游交通、旅游住宿、旅游餐饮、旅游购物、旅游娱乐、自然环境、人文环境、旅游信息、市场营销与安全保障11大方面（见表6-1），共计47项具体测量指标。问卷面向入境游客、社区居民、旅游从业人员三大群体。人口统计特征方面，入境游客包括性别、年龄、国籍、受教育程度、职业、收入；社区居民包括性别、籍贯、年龄、受教育程度、居住时间、职业；旅游从业人员包括性别、籍贯、年龄、受教育程度、工作时间、职位、单位性质。

表6-1　测量指标

因子	序号	指标	指标来源
旅游景区	$X1$	城市风光	[62]、[226-227]、[250-254]
	$X2$	旅游景区价值	
	$X3$	旅游景区类型	
	$X4$	景区服务质量	
	$X5$	导游服务质量	
旅游交通	$X6$	公共交通方式多样	[62]、[228, 230]、[250-254]
	$X7$	市内交通方便快捷	
	$X8$	景区内交通方便快捷	
	$X9$	本地与其他旅游城市间交通便捷	
	$X10$	交通设施完善	
旅游住宿	$X11$	住宿服务质量	[62]、[232]、[250-254]
	$X12$	多种不同等级的住宿服务设施	
旅游餐饮	$X13$	餐饮服务质量	[62]、[233]、[250-254]
	$X14$	多种不同等级的餐饮服务设施	
旅游购物	$X15$	旅游购物服务质量	[62]、[235-236]、[250-254]
	$X16$	整体旅游价格	
	$X17$	多种不同等级的购物场所	
旅游娱乐	$X18$	民俗风情具有吸引力	[62]、[237]、[250-254]
	$X19$	旅游节事活动具有吸引力	
	$X20$	文化演艺活动丰富多彩	
	$X21$	国际会展丰富多样	
	$X22$	旅游娱乐服务质量	
	$X23$	多种不同等级的休闲娱乐场所	

续表

因子	序号	指标	指标来源
自然环境	X24	城市空气质量良好	[62]、[239－240]、[250－254]
	X25	优质充足的城市用水	
	X26	城市公共环境卫生状况良好	
	X27	城市绿化覆盖率高	
	X28	旅游景区环境优美	
人文环境	X29	为游客提供了解本地生活的机会	[62]、[241]、[250－254]
	X30	城市休闲氛围浓郁	
	X31	现代化的城市商贸氛围浓郁	
	X32	历史文化气息浓郁	
	X33	整体经济发展水平较高	
	X34	服务业发展水平较高	
	X35	居民的好客程度较高	
旅游信息	X36	互联网服务完善	[62]、[243－244]、[250－254]
	X37	移动通信服务完善	
	X38	英文旅游信息获取方便	
	X39	旅游标识、导览信息方便有效	
	X40	景区信息咨询服务完善	
市场营销	X41	旅游形象鲜明	[62]、[246]、[250－254]
	X42	旅游促销有力	
	X43	免费旅游宣传资料充足	
安全保障	X44	社会治安情况良好	[62]、[247－248]、[250－254]
	X45	旅游服务设施安全状况良好	
	X46	游客投诉能得到及时有效解决	
	X47	整体上本地很安全	

6.2.2　数据收集

针对北京、上海、广州、西安、成都与昆明六大旅游城市的问卷调查时间集中在2013年5月28日至7月4日。调查组组成人员主要有博士后1名、访问学者1名、博士研究生9名、硕士生15名，共计26人。从六大城市问卷发放量来看，入境游客、社区居民与旅游从业人员问卷发放量共计11599份，有效问卷9974份，有效问卷回收率为86%。此外，项目组为跟踪了解入境游客的旅游供需的感知情况，于2015年8—9月对西安市入境游客进行再次调研，共计发放问卷1000份，有效问卷823份，占82.3%。上述两次调研共计获得有效问卷10797份，总有效问卷回收率为85.6%。六大城市问卷调查数量见表6-2。

表6-2　六大城市问卷调查数量

城市	北京	上海	广州	西安	成都	昆明	总计
入境游客	820	700	750	1673	760	650	5353
社区居民	675	600	680	561	584	550	3650
从业人员	600	600	660	589	597	550	3596
总计	2095	1900	2090	2823	1941	1750	12599

具体来看，北京市入境游客、社区居民与旅游从业人员的问卷调查时间为2013年5月31至6月18日，调查小组主要由2名博士生与2名硕士生组成。其中入境游客调查地点集中在天坛公园、故宫、雍和宫、颐和园、圆明园、秀水街、红桥国际珍珠市场、国家图书馆等入境游客比较集中的景区景点，调查期间共计发放问卷820份，其中有效问卷737份，有效率为89.88%。社区居民调查地点集中在育慧里、天通苑、安慧里、天坛北里、金鱼池、大慧寺、车道沟、大有北里、鼓楼苑、新华里等社区，共计发放问卷675份，其中有效问卷582份，有效率为86%。旅游从业人员调查问卷主要集中在上述景区景点，以及北京国际饭店、天伦王朝酒店、东方饭店等地，调查对象包括导游、酒店员工、景区讲解员等，共发放问卷600份，其中有效问卷540份，有效率为90%。

上海市入境游客、社区居民与旅游从业人员的问卷调查时间为5月31日至6月24日，调查小组主要由1名博士生与3名硕士生组成。其中入境游客调查地点集中在上海市博物馆、上海浦东机场、新天地、田子坊、世纪公园、南京路步行街、外滩等入境游客比较集中的景区景点，调查期间共计发放问卷700份，其中有效问卷606份，有效率为86.57%。社区居民调查方面，由于上海社区管理相对较为严格，故问卷调查地点选择紧邻社区的主要游憩公园，包括静安公园、中山公园、黄兴公园、徐汇公园、漕溪公园、古城公园、世纪公园、鲁迅公园等，共计发放问卷600份，其中有效问卷517份，有效率为86.17%。旅游从业人员调查问卷主要集中在上述景区景点，以及喜达屋连锁酒店、巴黎春天酒店、春秋国旅、携程网、上海旅游培训中心等，调查对象包括导游、酒店员工、景区讲解员等，共发放问卷600份，其中有效问卷530份，有效率为88.33%。

广州市入境游客、社区居民与旅游从业人员的问卷调查时间为2013年6月1—20日，调查小组主要由2名博士生与2名硕士生组成。其中入境游客调查地点集中在广州塔、陈家祠、沙面公园、西汉南越王墓博物馆、中山纪念堂、上下九步行街、北京路步行街、长隆公园、广州市博物馆等入境游客比较集中的景区景点，调查期间共计发放问卷750份，其中有效问卷611份，有效率为81%。社区居民调查方面，由于社区管理相对较为严格，故问卷调查地点选择紧邻社区的主要游憩公园，具体包括越秀公园、荔湾湖公园、沙面公园、广州亚运村公园等地，共计发放问卷680份，其中有效问卷531份，有效率为78%。旅游从业人员调查问卷主要集中在上述景区景点，以及广州岭南会展有限公司、东方宾馆、中国大酒店、东方国旅、广之旅、广州大厦、光大旅行社、金桥酒店、南方都市报旅游部、锦江之星、如家酒店、多宝酒店等，调查对象包括司机、导游及景区工作人员等，共发放问卷660份，其中有效问卷507份，有效率为77%。

西安市入境游客、社区居民与旅游从业人员的问卷调查时间为2013年5月28日至7月4日，以及2015年8月10日至9月25日。调查小组主要由1名博士后、1名博士生与2名硕士生组成。其中入境游客调查地点集中在西安秦陵博物院、陕西省历史博物馆、大雁塔、小雁塔、回民街等代表性的景区景点，共发放问卷1673份，其中有效问卷1423份，有效率为85.1%。旅游从业人员调查地点主要有西安中国国际旅行社、西安天马旅行社、钟楼饭店、万达希尔顿酒店、西安君乐城堡酒店、西安唐乐宫有限公司、西安海外旅游有限责任公司等，共发放问卷589份，其中有效问卷538份，有效率为91.34%。当地居民调查地点集中在景区周边的社会路社区、钟楼小区、蓝溪花园社区、太平堡社区、小雁塔社区、环城西苑社区等，共发放问卷561份，其中有效问卷520份，有效率为92.27%。

成都市入境游客、社区居民与旅游从业人员的问卷调查时间为2013年

5月29日至6月20日，调查小组主要由1名博士生、1名访问学者与2名硕士生组成。其中入境游客调查地点集中在武侯祠、锦里、大熊猫繁育基地、宽窄巷子、四川博物馆、天府广场、春熙路、杜甫草堂以及市区周边的青城山、峨眉山、黄龙溪古镇、九寨沟、黄龙、海螺沟、木格措等入境游客比较集中的景区景点，调查期间共计发放问卷760份，其中有效问卷601份，有效率为79.08%。社区居民调查方面，由于社区管理相对较为严格，故问卷调查地点选择紧邻社区的主要游憩公园，具体包括人民公园、文化公园、百花潭公园等地，共计发放问卷584份，其中有效问卷502份，有效率为85.96%。旅游从业人员调查问卷主要集中在上述景区景点，以及锦江之星酒店、如家酒店等，调查对象包括司机、导游及景区工作人员等，共发放问卷597份，其中有效问卷500份，有效率为83.75%。

昆明市入境游客、社区居民与旅游从业人员的问卷调查时间为2013年6月4—25日，调查小组主要由2名博士生与3名硕士生组成。其中入境游客调查地点集中在云南艺术剧院、南屏步行街、云南大学旁边的洋人街、文林街、翠湖、昆明饭店、佳华广场酒店、青年旅馆、云南民族村、石林、大理古城、大理崇圣寺三塔、丽江古城、束河古镇等入境游客比较集中的景区景点，调查期间共计发放问卷650份，其中有效问卷539份，有效率为82.92%。社区居民调查方面，集中在紧邻社区的休闲街区，具体包括昆明文林街、翠湖路与南屏步行街附近的社区、大理古城社区、丽江古城社区以及所住酒店周边居民等，共计发放问卷550份，其中有效问卷512份，有效率为93.09%。旅游从业人员调查主要集中为海外旅行社、康辉旅行社、昆明佳华广场酒店、邦克酒店、昆明饭店、云南民族村、大理古城、丽江古城以及上述游客调研地点的司机、导游及景区工作人员，共发放问卷550份，其中有效问卷501份，有效率为91.09%。

6.2.3 样本概况

6.2.3.1 北京市受访样本概况

从入境游客来看，男性游客占53.2%，女性游客占46.8%；年龄集中在15~44岁，占比75.3%；客源地集中在美国、德国、澳大利亚、法国、英国、加拿大等，占比 58.5%；本科与硕士占比 73.2%；职业以专业技术人员、学生、商务人员为主，占比 67.6%；年收入集中在 2 万~4 万美元，占比 54.3%。

从旅游从业人员来看，女性占比 59.8%；本地籍贯占比 51%；年龄集中在 15~44 岁，占比 84%；中专、大专与本科占比 85.1%；工作时间集中在 1~3 年，占比 37.3%，工作 15~20 年占比 18.7%；职位以导游、计调员、销售员、服务员与外联人员为主，占比 48.9%；工作部门集中在餐饮、旅行社、住宿等行业，占比 76.7%。

从社区居民来看，女性占比 51.5%；外地居民占比 58%；年龄集中在 15~44 岁，占比 79.2%；中专至硕士占比 86.6%；居住时间集中在 10 年以下、6~10 年以及 20 年以上，占比 90.9%；以专业技术人员、职员、退休人员与学生为主，占比 75%。

6.2.3.2　上海市受访样本概况

从入境游客来看，男性游客占 67.4%，女性游客占 32.6%；年龄集中在 15~64 岁，占比 90.1%；客源地集中在美国、加拿大、澳大利亚、印度、德国、法国、英国等，占比 60.6%；本科与硕士占比 76.5%；职业以专业技术人员、学生、销售员、商务人员与退休人员为主，占比 90.8%；年收入集中在 2 万美元以下以及 8 万美元以上，占比 57.1%。

从旅游从业人员来看，女性占比 62.9%；外地籍贯占比 54.3%；年龄集中在 15~44 岁，占比 95.5%；中专与本科生占比 90.9%；工作时间集中在 1~10 年，占比 84.8%，职位以财务人员、导游、计调员、销售员与服务员为主，占比 54.9%；工作部门集中在餐饮、旅行社、住宿等行业，占比 82.6%。

从社区居民来看，女性占比 52%；本地居民占比 65%；年龄集中在 15~44岁，占比 92.6%；本科及以下占比 88.4%；居住时间集中在 10 年以下及 20 年以上，占比 87.3%；以专业技术人员、职员、商贸人员、其他与学生为主，占比 82.4%。

6.2.3.3　广州市受访样本概况

从入境游客来看，男性游客占 58.6%，女性游客占 41.4%；年龄集中在15~64岁，占比79.9%；客源地集中在中国香港、美国、澳大利亚、德国、法国、英国等，占比62.6%；本科与硕士占比85.8%；职业以专业技术人员、销售员、学生、商务人员与退休人员为主，占比78.6%；年收入集中在2万~6万美元，占比81.5%。

从旅游从业人员来看，女性占比54%；本地籍贯占比54.6%；年龄集中在25~44岁，占比78.1%；中专、大专与本科占比84.5%；工作时间集中在1~10年，占比76.8%，职位以经理、导游、计调员、销售员、服务员与司机为主，占比45.7%；工作部门集中在景区、餐饮、旅行社、住宿等行业，占比76.2%。

从社区居民来看，男性占比54.4%；本地居民占比56.7%；年龄集中在15~44岁，占比87.7%；本科及以下占比82%；居住时间集中在10年以下及20年以上，占比81.3%；以专业技术人员、职员、商贸人员与学生为主，占比77.6%。

6.2.3.4　西安市受访样本概况

从入境游客来看，男性游客占53.2%，女性游客占46.8%；年龄集中在15~44岁，占比75.3%；客源地集中在美国、加拿大、澳大利亚、韩国、法国、英国等，占比63.3%；本科与硕士占比78.8%；职业以专业技术人员、学生、商务人员与退休人员为主，占比78.8%；年收入集中在2万~4万美元，以及8万美元以上，占比76.5%。

从旅游从业人员来看，女性占比76.3%；本地籍贯占比79.7%；年龄集中在15~44岁，占比90.5%；高中、中专与大专占比79.5%；工作时间集中在1~5年，占比68.8%；职位以导游、计调员、销售员、服务员与司机为主，占比52.6%；工作部门集中在景区、餐饮、旅行社、娱乐、住宿等行业，占比89.1%。

从社区居民来看，女性占比52.7%；本地居民占比60.3%；年龄集中在15~44岁，占比83.7%；本科及以下占比89.3%；居住时间集中在10年以下及20年以上，占比81.8%；以专业技术人员、职员、服务员、推销员与学生为主，占比76.3%。

6.2.3.5 成都市受访样本概况

从入境游客来看，男性游客占54.2%，女性游客占45.8%；年龄集中在15~44岁，占比84.3%；客源地集中在美国、印度、越南、澳大利亚、德国、法国、英国等，占比55.1%；本科与硕士占比82.9%；职业以专业技术人员、学生、商务人员为主，占比80.1%；年收入集中在2万~6万美元，占比85.8%。

从旅游从业人员来看，女性占比62.5%；本地籍贯占比50.9%；年龄集中在15~44岁，占比95.3%；中专、大专与本科占比85%；工作时间集中在1~10年，占比89.8%，职位以导游、计调员、服务员为主，占比65.4%；工作部门集中在餐饮、旅行社、住宿等行业，占比93.5%。

从社区居民来看，女性占比54.7%；本地居民占比64%；年龄集中在15~44岁，占比88.3%；本科及以下占比95.3%；居住时间集中在10年以下及20年以上，占比86.8%；以专业技术人员、职员与学生为主，占比73%。

6.2.3.6 昆明市受访样本概况

从入境游客来看，男性游客占54.8%，女性游客占45.2%；年龄集中在15~44岁，占比87.9%；客源地集中在美国、澳大利亚、韩国、法国、英国、泰国、印度等，占比65.9%；本科与硕士占比82.3%；职业以专业技术人员、学生、商务人员为主，占比82.4%；年收入集中在2万以下、2万~4万美元，以及8万美元以上，占比89.8%。

从旅游从业人员来看，女性占比51.7%；本地籍贯占比64.5%；年龄集中在15~44岁，占比82.2%；本科及以下占比98.2%；工作时间集中在1~10年，占比86.7%，职位以导游、计调员、服务员与经理为主，占比71.2%；工作部门集中在景区、旅行社、交通部门、餐饮等行业，占比88.7%。

从社区居民来看，男性占比64.1%；本地居民占比56.4%；年龄集中在15~44岁，占比87.3%；本科及以下占比94.5%；居住时间集中在15年以下，占比81.1%；以职员、商贸人员与学生为主，占比80.2%。

6.2.4 样本信度与效度

基于六大城市入境游客、社区居民与旅游从业人员三大群体的问卷数据，在进行数据分析之前，需要对数据的整体信度与效度进行检验，以保证问卷的可靠性与有效性。其中信度是指问卷数据的可靠性，即采用相同方法重复测量与研究同一问题时，其所得的结果保持一致的程度。效度是指对问卷数据测量的有效性，即测量工具能够准确测度变量的程度（李灿，2008）。通过问卷数据的信度与效度测量，可以分析与把握问卷整体的质量。

在进行数据分析之前，对六大城市三大群体的问卷数据的整体信度进行检验，以常用的克朗巴哈系数为检验标准，若克朗巴哈系数高于0.9，说明问卷数据的可靠性非常强；系数高于0.8，表明数据信度较强；系数高于0.7，表明数据可靠性可以接受；若系数低于0.7，表明数据可靠性较低，问卷质量有待提高。问卷的效度方面，主要通过因子分析法，对问卷进行巴特利特球形检验与KMO检验。巴特利特球形检验主要对变量的相关系数矩阵进行分析，若矩阵统计量的值较大，且对应的相伴概率值小于用户中心的显著性水平，那么应该拒绝原假设，认为原始变量之前存在相关性，适合进行因子分析，否则不宜进行因子分析。KMO检验统计量用来比较变量间简单相关与偏相关系数，其取值范围在0~1，若KMO值高于0.9，说明数据具有较高的效度；若KMO值高于0.8，说明数据效度相对较好；若KMO值高于0.7，说明数据效度相对一般；若KMO值低于0.7，说明数据效度相对较弱，问卷质量有待提升（宋志刚，2011）。

基于问卷数据信度与效度的常用评价标准，从克朗巴哈系数、巴特利特球形检验与数据KMO值三个方面对六大城市中三大利益相关群体的问卷信度与效度进行检验（见表6-3）。可见，六大城市中入境游客、社区居民与从业人员三大群体的标准化的克朗巴哈系数均满足大于0.9的标准，说明样本数据的整体可靠性较好；同时，样本数据的KMO值均在0.8以上，在0.000的显著性水平下均通过检验，说明数据具有较强的有效性。

样本数据所具备的较高的信度与效度为进一步进行数据的结构方程模型分析奠定了基础。

表6-3 样本数据信度与效度

城市	群体	Cronbach A	标准化的 Cronbach A	KMO	Bartlett 检验	df	显著性
北京	入境游客	0.939	0.943	0.919	12630.823	1081	0.000
	社区居民	0.971	0.974	0.973	17262.601	1081	0.000
	从业人员	0.955	0.956	0.939	14165.278	1081	0.000
上海	入境游客	0.957	0.959	0.930	10289.085	1081	0.000
	社区居民	0.956	0.957	0.942	11724.702	1081	0.000
	从业人员	0.954	0.961	0.939	14145.211	1081	0.000
广州	入境游客	0.956	0.960	0.933	182773.040	1081	0.000
	社区居民	0.947	0.956	0.944	14177.041	1081	0.000
	从业人员	0.950	0.963	0.952	14441.126	1081	0.000
西安	入境游客	0.950	0.953	0.940	14974.248	1081	0.000
	社区居民	0.954	0.956	0.951	11906.836	1081	0.000
	从业人员	0.950	0.950	0.944	10438.164	1081	0.000
成都	入境游客	0.960	0.961	0.946	13007.948	1081	0.000
	社区居民	0.966	0.967	0.961	12944.850	1081	0.000
	从业人员	0.966	0.970	0.968	12432.738	1081	0.000
昆明	入境游客	0.952	0.959	0.922	10694.194	1081	0.000
	社区居民	0.935	0.936	0.811	14268.149	1081	0.000
	从业人员	0.943	0.943	0.933	8548.160	1081	0.000

6.3 六大城市利益相关群体供需耦合的感知差异分析

6.3.1 北京市利益相关群体供需耦合的感知差异分析

6.3.1.1 模型适用性与验证性检验

(1) 模型适用性检验。

通过从路径系数、信度系数、误差变异量、潜变量组合信度(CR)、潜变量平均方差抽取量(AVE)对北京市入境游客、社区居民与从业人员供需耦合假设模型进行适用性评估(见表6-4)。从表6-4来看,社区居民感知模型中，指标 X16 、X17 未通过显著性检验，从业人员感知模型中，除指标 X14 、X23 未通过显著性检验外，三大群体其余指标均通过显著性检验，且路径系数基本满足大于 0.5 的标准（吴明隆，2010）。从信度系数来看，三大群体指标变量的信度系数满足部分项目信度大于 0.5 的标准；从误差变异量来看，除社区居民感知模型中的指标 X16 、X17，以及从业人员感知模型中的指标 X14 、X23 的误差变异量为负值外，其余误差变异量均为正值（吴明隆，2010）。同时，三大群体所提取的潜变量组合信度值均满足 0.6 的阈限水平，潜变量平均方差抽取量满足或接近 0.5 阈限水平（吴明隆，2010）。从整体来看，三大群体假设模型均通过适用性评估。

（2）模型验证性检验。

采用极大似然估计法对三大群体目的地旅游供给感知结构方程模型进行验证性检验，并对入境游客旅游供给感知假设模型中 e51 ~ e52、e68 ~ e69、e78 ~ e81、e66 ~ e88、e58 ~ e67 等残差之间的关系进行修正，对社区居民旅游供给感知假设模型中 e62 ~ e65、e68 ~ e70、e73 ~ e79 等残差之间的关系进行修正，对从业人员旅游供给感知假设模型中 e59 ~ e61、e75 ~ e78、e80 ~ e89、e92 ~ e49 等残差之间的关系进行修正，获取三大群体旅游供给感知拟合指数（见表 6 – 5），发现三大群体感知模型的绝对适配度指数、增值适配度指数与简约适配度指数基本满足验证标准（吴明隆，2010；Etezadi A. J.，1996；Bentler P. M.，1980）。此时，入境游客供给感知模型结果为，Chi – square 的值为 2641.481，df 为 991，显著水平为 0.000；社区居民供给感知模型结果为，Chi – square 的值为 2863.570，df 为 953，显著水平为 0.000；从业人员供给感知模型结果为，Chi – square 值为 2754.621，df 为 968，显著水平为 0.000。

表 6 -4　北京市利益相关群体供需耦合感知假设模型适用性评估

因子	指标	入境游客					社区居民					从业人员				
		R	R^2	$1-R^2$	CR	AVE	R	R^2	$1-R^2$	CR	AVE	R	R^2	$1-R^2$	CR	AVE
旅游景区	$X1$	0. 73	0. 53	0. 47	0. 83	0. 50	0. 55	0. 30	0. 70	0. 83	0. 50	0. 56	0. 31	0. 69	0. 83	0. 50
	$X2$	0. 82	0. 67	0. 33			0. 86	0. 74	0. 26			0. 56	0. 31	0. 69		
	$X3$	0. 72	0. 52	0. 48			0. 90	0. 81	0. 19			0. 85	0. 72	0. 28		
	$X4$	0. 38	0. 14	0. 86			0. 95	0. 90	0. 10			0. 84	0. 71	0. 29		
	$X5$	0. 56	0. 31	0. 69			0. 93	0. 86	0. 14			0. 96	0. 92	0. 08		
旅游交通	$X6$	0. 73	0. 53	0. 47	0. 83	0. 49	0. 61	0. 37	0. 63	0. 83	0. 50	0. 79	0. 62	0. 38	0. 83	0. 50
	$X7$	0. 85	0. 72	0. 28			0. 62	0. 38	0. 62			0. 76	0. 58	0. 42		
	$X8$	0. 87	0. 76	0. 24			0. 73	0. 53	0. 47			0. 83	0. 69	0. 31		
	$X9$	0. 72	0. 52	0. 48			0. 80	0. 64	0. 36			0. 77	0. 59	0. 41		
	$X10$	0. 58	0. 34	0. 66			0. 65	0. 42	0. 58			0. 74	0. 55	0. 45		
旅游住宿	$X11$	0. 56	0. 31	0. 69	0. 66	0. 50	0. 57	0. 32	0. 68	0. 66	0. 50	0. 68	0. 46	0. 54	0. 67	0. 50
	$X12$	0. 81	0. 66	0. 34			0. 41	0. 17	0. 83			0. 76	0. 58	0. 42		
旅游餐饮	$X13$	0. 63	0. 40	0. 60	0. 67	0. 49	0. 47	0. 22	0. 78	0. 66	0. 49	0. 99	0. 98	0. 02	0. 67	0. 50
	$X14$	0. 64	0. 41	0. 59			0. 42	0. 18	0. 82			1. 07	1. 14	-0. 14		
旅游购物	$X15$	0. 59	0. 35	0. 65	0. 75	0. 49	0. 16	0. 03	0. 97	0. 69	0. 49	0. 67	0. 45	0. 55	0. 75	0. 50
	$X16$	0. 53	0. 28	0. 72			1. 14	1. 30	-0. 30			0. 70	0. 49	0. 51		
	$X17$	0. 63	0. 40	0. 60			1. 08	1. 17	-0. 17			0. 73	0. 53	0. 47		

续表

因子	指标	入境游客					社区居民					从业人员				
		R	R^2	$1-R^2$	CR	AVE	R	R^2	$1-R^2$	CR	AVE	R	R^2	$1-R^2$	CR	AVE
旅游娱乐	$X18$	0.53	0.28	0.72	0.86	0.50	0.97	0.94	0.06	0.84	0.50	0.95	0.90	0.10	0.86	0.49
	$X19$	0.58	0.34	0.66			0.93	0.86	0.14			0.97	0.94	0.06		
	$X20$	0.64	0.41	0.59			0.55	0.30	0.70			0.97	0.94	0.06		
	$X21$	0.57	0.32	0.68			0.83	0.69	0.31			0.97	0.94	0.06		
	$X22$	0.66	0.44	0.56			0.99	0.98	0.02			0.92	0.85	0.15		
	$X23$	0.61	0.37	0.63			0.16	0.03	0.97			<u>1.03</u>	<u>1.06</u>	<u>-0.06</u>		
自然环境	$X24$	0.63	0.40	0.60	0.80	0.50	0.68	0.46	0.54	0.83	0.50	0.81	0.66	0.34	0.83	0.49
	$X25$	0.74	0.55	0.45			0.62	0.38	0.62			0.51	0.26	0.74		
	$X26$	0.84	0.71	0.29			0.72	0.52	0.48			0.64	0.41	0.59		
	$X27$	0.58	0.34	0.66			0.82	0.67	0.33			0.67	0.45	0.55		
	$X28$	0.37	0.14	0.86			0.81	0.66	0.34			0.69	0.48	0.52		
人文环境	$X29$	0.56	0.31	0.69	0.87	0.50	0.65	0.42	0.58	0.87	0.49	0.68	0.46	0.54	0.87	0.50
	$X30$	0.65	0.42	0.58			0.66	0.44	0.56			0.77	0.59	0.41		
	$X31$	0.52	0.27	0.73			0.66	0.44	0.56			0.76	0.58	0.42		
	$X32$	0.64	0.41	0.59			0.59	0.35	0.65			0.80	0.64	0.36		
	$X33$	0.68	0.46	0.54			0.69	0.48	0.52			0.79	0.62	0.38		
	$X34$	0.53	0.28	0.72			0.54	0.29	0.71			0.69	0.48	0.52		
	$X35$	0.42	0.18	0.82			0.43	0.18	0.82			0.62	0.38	0.62		

续表

因子	指标	入境游客					社区居民					从业人员				
		R	R^2	$1-R^2$	CR	AVE	R	R^2	$1-R^2$	CR	AVE	R	R^2	$1-R^2$	CR	AVE
旅游信息	X36	0.36	0.13	0.87	0.82	0.50	0.64	0.41	0.59	0.83	0.50	0.71	0.50	0.50	0.83	0.50
	X37	0.40	0.16	0.84			0.62	0.38	0.62			0.75	0.56	0.44		
	X38	0.65	0.42	0.58			0.72	0.52	0.48			0.79	0.62	0.38		
	X39	0.82	0.67	0.33			0.79	0.62	0.38			0.84	0.71	0.29		
	X40	0.84	0.71	0.29			0.83	0.69	0.31			0.83	0.69	0.31		
市场营销	X41	0.83	0.69	0.31	0.75	0.50	0.83	0.69	0.31	0.75	0.49	0.87	0.76	0.24	0.75	0.50
	X42	0.82	0.67	0.33			0.59	0.35	0.65			0.79	0.62	0.38		
	X43	0.69	0.48	0.52			0.68	0.46	0.54			0.80	0.64	0.36		
安全保障	X44	0.70	0.49	0.51	0.79	0.50	0.76	0.58	0.42	0.80	0.50	0.86	0.74	0.26	0.80	0.50
	X45	0.84	0.71	0.29			0.85	0.72	0.28			0.85	0.72	0.28		
	X46	0.57	0.32	0.68			0.70	0.49	0.51			0.77	0.59	0.41		
	X47	0.67	0.45	0.55			0.70	0.49	0.51			0.82	0.67	0.33		

注：表中 R 表示路径系数，R^2 表示信度系数，$1-R^2$ 表示误差变异量，各指标 T 值均高于 1.96，下画线指标表示 0.001 水平下未通过显著性检验。

表6-5 北京市利益相关群体供需耦合感知模型验证性评估

指数	指标	标准	入境游客结果	社区居民结果	从业人员结果
绝对适配度指数	CMIN/DF	1.0~3.0	2.665	1.197	1.215
	RMSEA	≤0.08	0.048	0.019	0.020
	GFI	≥0.80	0.861	0.921	0.920
	AGFI	≥0.80	0.842	0.900	0.901
	PGFI	>0.5	0.757	0.726	0.743
增值适配度指数	NFI	≥0.80	0.845	0.920	0.904
	RFI	>0.80	0.831	0.903	0.887
	IFI	>0.80	0.897	0.986	0.982
	TLI	>0.80	0.887	0.983	0.978
	CFI	>0.80	0.897	0.986	0.981
简约适配度指数	PRATIO	>0.50	0.917	0.822	0.842
	PNFI	>0.50	0.775	0.756	0.761
	PCFI	>0.50	0.822	0.811	0.826

6.3.1.2 北京市利益相关群体供需耦合感知分析

（1）入境游客旅游供需耦合感知。

通过对入境游客利益供需耦合感知假设模型的评估与检验，H1 至 H11 均通过验证，并获得入境游客耦合感知路径系数与路径模型（见表6-4、图6-3）。

从入境游客具体指标感知的路径系数来看（见表6-4），旅游景区价值、市内交通方便快捷、景区内交通方便快捷、多种不同等级的住宿服务设施、景区信息咨询服务完善、旅游形象鲜明、旅游促销有力、旅游服务设施安全状况良好8项指标的路径系数均大于0.8，说明游客对北京上述供给指标的评价较好（刘军胜，2016a，2017b）。而对旅游景区环境优美、居民的好客程度较高、互联网服务完善、移动通信服务完善4项指标的评价相对较低，路径系数维持在0.4左右，说明游客对北京的景区环境、居民态度与信息沟通还有进一步提升的空间，其余指标的路径系数位于0.5~0.7。

从核心旅游供给方面看，入境游客对北京的旅游购物与旅游娱乐因子评价较高，路径系数分别为 0.845、0.887，主要是因为北京不仅是我国的政治中心，也是我国北方的经济中心与文化中心，其娱乐与购物等配套旅游设施较为丰富，为游客开展旅游体验提供了基础，故游客评价较高。游客对旅游餐饮与旅游景区的评价相对较低，路径系数分别为 0.79、0.714。游客对北京住宿与交通的评价最低，路径系数维持在 0.65 左右，说明旅游交通与住宿已经成为制约北京入境旅游发展的短板（刘军胜，2016a，2017b）。

从辅助旅游供给方面来看，入境游客对北京人文环境因子评价较高，路径系数为 0.901，主要是因为北京是世界著名古都之一，建都时间较长，拥有丰富的人文遗迹，形成了浓郁的历史文化与人文氛围，故游客对其评价较高。游客对市场营销与安全保障的评价次之。游客对北京自然环境因子的评价最低，路径系数仅为 0.464，近年来北京雾霾、空气污染等较为严重，空气质量较低，影响游客旅游体验，北京自然环境建设还有待进一步加强。

从整体来看，入境游客对北京核心旅游供给因子的感知程度相对较强，对辅助旅游供给因子的感知程度相对较弱。入境游客对北京核心旅游供给总体上持肯定态度。

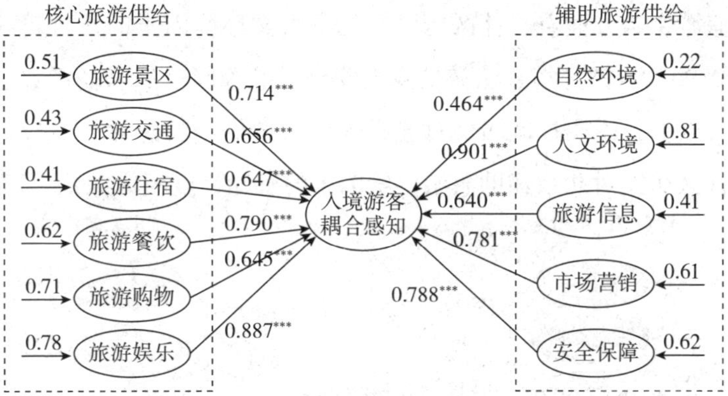

图 6－3　北京市入境游客耦合感知路径图

注：CR＝0. 914 AVE＝0. 5 ＊＊＊p＜0. 001。

（2）社区居民目的地旅游供给感知。

通过对社区居民目的地旅游供需耦合感知假设模型的评估与检验，H1 至 H11 均通过验证，并获得社区居民耦合感知路径系数与路径模型（见

表6-4、图6-4)。

从社区居民具体指标感知的路径系数来看（见表6-4），社区居民对北京的旅游景区类型、景区服务、导游服务质量、多种不同等级的购物场所、民俗风情具有吸引力与旅游娱乐服务质量等7项旅游供给指标的路径系数均在0.9以上，说明居民对北京的旅游景区以及旅游购物娱乐等的评价相对较好。社区居民对多种不同等级的住宿服务设施、餐饮服务质量、多种不同等级的餐饮服务设施、旅游购物服务质量、多种不同等级的休闲娱乐场所、居民的好客程度较高等部分指标的评价相对较低，路径系数均在0.5以下，说明北京还需要加强对旅游住宿、餐饮、购物等方面建设。社区居民对其余指标的感知系数维持在0.6~0.8。

从核心旅游供给方面看，社区居民对北京旅游餐饮因子的评价较高，路径系数为0.980，说明居民对旅游餐饮因子整体上较为认同。居民对旅游住宿、景区与交通因子的评价次之。居民对旅游购物因子与旅游娱乐因子的评价最低，路径系数均在0.5以下。从指标路径系数来看，社区居民对旅游购物服务质量的系数为0.18，说明北京旅游购物方面还有待改善。从辅助旅游供给方面看，社区居民对北京人文环境因子的评价较高，路径系数为0.90，自然环境、旅游信息与安全保障等因子的路径系数也均维持在0.8及以上，说明社区居民对北京辅助旅游供给的感知相对较好。整体来看，社区居民对北京辅助旅游供给因子的感知程度较为深刻。

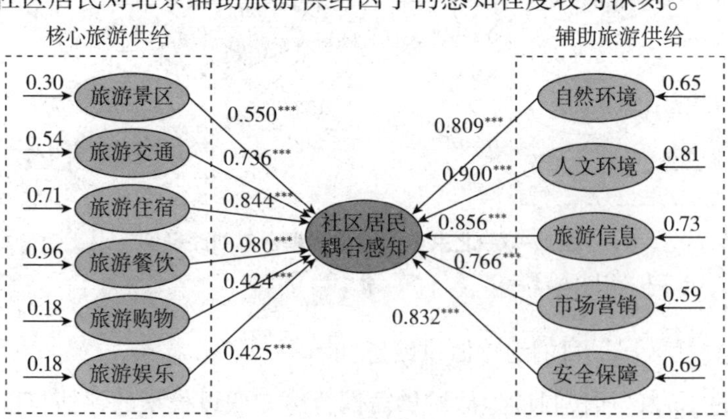

图6-4 北京市社区居民耦合感知路径图

注：CR=0. 912 AVE=0. 5 ＊＊＊p<0. 001。

（3）从业人员目的地旅游供给感知。

通过对从业人员目的地旅游耦合感知假设模型的评估与检验，H1 至 H11 均通过验证，并获得从业人员耦合感知路径图（见表6-4、图6-5）。

从旅游从业人员具体指标感知的路径系数来看（见表6-4），从业人员对北京导游服务质量、餐饮服务质量、民俗风情具有吸引力、旅游节事活动具有吸引力、文化演艺活动丰富多彩、国际会展丰富多样、旅游娱乐服务质量7项指标的路径系数较高，路径系数均大于0.9，说明从业人员对北京旅游娱乐因子的评价较高。而对城市风光、旅游景区价值、优质充足的城市用水3项指标的评价相对较低，均在0.6以下，其余指标位于0.6~0.9。

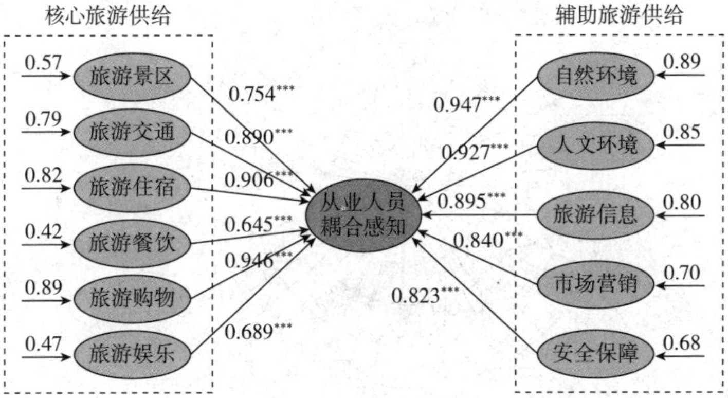

图6-5　北京市从业人员耦合感知路径图

注：CR=0. 916 AVE=0. 5 ＊＊＊p<0. 001。

从核心旅游供给方面看，从业人员对北京旅游住宿因子、旅游购物因子的评价较高，路径系数均在0.9以上，说明从业人员对北京的旅游住宿与购物供给较认同。从业人员对旅游娱乐与旅游餐饮等因子的感知系数相对较低，在0.7以下。从辅助旅游供给方面看，从业人员对北京的自然环境与人文环境因子评价较高，其路径系数均高于0.9；对旅游市场营销、安全保障与信息的感知相对较高，均高于0.8。整体来看，从业人员对北京辅助旅游供给结构因子的评价较好。

（4）三大利益相关群体目的地旅游供给感知差异。

由表6-4、图6-6可发现三大群体感知系数均较高的供给指标，其中旅游景区类型、景区内交通方便快捷、本地与其他旅游城市间交通便捷、城市公共环境卫生状况良好、城市休闲氛围浓郁、旅游标识、导览信息方便有效、景区信息咨询服务完善、旅游形象鲜明、社会治安情况良好、游客投诉能得到及时有效解决等指标的路径系数较高，三大群体对上述指标均较为认同。三大群体对住宿服务质量多种不同等级的餐饮服务设施、旅游购物服务质量、多种不同等级的休闲娱乐场所、为游客提供了解本地生活的机会、居民的好客程度较高等指标的感知系数相对较低，基本维持在 0.65 以下。

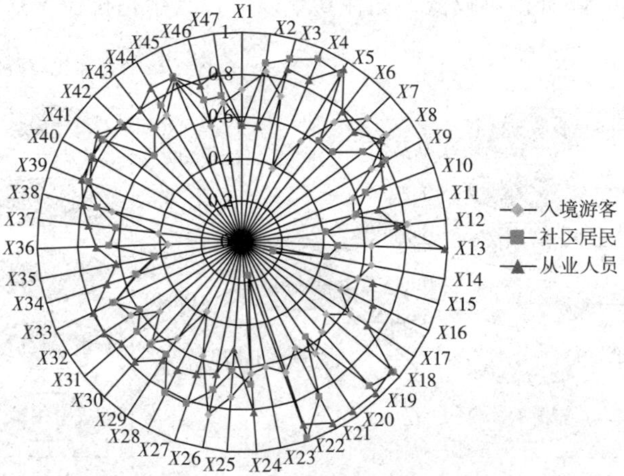

图6－6　北京市利益相关群体耦合感知指标差异

从核心旅游供给的感知系数来看，三大群体对旅游购物因子、旅游住宿因子的路径系数均较高，均位于 0.8 以上，说明三大群体对北京的旅游购物与住宿等供给因子较为认同，而对旅游娱乐与餐饮供给的感知程度相对较低。从辅助供给因子的感知系数来看，三大群体对北京的人文环境、旅游信息与自然环境等供给因子的感知系数最高，在 0.8 以上，对北京的旅游环境与信息化建设给予肯定。对市场营销与安全保障的感知整体上相对较低。通过对三大群体旅游供需耦合的差异性感知总结，认为人文环境、市场营销与安全保障是北京的旅游优势供给要素，旅游景区、旅游交通、旅游住宿、旅游信息与旅游购物是北京旅游供给的稳定要素，而旅游餐饮、旅游娱乐与自然环境等是北京旅游供给的波动发展要素。

6.3.2　上海市利益相关群体供需耦合的感知差异分析

6.3.2.1　模型适用性与验证性检验

（1）模型适用性检验。

从路径系数、信度系数、误差变异量、潜变量组合信度（CR）、潜变量平均方差抽取量（AVE）对入境游客、社区居民与从业人员假设模型进行适用性评估（见表6-6）。从表6-6来看，入境游客、社区居民与从业人员感知模型中的各指标均通过显著性检验，且路径系数基本满足大于0.5的标准（吴明隆，2010）。从信度系数来看，三大群体指标变量的信度系数满足部分项目信度大于0.5的标准，且误差变异量均为正值（吴明隆，2010）。同时，三大群体所提取的潜变量组合信度值均满足0.6的阈限水平，潜变量平均方差抽取量满足或接近0.5阈限水平（吴明隆，2010）。整体来看，三大群体假设模型均通过适用性评估。

（2）模型验证性检验。

采用极大似然估计法对三大群体目的地旅游供给感知结构方程模型进行验证性检验，并对入境游客旅游供给感知假设模型中 *e*53～*e*55、*e*51～*e*64、*e*75～*e*77、*e*90～*e*91 等残差之间的关系进行修正，对社区居民旅游供给感知假设模型中 *e*55～*e*56、*e*68～*e*69、*e*79～*e*80、*e*84～*e*86 等残差之间的关系进行修正，对从业人员旅游供给感知假设模型中 *e*53～*e*54、*e*58～*e*66、*e*77～*e*78、*e*88～*e*93 等残差之间的关系进行修正，获取三大群体旅游供给感知拟合指数（见表6-7），发现三大群体感知模型的绝对适配度指数、增值适配度指数与简约适配度指数基本满足验证标准（吴明隆，2010；Etezadi A. J.，1996；Bentler P. M.，1980）。此时，入境游客供给感知模型结果为，Chi-square 的值为2803.095，df 为1002，显著水平为0.000；社区居民供给感知模型结果为，Chi-square 的值为2304.613，df 为964，显著水平为0.000；从业人员供给感知模型结果为，Chi-square 的值为1024.726，df 为826，显著水平为0.000。

表 6－6　上海市利益相关群体旅游供需耦合感知假设模型适用性评估

因子	指标	入境游客					社区居民					从业人员				
		R	R^2	$1-R^2$	CR	AVE	R	R^2	$1-R^2$	CR	AVE	R	R^2	$1-R^2$	CR	AVE
旅游景区	X1	0.65	0.42	0.58			0.45	0.20	0.80			0.57	0.32	0.68		
	X2	0.67	0.45	0.55			0.43	0.18	0.82			0.50	0.25	0.75		
	X3	0.72	0.52	0.48	0.83	0.50	0.47	0.22	0.78	0.82	0.50	0.59	0.35	0.65	0.83	0.50
	X4	0.64	0.41	0.59			0.60	0.36	0.64			0.62	0.38	0.62		
	X5	0.73	0.53	0.47			0.69	0.48	0.52			0.67	0.45	0.55		
旅游交通	X6	0.74	0.55	0.45			0.71	0.50	0.50			0.71	0.50	0.50		
	X7	0.77	0.59	0.41			0.67	0.45	0.55			0.72	0.52	0.48		
	X8	0.82	0.67	0.33	0.83	0.50	0.74	0.55	0.45	0.83	0.50	0.80	0.64	0.36	0.83	0.50
	X9	0.78	0.61	0.39			0.72	0.52	0.48			0.76	0.58	0.42		
	X10	0.66	0.44	0.56			0.68	0.46	0.54			0.72	0.52	0.48		
旅游住宿	X11	0.69	0.48	0.52	0.66	0.49	0.58	0.34	0.66	0.66	0.50	0.69	0.48	0.52	0.67	0.50
	X12	0.68	0.46	0.54			0.78	0.61	0.39			0.60	0.36	0.64		
旅游餐饮	X13	0.68	0.46	0.54	0.67	0.50	0.53	0.28	0.72	0.66	0.50	0.63	0.40	0.60	0.67	0.50
	X14	0.72	0.52	0.48			0.75	0.56	0.44			0.70	0.49	0.51		
旅游购物	X15	0.77	0.59	0.41			0.54	0.29	0.71			0.65	0.42	0.58		
	X16	0.45	0.20	0.80	0.74	0.50	0.56	0.31	0.69	0.75	0.50	0.60	0.36	0.64	0.74	0.50
	X17	0.73	0.53	0.47			0.59	0.35	0.65			0.57	0.32	0.68		

续表

因子	指标	入境游客					社区居民					从业人员				
		R	R^2	$1-R^2$	CR	AVE	R	R^2	$1-R^2$	CR	AVE	R	R^2	$1-R^2$	CR	AVE
旅游娱乐	X18	0.55	0.30	0.70	0.85	0.50	0.32	0.10	0.90	0.84	0.50	0.43	0.18	0.82	0.85	0.50
	X19	0.53	0.28	0.72			0.42	0.18	0.82			0.52	0.27	0.73		
	X20	0.58	0.34	0.66			0.56	0.31	0.69			0.58	0.34	0.66		
	X21	0.48	0.23	0.77			0.57	0.32	0.68			0.65	0.42	0.58		
	X22	0.75	0.56	0.44			0.68	0.46	0.54			0.68	0.46	0.54		
	X23	0.68	0.46	0.54			0.68	0.46	0.54			0.53	0.28	0.72		
自然环境	X24	0.84	0.71	0.29	0.83	0.50	0.72	0.52	0.48	0.83	0.50	0.78	0.61	0.39	0.83	0.50
	X25	0.86	0.74	0.26			0.61	0.37	0.63			0.61	0.37	0.63		
	X26	0.81	0.66	0.34			0.63	0.40	0.60			0.62	0.38	0.62		
	X27	0.62	0.38	0.62			0.72	0.52	0.48			0.85	0.72	0.28		
	X28	0.48	0.23	0.77			0.69	0.48	0.52			0.61	0.37	0.63		
人文环境	X29	0.68	0.46	0.54	0.87	0.50	0.53	0.28	0.72	0.87	0.50	0.46	0.21	0.79	0.87	0.50
	X30	0.61	0.37	0.63			0.56	0.31	0.69			0.59	0.35	0.65		
	X31	0.67	0.45	0.55			0.45	0.20	0.80			0.49	0.24	0.76		
	X32	0.61	0.37	0.63			0.59	0.35	0.65			0.55	0.30	0.70		
	X33	0.65	0.42	0.58			0.72	0.52	0.48			0.69	0.48	0.52		
	X34	0.61	0.37	0.63			0.53	0.28	0.72			0.55	0.30	0.70		
	X35	0.47	0.22	0.78			0.35	0.12	0.88			0.51	0.26	0.74		

续表

因子	指标	入境游客					社区居民					从业人员				
		R	R^2	$1-R^2$	CR	AVE	R	R^2	$1-R^2$	CR	AVE	R	R^2	$1-R^2$	CR	AVE
旅游信息	X36	0.39	0.15	0.85	0.82	0.50	0.61	0.37	0.63	0.83	0.50	0.66	0.44	0.56	0.83	0.50
	X37	0.42	0.18	0.82			0.62	0.38	0.62			0.64	0.41	0.59		
	X38	0.73	0.53	0.47			0.72	0.52	0.48			0.75	0.56	0.44		
	X39	0.85	0.72	0.28			0.78	0.61	0.39			0.82	0.67	0.33		
	X40	0.85	0.72	0.28			0.82	0.67	0.33			0.80	0.64	0.36		
市场营销	X41	0.84	0.71	0.29	0.75	0.50	0.79	0.62	0.38	0.75	0.50	0.81	0.66	0.34	0.74	0.50
	X42	0.85	0.72	0.28			0.78	0.61	0.39			0.82	0.67	0.33		
	X43	0.73	0.53	0.47			0.76	0.58	0.42			0.66	0.44	0.56		
安全保障	X44	0.70	0.49	0.51	0.80	0.50	0.75	0.56	0.44	0.79	0.50	0.79	0.62	0.38	0.80	0.50
	X45	0.85	0.72	0.28			0.82	0.67	0.33			0.79	0.62	0.38		
	X46	0.69	0.48	0.52			0.64	0.41	0.59			0.72	0.52	0.48		
	X47	0.72	0.52	0.48			0.75	0.56	0.44			0.77	0.59	0.41		

注：表中 R 表示路径系数，R^2 表示信度系数，$1-R^2$ 表示测量误差，各指标 T 值均高于 1.96，指标在 0.001 水平下均通过显著性检验。

表6-7 上海市利益相关群体旅游供需耦合感知模型验证性评估

指数	指标	标准	入境游客结果	社区居民结果	从业人员结果
绝对适配度指数	CMIN/DF	1.0~3.0	2.798	2.512	2.565
	RMSEA	≤0.08	0.055	0.054	0.054
	GFI	≥0.80	0.831	0.815	0.836
	AGFI	≥0.80	0.809	0.803	0.804
	PGFI	>0.5	0.738	0.699	0.699
增值适配度指数	NFI	≥0.80	0.829	0.828	0.850
	RFI	>0.80	0.816	0.808	0.828
	IFI	>0.80	0.883	0.889	0.903
	TLI	>0.80	0.873	0.875	0.888
	CFI	>0.80	0.882	0.888	0.902
简约适配度指数	PRATIO	>0.50	0.927	0.895	0.873
	PNFI	>0.50	0.769	0.741	0.742
	PCFI	>0.50	0.818	0.795	0.788

6.3.2.2 上海市利益相关群体供需耦合感知分析

（1）入境游客目的地旅游供给感知特征。

通过对入境游客目的地旅游供给感知假设模型的评估与检验，H1至H11均通过验证，并获得入境游客目的地旅游供给感知路径系数与路径模型（见表6-6、图6-7）。

从入境游客具体指标感知的路径系数来看（见表6-6），景区内交通方便快捷、城市空气质量良好、优质充足的城市用水、城市公共环境卫生状况良好、旅游标识、导览信息方便有效、景区信息咨询服务完善、旅游形象鲜明、旅游促销有力、旅游服务设施安全状况良好等指标的路径系数均大于0.8，游客对上述指标的感知程度较深，评价较好。国际会展丰富多样、整体旅游价格、旅游景区环境优美、居民的好客程度较高、互联网服务完善、移动通信服务完善的路径系数位于0.5以下，说明游客对上海的上述旅游供给评价相对较低，也是上海旅游有待改进的地方，而其余指标的路径系数在0.5~0.8。

从核心旅游供给方面看，入境游客对上海旅游景区、旅游娱乐与旅游住宿因子的评价相对较高，其路径系数均高于0.8，主要是因为上海作为我国入境旅游的门户与集散中心，其旅游住宿设施、娱乐项目以及景区景点相对较多，故游客感知程度较为深刻。入境游客对旅游交通与旅游餐饮等因子的感知系数相对较低，在0.75以下。从辅助旅游供给方面看，入境游客对上海的人文环境因子感知系数较高，为0.949，主要是因为上海是一座国际化与现代化的大都市，是我国东部的经济中心与文化中心，城市休闲氛围、商贸氛围与人文氛围较为浓厚。游客对旅游信息、市场营销与安全保障因子的路径系数次之。游客对上海自然环境因子的感知系数最低，说明上海自然环境建设还需进一步提升。从整体来看，入境游客对上海核心旅游供给因子的感知系数相对较高，对辅助旅游供给因子的感知系数相对较低，入境游客对上海核心旅游供给总体上持肯定态度。

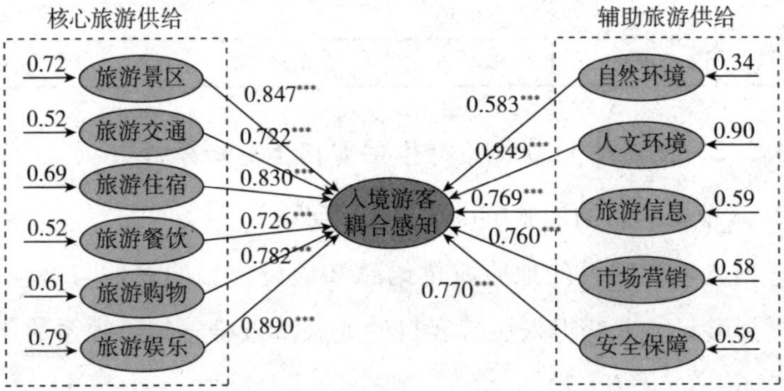

图6-7 上海市入境游客耦合感知路径图

注：CR=0. 916 AVE=0. 5 ＊＊＊p<0. 001。

（2）社区居民目的地旅游供给感知。

通过对社区居民目的地旅游供给感知假设模型的评估与检验，H1至H11均通过验证，并获得社区居民目的地旅游供给感知路径系数与路径模型（见表6-6、图6-8）。

从社区居民具体指标感知的路径系数来看（见表6-6），多种不同等级的住宿服务设施、多种不同等级的餐饮服务设施、旅游标识、导览信息方便有效、景区信息咨询服务完善、旅游形象鲜明、旅游促销有力、免费旅游宣传资料充足、社会治安情况良好、旅游服务设施安全状况良好、整体上本地很安全等指标的路径系数均高于 0.75，说明社区居民对上述指标的评价相对较好。社区居民对城市风光、旅游景区价值、旅游景区类型、民俗风情具有吸引力、旅游节事活动具有吸引力、现代化的城市商贸氛围浓郁、居民的好客程度等指标的感知系数相对较低，位于 0.5 以下，说明社区居民对上海旅游景区与旅游娱乐方面的评价相对较低，其余指标的路径系数位于 0.5 ~0.75。

从核心旅游供给方面看，社区居民对上海旅游购物因子、旅游娱乐因子的感知系数相对最高，均维持在 0.9 及以上，说明社区居民对上海的购物、娱乐供给较为认同，给予较高的认知评价，对旅游交通、旅游景区、旅游住宿等因子的感知系数相对较低，但均在 0.84 及以上。从辅助旅游供给方面看，社区居民对上海人文环境因子的感知系数较高，为 0.961。对上海安全保障与旅游信息因子的感知程度次之，均高于 0.83，而对上海的自然环境因子与市场营销感知程度较弱。整体来看，社区居民对上海核心与辅助旅游供给的感知程度相对较为一致。

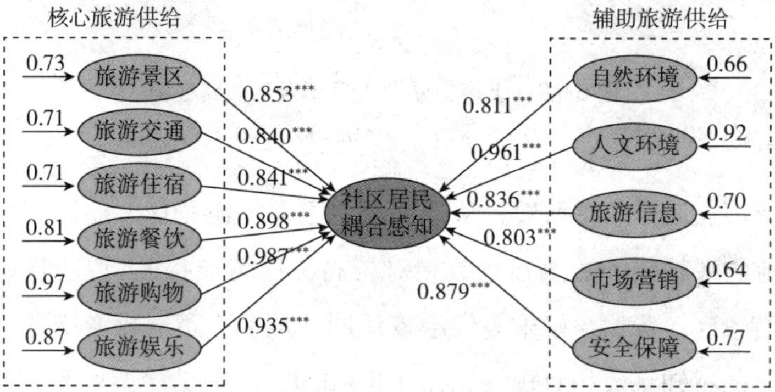

图 6 -8　上海市社区居民耦合感知路径图

注：CR =0. 912 AVE =0. 5 ＊＊＊p <0. 001。

（3）从业人员目的地旅游供给感知。

通过对从业人员目的地旅游供给感知假设模型的评估与检验，H1 至 H11 均通过验证，并获得从业人员目的地旅游供给感知路径模型（见表 6 -6、图 6 -9）。

从旅游从业人员具体指标感知的路径系数来看（见表 6 -6），从业人员对本地与其他旅游城市间交通便捷、城市空气质量良好、城市绿化覆盖率高、英文旅游信息获取方便、旅游标识、导览信息方便有效、景区信息咨询服务完善、旅游形象鲜明、旅游促销有力、社会治安情况良好、旅游服务设施安全状况良好、整体上本地很安全等指标的感知系数相对较好，均位于0.75以上。可以发现，从业人员对上海的旅游市场营销、安全保障与旅游信息的评价较高，而对民俗风情具有吸引力、为游客提供了解本地生活的机会、现代化的城市商贸氛围浓郁等指标的感知系数相对较低，位于0.5以下，其余指标的路径系数位于0.5~0.75。

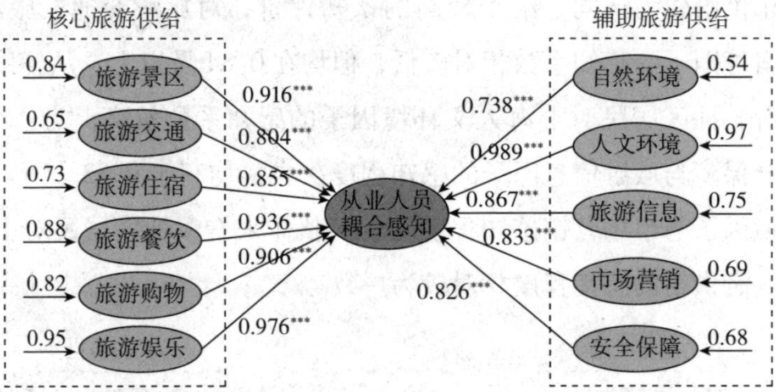

图6-9 上海市从业人员耦合感知路径图

注：CR=0. 916 AVE=0. 5 ＊＊＊p<0. 001。

从核心旅游供给方面看，从业人员对上海旅游景区、旅游娱乐、旅游购物与旅游餐饮因子的感知系数相对较高，均高于0.9，说明从业人员对上海旅游景区、餐饮与娱乐等供给较认同。从业人员对旅游交通、旅游住宿等因子的感知系数相对较低，在0.8~0.9。从辅助旅游供给方面看，从业人员对上海人文环境因子感知系数较高，为0.989；其次为旅游信息、市场营销与安全保障因子，对自然环境因子的感知系数最低，为0.738。整体来看，从业人员对上海核心旅游供给因子的感知程度较强，对辅助旅游供给的感知程度较弱。

（4）三大利益相关群体目的地耦合感知差异。

由表6-6、图6-10可发现三大群体感知系数均较高的指标，其中景区内交通方便快捷、本地与其他旅游城市间交通便捷、多种不同等级的餐饮服务设施、城市空气质量良好、英文旅游信息获取方便、旅游标识、导览信息方便有效、景区信息咨询服务完善、旅游形象鲜明、旅游促销有力、免费旅游宣传资料充足、社会治安情况良好、旅游服务设施安全状况良好、整体上本地很安全等指标的路径系数较高，均在 0.7 以上，集中在旅游交通、市场营销、安全保障与旅游信息等因子方面。三大群体对公共交通方式多样、整体旅游价格、民俗风情具有吸引力、旅游节事活动具有吸引力、国际会展丰富多样、旅游景区环境优美、现代化的城市商贸氛围浓郁等指标的感知系数相对较低，基本维持在 0.6 及以下。

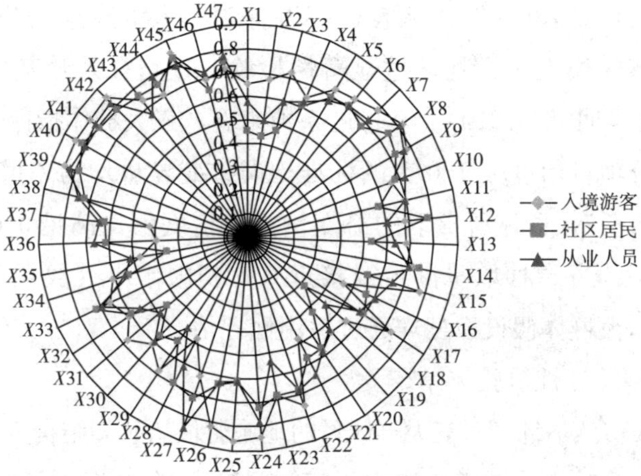

图 6－10　上海市利益相关群体耦合感知指标差异

从核心旅游供给的感知系数来看，三大群体对旅游景区因子、旅游住宿因子与旅游娱乐因子的路径系数均较高，其路径系数均高于 0.83，说明三大群体对上海的旅游景区、住宿与娱乐等供给因子较为认同，而对旅游交通、购物与餐饮因子的感知程度波动较大，路径系数在 0.72～0.93。三大群体对旅游景区、旅游住宿等基本消费的感知程度较为深刻，对旅游娱乐与购物等非基本消费的感知程度较弱。从辅助供给因子的感知系数来看，三大群体对上海人文环境的感知系数最高，均在 0.94 以上，说明三大群体对上海的人文环境建设给予肯定。对旅游信息、市场营销与安全保障因子的感知系数相对较高，在 0.76～0.87。对上海自然环境因子的评价均较低，位于 0.58～0.81，说明上海的自然环境有待改善。通过对三大群体旅游供需耦合的差异分析认为，旅游景区、旅游住宿、旅游娱乐、人文环境是上海的优势旅游供给因素，旅游交通、旅游餐饮、旅游购物、旅游信息、市场营销与安全保障是上海的稳定供给因素，而自然环境是上海的劣势供给要素。

6.3.3 广州市利益相关群体供需耦合的感知差异分析

6.3.3.1 模型适用性与验证性检验

（1）模型适用性检验。

从路径系数、信度系数、误差变异量、潜变量组合信度（CR）、潜变量平均方差抽取量（AVE）对入境游客、社区居民与从业人员假设模型进行适用性评估（见表6-8）。从表6-8中来看，入境游客、社区居民与从业人员耦合感知模型指标均通过显著性检验，且路径系数基本满足大于0.5的标准（吴明隆，2010）。从信度系数来看，三大群体指标变量的信度系数满足部分项目信度大于0.5的标准，误差变异量均为正值（吴明隆，2010）。同时，三大群体所提取的潜变量组合信度值均满足0.6的阈限水平，潜变量平均方差抽取量满足或接近0.5阈限水平（吴明隆，2010）。整体来看，三大群体假设模型均通过适用性评估。

（2）模型验证性检验。

采用极大似然估计法对三大群体目的地旅游供给感知结构方程模型进行验证性检验，并对入境游客旅游供给感知假设模型中*e*49～*e*54、*e*55～*e*56、*e*70～*e*72、*e*79～*e*80、*e*88～*e*89等残差之间的关系进行修正，对社区居民旅游供给感知假设模型中*e*58～*e*94、*e*61～*e*65、*e*85～*e*92、*e*66～*e*93等残差之间的关系进行修正，对从业人员旅游供给感知假设模型中*e*48～*e*50、*e*54～*e*55、*e*58～*e*67、*e*78～*e*81、*e*80～*e*90、*e*91～*e*49等残差之间的关系进行修正，获取三大群体旅游供给感知拟合指数（见表6-9），发现三大群体感知模型的绝对适配度指数、增值适配度指数与简约适配度指数基本满足验证标准（吴明隆，2010；Etezadi A. J.，1996；Bentler P. M.，1980）。此时，入境游客供给感知模型结果为，Chi-square的值为1236.049，df为831，显著水平为0.000；社区居民供给感知模型结果为，Chi-square的值为1130.416，df为826，显著水平为0.000；从业人员供给感知模型结果为，Chi-square的值为1067.461，df为935，显著水平为0.000。

表6-8　广州市利益相关群体旅游供需耦合感知假设模型适用性评估

因子	指标	入境游客					社区居民					从业人员				
		R	R^2	$1-R^2$	CR	AVE	R	R^2	$1-R^2$	CR	AVE	R	R^2	$1-R^2$	CR	AVE
旅游景区	X1	0.57	0.32	0.68	0.83	0.50	0.51	0.26	0.74	0.83	0.50	0.51	0.26	0.74	0.83	0.50
	X2	0.63	0.40	0.60			0.53	0.28	0.72			0.51	0.26	0.74		
	X3	0.65	0.42	0.58			0.53	0.28	0.72			0.51	0.26	0.74		
	X4	0.63	0.40	0.60			0.71	0.50	0.50			0.75	0.56	0.44		
	X5	0.72	0.52	0.48			0.75	0.56	0.44			0.81	0.66	0.34		
旅游交通	X6	0.71	0.50	0.50	0.83	0.50	0.70	0.49	0.51	0.83	0.50	0.79	0.62	0.38	0.83	0.49
	X7	0.85	0.72	0.28			0.68	0.46	0.54			0.80	0.64	0.36		
	X8	0.91	0.83	0.17			0.70	0.49	0.51			0.72	0.52	0.48		
	X9	0.80	0.64	0.36			0.76	0.58	0.42			0.76	0.58	0.42		
	X10	0.76	0.58	0.42			0.67	0.45	0.55			0.73	0.53	0.47		
旅游住宿	X11	0.82	0.67	0.33	0.66	0.50	0.68	0.46	0.54	0.67	0.50	0.79	0.62	0.38	0.67	0.50
	X12	0.59	0.35	0.65			0.70	0.49	0.51			0.69	0.48	0.52		
旅游餐饮	X13	0.80	0.64	0.36	0.66	0.50	0.71	0.50	0.50	0.67	0.50	0.82	0.67	0.33	0.67	0.50
	X14	0.55	0.30	0.70			0.66	0.44	0.56			0.70	0.49	0.51		
旅游购物	X15	0.47	0.22	0.78	0.75	0.50	0.72	0.52	0.48	0.75	0.50	0.71	0.50	0.50	0.75	0.50
	X16	0.38	0.14	0.86			0.60	0.36	0.64			0.71	0.50	0.50		
	X17	0.54	0.29	0.71			0.55	0.30	0.70			0.59	0.35	0.65		

续表

因子	指标	入境游客					社区居民					从业人员				
		R	R^2	$1-R^2$	CR	AVE	R	R^2	$1-R^2$	CR	AVE	R	R^2	$1-R^2$	CR	AVE
旅游娱乐	X18	0.66	0.44	0.56	0.86	0.50	0.55	0.30	0.70	0.86	0.50	0.63	0.40	0.60	0.85	0.50
	X19	0.63	0.40	0.60			0.61	0.37	0.63			0.61	0.37	0.63		
	X20	0.60	0.36	0.64			0.61	0.37	0.63			0.70	0.49	0.51		
	X21	0.49	0.24	0.76			0.65	0.42	0.58			0.55	0.30	0.70		
	X22	0.62	0.38	0.62			0.67	0.45	0.55			0.75	0.56	0.44		
	X23	0.59	0.35	0.65			0.64	0.41	0.59			0.65	0.42	0.58		
自然环境	X24	0.69	0.48	0.52	0.83	0.50	0.76	0.58	0.42	0.83	0.50	0.67	0.45	0.55	0.83	0.50
	X25	0.64	0.41	0.59			0.68	0.46	0.54			0.66	0.44	0.56		
	X26	0.55	0.30	0.70			0.65	0.42	0.58			0.71	0.50	0.50		
	X27	0.74	0.55	0.45			0.64	0.41	0.59			0.71	0.50	0.50		
	X28	0.59	0.35	0.65			0.73	0.53	0.47			0.73	0.53	0.47		
人文环境	X29	0.67	0.45	0.55	0.87	0.50	0.63	0.40	0.60	0.87	0.50	0.56	0.31	0.69	0.87	0.50
	X30	0.63	0.40	0.60			0.55	0.30	0.70			0.50	0.25	0.75		
	X31	0.63	0.40	0.60			0.56	0.31	0.69			0.54	0.29	0.71		
	X32	0.43	0.18	0.82			0.56	0.31	0.69			0.58	0.34	0.66		
	X33	0.59	0.35	0.65			0.61	0.37	0.63			0.69	0.48	0.52		
	X34	0.61	0.37	0.63			0.62	0.38	0.62			0.69	0.48	0.52		
	X35	0.45	0.20	0.80			0.39	0.15	0.85			0.56	0.31	0.69		

续表

因子	指标	入境游客					社区居民					从业人员				
		R	R^2	$1-R^2$	CR	AVE	R	R^2	$1-R^2$	CR	AVE	R	R^2	$1-R^2$	CR	AVE
旅游信息	X36	0.42	0.18	0.82	0.82	0.50	0.63	0.40	0.60	0.83	0.50	0.61	0.37	0.63	0.83	0.50
	X37	0.49	0.24	0.76			0.71	0.50	0.50			0.65	0.42	0.58		
	X38	0.79	0.62	0.38			0.66	0.44	0.56			0.79	0.62	0.38		
	X39	0.85	0.72	0.28			0.63	0.40	0.60			0.86	0.74	0.26		
	X40	0.87	0.76	0.24			0.60	0.36	0.64			0.81	0.66	0.34		
市场营销	X41	0.81	0.66	0.34	0.75	0.50	0.81	0.66	0.34	0.75	0.50	0.81	0.66	0.34	0.75	0.50
	X42	0.85	0.72	0.28			0.83	0.69	0.31			0.69	0.48	0.52		
	X43	0.78	0.61	0.39			0.75	0.56	0.44			0.78	0.61	0.39		
安全保障	X44	0.80	0.64	0.36	0.80	0.50	0.72	0.52	0.48	0.79	0.50	0.81	0.66	0.34	0.80	0.50
	X45	0.86	0.74	0.26			0.84	0.71	0.29			0.79	0.62	0.38		
	X46	0.69	0.48	0.52			0.75	0.56	0.44			0.76	0.58	0.42		
	X47	0.67	0.45	0.55			0.69	0.48	0.52			0.74	0.55	0.45		

注：表中 R 表示路径系数，R^2 表示信度系数，$1-R^2$ 表示测量误差，各指标 T 值均高于 1.96，指标在 0.001 水平下均通过显著性检验。

表6-9 广州市利益相关群体旅游供需耦合感知模型验证性评估

指数	指标	标准	入境游客结果	社区居民结果	从业人员结果
绝对适配度指数	CMIN/DF	1.0~3.0	2.887	2.533	2.311
	RMSEA	≤0.08	0.056	0.054	0.051
	GFI	≥0.80	0.841	0.828	0.840
	AGFI	≥0.80	0.809	0.790	0.806
	PGFI	>0.5	0.703	0.679	0.695
增值适配度指数	NFI	≥0.80	0.859	0.851	0.869
	RFI	>0.80	0.839	0.826	0.848
	IFI	>0.80	0.903	0.904	0.921
	TLI	>0.80	0.888	0.887	0.908
	CFI	>0.80	0.902	0.903	0.920
简约适配度指数	PRATIO	>0.50	0.873	0.856	0.864
	PNFI	>0.50	0.750	0.728	0.751
	PCFI	>0.50	0.788	0.773	0.795

6.3.3.2 广州市利益相关群体供需耦合感知分析

（1）入境游客目的地旅游供给感知特征。

通过对入境游客旅游供需耦合感知假设模型的评估与检验，H1至H11均通过验证，并获得入境游客旅游供需耦合感知路径系数与路径模型（见表6-8、图6-11）。

从入境游客具体指标感知的路径系数来看（见表6-8），市内交通方便快捷、景区内交通方便快捷、本地与其他旅游城市间交通便捷、住宿服务质量、餐饮服务质量、旅游标识、导览信息方便有效、景区信息咨询服务完善、旅游形象鲜明、旅游促销有力、社会治安情况良好、旅游服务设施安全状况良好等指标的路径系数均大于0.8，说明入境游客对广州的旅游交通、市场营销与旅游信息等方面感知程度较深，评价较好。而居民的好客程度较高、互联网服务完善、移动通信服务完善、历史文化气息浓郁、国际会展丰富多样、旅游购物服务质量、整体旅游价格等指标的路径系数相对较低，均位于0.5以下，说明游客对广州评价相对较低的集中在购物价格、城市氛围与好客程度等方面。其余指标的路径系数维持在0.5～0.8。

从核心旅游供给方面看，入境游客对广州的旅游购物因子、旅游景区因子与旅游娱乐因子的感知系数最高，均高于0.9，主要是因为广州是我国南部的经济中心与文化中心，也是我国对外开放的主要窗口，城市景区、商业与购物中心设施与服务相对较为完善，游客感知程度较为深刻。入境游客对旅游交通、旅游餐饮等因子的感知系数相对较低，位于0.7～0.76。从辅助旅游供给方面看，入境游客对广州的人文环境因子与自然环境因子的感知系数较高，均维持在0.89以上，主要是因为广州作为沿海城市，其自然风光相对较好，同时作为我国改革开放的窗口与游客的集散中心，城市人文环境也相对较好。游客对安全保障与市场营销的路径系数次之，位于0.81～0.86。游客对广州旅游信息因子的感知系数最低，为0.789。整体来看，入境游客对广州核心旅游供给因子的感知系数较高，对辅助旅游供给因子的感知系数相对较低，入境游客对广州核心旅游供给总体上持肯定态度。

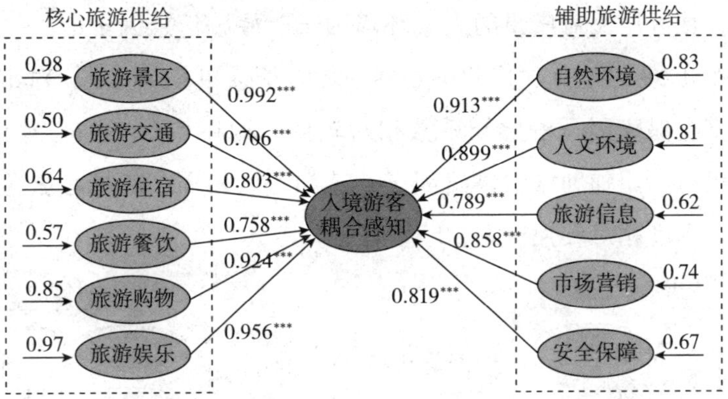

图6－11　广州市入境游客耦合感知路径图

注：CR＝0.916 AVE＝0.5 ＊＊＊p＜0.001。

（2）社区居民目的地旅游供给感知。

通过对社区居民旅游供需耦合感知假设模型的评估与检验，H1至H11均通过验证，并获得社区居民旅游供需耦合感知路径系数与路径模型（见表6－8、图6－12）。

从社区居民具体指标感知的路径系数来看（见表6－8），社区居民对景区服务、导游服务质量、公共交通方式多样、景区内交通方便快捷、本地与其他旅游城市间交通便捷、餐饮服务质量、旅游购物服务质量、城市空气质量良好、旅游景区环境优美、旅游形象鲜明、旅游促销有力、免费旅游宣传资料充足、社会治安情况良好、旅游服务设施安全状况良好、游客投诉能得到及时有效解决等指标的路径系数均在0.7以上，主要集中在旅游交通、市场营销与安全保障等方面。社区居民对城市风光、旅游景区价值、旅游景区类型、多种不同等级的购物场所、民俗风情具有吸引力、居民的好客程度较高的感知系数相对较低，位于0.6以下。其余指标的路径系数均在0.6～0.7。

从核心旅游供给方面看，社区居民对广州的旅游景区因子与旅游娱乐因子的路径系数相对最高，均在0.9以上，说明社区居民对广州的娱乐与景区供给较为认同，给予较高的认知评价，对旅游交通与旅游购物的感知次之，对旅游住宿与旅游餐饮的感知相对较低。从辅助旅游供给方面看，社区居民对广州的人文环境因子、旅游信息因子的感知系数较高，均在0.99以上；对广州的自然环境因子感知程度次之；对市场营销因子与安全保障因子的感知系数相对较低，均在0.6～0.7。整体来看，社区居民对广州辅助旅游供给因子的感知程度较弱，对核心旅游供给因子的感知程度相对较强。

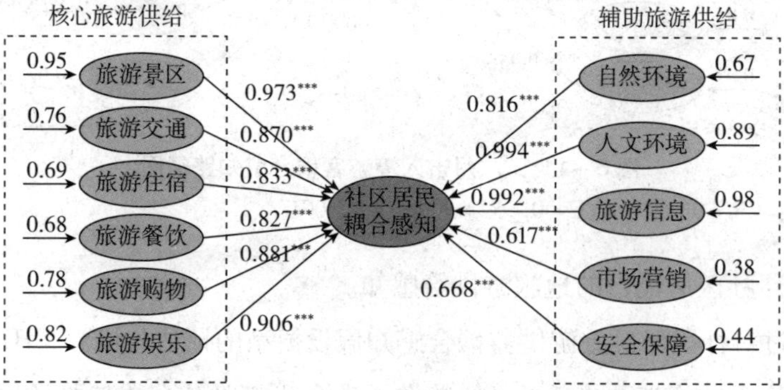

图6－12　广州市社区居民耦合感知路径图

注：CR＝0. 915 AVE＝0. 5 ＊＊＊p＜0. 001。

（3）从业人员目的地旅游供给感知。

通过对从业人员旅游供需耦合感知假设模型的评估与检验，H1 至 H11 均通过验证，并获得从业人员旅游供需耦合感知路径模型（见表6－8、图6－13）。

从旅游从业人员具体指标感知的路径系数来看（见表6－8），从业人员对景区服务、导游服务质量、公共交通方式多样、市内交通方便快捷、本地与其他旅游城市间交通便捷、住宿服务质量、餐饮服务质量、旅游娱乐服务质量、英文旅游信息获取方便、旅游标识、导览信息方便有效、景区信息咨询服务完善、旅游形象鲜明、社会治安情况良好、旅游服务设施安全状况良好、游客投诉能得到及时有效解决等指标的路径系数相对较高，均高于0.75，集中在旅游安全保障、旅游信息与旅游交通等方面。而对城市风光、旅游景区价值、旅游景区类型、多种不同等级的购物场所、国际会展丰富多样、城市休闲氛围浓郁、现代化的城市商贸氛围浓郁、历史文化气息浓郁、为游客提供了解本地生活的机会、居民的好客程度较高等指标的评价相对较低，路径系数均在0.6以下，集中在城市人文环境与旅游景区方面。其他指标的路径系数均位于0.6～0.75。

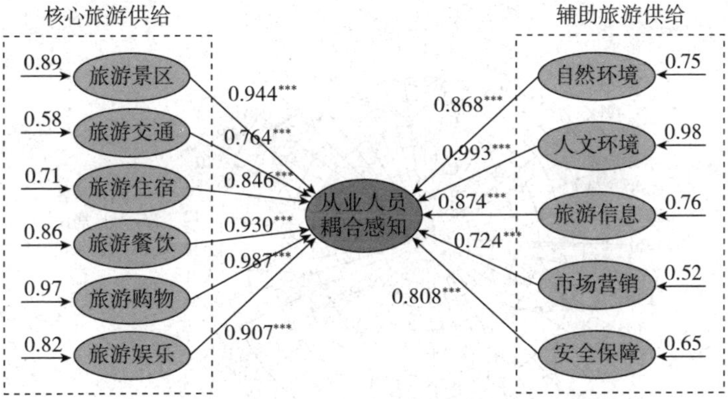

图6－13　广州市从业人员耦合感知路径图

注：CR＝0.916 AVE＝0.5 ＊＊＊p＜0.001。

从核心旅游供给方面看，从业人员对广州的旅游景区、旅游餐饮、旅游购物与旅游娱乐因子的感知系数相对较高，均高于0.9，说明从业人员对广州市旅游景区、餐饮、购物与娱乐供给较认同。从业人员对旅游交通、旅游住宿等因子的感知系数相对较低，在0.7～0.9。从辅助旅游供给方面看，从业人员对广州人文环境因子感知系数较高，高于0.9，旅游信息、安全保障与自然环境因子次之，对广州市场营销因子的路径系数最低。整体来看，从业人员对广州核心旅游供给因子的感知较强，对辅助旅游供给因子的感知较弱。

（4）三大利益相关群体目的地旅游供给感知差异。

由表6－8、图6－14可发现三大群体感知系数均较高的指标，其中导游服务质量、公共交通方式多样、市内交通方便快捷、景区内交通方便快捷、本地与其他旅游城市间交通便捷、餐饮服务质量、旅游形象鲜明、旅游促销有力、免费旅游宣传资料充足、社会治安情况良好、旅游服务设施安全状况良好等指标的路径系数较高，均保持在0.7及以上，集中在旅游交通、市场营销与安全保障等方面。三大群体对城市风光、旅游景区价值、旅游景区类型、多种不同等级的购物场所、历史文化气息浓郁、居民的好客程度较高等指标的感知系数相对较低，基本维持在0.6以下。其余指标的路径系数位于0.6～0.7。

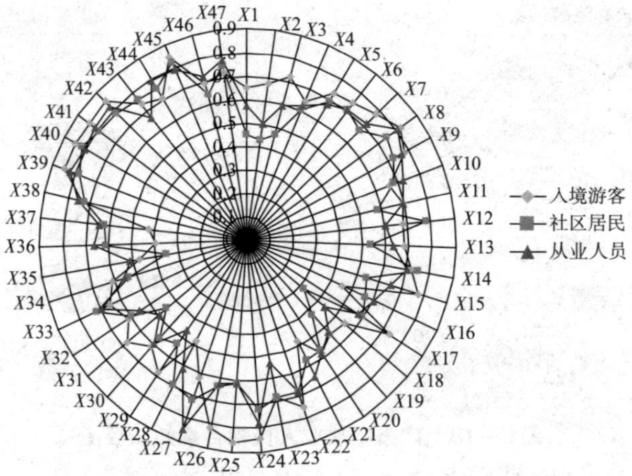

图6－14　广州市利益相关群体耦合感知指标差异

从核心旅游供给的感知系数来看，三大群体对旅游景区因子、旅游购物因子与旅游娱乐因子的路径系数均较高，位于0.88以上，说明三大群体对广州的旅游景区、购物与娱乐等供给因子较为认同，而对旅游住宿因子的感知次之，路径系数位于 0.8 以上，对旅游交通与餐饮供给的感知具有波动性，路径系数在 0.70 ~ 0.93。从辅助供给因子的感知系数来看，三大群体对广州的人文环境与自然环境供给的感知系数相对较高，在 0.816 ~ 0.993，对广州的人文环境与自然环境建设给予肯定，对旅游信息因子的感知程度次之，对市场营销与安全保障的感知系数具有波动性，在 0.61 ~ 0.86。通过对三大群体旅游供需耦合的差异性分析，认为旅游景区、旅游购物、旅游娱乐、人文环境与自然环境是广州的优势供给因子，旅游交通、旅游餐饮、旅游住宿与旅游信息是广州的稳定供给因子，而安全保障与市场营销是广州的劣势供给因子。

6.3.4　西安市利益相关群体供需耦合的感知差异分析

6.3.4.1　模型适用性与验证性检验

（1）模型适用性检验。

从路径系数、信度系数、误差变异量、潜变量组合信度（CR）、潜变量平均方差抽取量（AVE）对入境游客、社区居民与从业人员假设模型进行适用性评估（见表 6 - 10）。从表 6 - 10 来看，除入境游客感知模型中，指标 *X*28 未通过显著性检验，社区居民感知模型中，指标 *X*11 未通过显著性检验外，三大群体其余指标均通过显著性检验，且路径系数基本满足大于 0.5 的标准（吴明隆，2010）。从信度系数来看，三大群体指标变量的信度系数满足部分项目信度大于 0.5 的标准，误差变异量来看，除入境游客感知模型中的指标 *X*28，以及社区居民感知模型中的指标 *X*11 的误差变异量为负值外，其余误差变异量均为正值（吴明隆，2010）。同时，三大群体所提取的潜变量组合信度值均满足 0.6 的阈限水平，潜变量平均方差抽取量满足或接近 0.5 阈限水平（吴明隆，2010）。整体来看，三大群体假设模型均通过适用性评估。

表 6 – 10　西安市利益相关群体旅游供需耦合感知假设模型适用性评估

因子	指标	入境游客					社区居民					从业人员				
		R	R^2	$1-R^2$	CR	AVE	R	R^2	$1-R^2$	CR	AVE	R	R^2	$1-R^2$	CR	AVE
旅游景区	$X1$	0. 68	0. 47	0. 53	0. 83	0. 50	0. 56	0. 31	0. 69	0. 82	0. 50	0. 66	0. 44	0. 56	0. 83	0. 49
	$X2$	0. 59	0. 35	0. 65			0. 32	0. 10	0. 90			0. 42	0. 18	0. 82		
	$X3$	0. 66	0. 43	0. 57			0. 50	0. 25	0. 75			0. 50	0. 25	0. 75		
	$X4$	0. 65	0. 42	0. 58			0. 56	0. 31	0. 69			0. 56	0. 31	0. 69		
	$X5$	0. 72	0. 52	0. 48			0. 73	0. 53	0. 47			0. 55	0. 30	0. 70		
旅游交通	$X6$	0. 75	0. 56	0. 44	0. 83	0. 50	0. 73	0. 53	0. 47	0. 83	0. 49	0. 68	0. 46	0. 54	0. 83	0. 50
	$X7$	0. 83	0. 69	0. 31			0. 83	0. 69	0. 31			0. 70	0. 49	0. 51		
	$X8$	0. 85	0. 72	0. 28			0. 81	0. 66	0. 34			0. 69	0. 48	0. 52		
	$X9$	0. 84	0. 70	0. 30			0. 76	0. 58	0. 42			0. 73	0. 53	0. 47		
	$X10$	0. 78	0. 61	0. 39			0. 84	0. 71	0. 29			0. 79	0. 62	0. 38		
旅游住宿	$X11$	0. 69	0. 48	0. 52	0. 67	0. 50	<u>1. 07</u>	<u>1. 14</u>	<u>−0. 14</u>	0. 65	0. 51	0. 69	0. 48	0. 52	0. 67	0. 49
	$X12$	0. 77	0. 59	0. 41			0. 57	0. 32	0. 68			0. 64	0. 41	0. 59		
旅游餐饮	$X13$	0. 68	0. 47	0. 53	0. 67	0. 50	0. 76	0. 58	0. 42	0. 66	0. 50	0. 69	0. 48	0. 52	0. 67	0. 50
	$X14$	0. 72	0. 51	0. 49			0. 60	0. 36	0. 64			0. 67	0. 45	0. 55		
旅游购物	$X15$	0. 65	0. 42	0. 58	0. 75	0. 50	0. 54	0. 29	0. 71	0. 75	0. 50	0. 69	0. 48	0. 52	0. 75	0. 50
	$X16$	0. 62	0. 38	0. 62			0. 57	0. 32	0. 68			0. 62	0. 38	0. 62		
	$X17$	0. 63	0. 40	0. 60			0. 57	0. 32	0. 68			0. 65	0. 42	0. 58		

续表

因子	指标	入境游客					社区居民					从业人员				
		R	R^2	$1-R^2$	CR	AVE	R	R^2	$1-R^2$	CR	AVE	R	R^2	$1-R^2$	CR	AVE
旅游娱乐	X18	0.68	0.46	0.54	0.86	0.50	0.78	0.61	0.39	0.85	0.50	0.70	0.49	0.51	0.86	0.50
	X19	0.58	0.34	0.66			0.54	0.29	0.71			0.44	0.19	0.81		
	X20	0.63	0.40	0.60			0.56	0.31	0.69			0.49	0.24	0.76		
	X21	0.62	0.38	0.62			0.56	0.31	0.69			0.55	0.30	0.70		
	X22	0.73	0.53	0.47			0.67	0.45	0.55			0.53	0.28	0.72		
	X23	0.68	0.46	0.54			0.55	0.30	0.70			0.52	0.27	0.73		
自然环境	X24	0.77	0.59	0.41	0.81	0.52	0.78	0.61	0.39	0.79	0.50	0.63	0.40	0.60	0.80	0.50
	X25	0.91	0.83	0.17			0.69	0.48	0.52			0.62	0.38	0.62		
	X26	0.78	0.61	0.39			0.83	0.69	0.31			0.68	0.46	0.54		
	X27	0.70	0.49	0.51			0.78	0.61	0.39			0.75	0.56	0.44		
	X28	1.19	1.42	−0.42			0.85	0.72	0.28			0.70	0.49	0.51		
人文环境	X29	0.46	0.21	0.79	0.87	0.50	0.46	0.21	0.79	0.87	0.50	0.41	0.17	0.83	0.87	0.50
	X30	0.64	0.41	0.59			0.65	0.42	0.58			0.69	0.48	0.52		
	X31	0.57	0.32	0.68			0.69	0.48	0.52			0.58	0.34	0.66		
	X32	0.62	0.38	0.62			0.47	0.22	0.78			0.51	0.26	0.74		
	X33	0.62	0.38	0.62			0.73	0.53	0.47			0.63	0.40	0.60		
	X34	0.71	0.50	0.50			0.75	0.56	0.44			0.62	0.38	0.62		
	X35	0.67	0.45	0.55			0.64	0.41	0.59			0.68	0.46	0.54		

续表

因子	指标	入境游客					社区居民					从业人员				
		R	R^2	$1-R^2$	CR	AVE	R	R^2	$1-R^2$	CR	AVE	R	R^2	$1-R^2$	CR	AVE
旅游信息	X36	0.46	0.21	0.79	0.82	0.50	0.65	0.42	0.58	0.83	0.50	0.60	0.36	0.64	0.83	0.50
	X37	0.47	0.22	0.78			0.69	0.48	0.52			0.64	0.41	0.59		
	X38	0.71	0.50	0.50			0.69	0.48	0.52			0.64	0.41	0.59		
	X39	0.86	0.74	0.26			0.83	0.69	0.31			0.74	0.55	0.45		
	X40	0.84	0.71	0.29			0.83	0.69	0.31			0.74	0.55	0.45		
市场营销	X41	0.87	0.76	0.24	0.75	0.50	0.82	0.67	0.33	0.75	0.50	0.77	0.59	0.41	0.75	0.50
	X42	0.90	0.81	0.19			0.73	0.53	0.47			0.63	0.40	0.60		
	X43	0.80	0.64	0.36			0.65	0.42	0.58			0.59	0.35	0.65		
安全保障	X44	0.69	0.48	0.52	0.80	0.50	0.53	0.28	0.72	0.80	0.50	0.75	0.56	0.44	0.80	0.50
	X45	0.84	0.71	0.29			0.76	0.58	0.42			0.77	0.59	0.41		
	X46	0.75	0.56	0.44			0.79	0.62	0.38			0.74	0.55	0.45		
	X47	0.75	0.56	0.44			0.74	0.55	0.45			0.70	0.49	0.51		

注：表中 R 表示路径系数，R^2 表示信度系数，$1-R^2$ 表示测量误差，各指标 T 值均高于 1.96，下画线指标表示 0.001 水平下未通过显著性检验。

（2）模型验证性检验。

采用极大似然估计法对三大群体目的地旅游供给感知结构方程模型进行验证性检验，并对入境游客旅游供给感知假设模型中 e48 ~ e50、e53 ~ e54、e86 ~ e87、e67 ~ e68、e79 ~ e81 等残差之间的关系进行修正，对社区居民旅游供给感知假设模型中 e57 ~ e85、e65 ~ e73、e72 ~ e78、e88 ~ e91 等残差之间的关系进行修正，对从业人员旅游供给感知假设模型中 e51 ~ e52、e61 ~ e63、e53 ~ e54、e72 ~ e74、e86 ~ e88、e91 ~ e93 等残差之间的关系进行修正，获取三大群体旅游供给感知拟合指数（见表6 - 11），发现三大群体感知模型的绝对适配度指数、增值适配度指数与简约适配度指数基本满足验证标准（吴明隆，2010；Etezadi A. J.，1996；Bentler P. M.，1980）。此时，入境游客供给感知模型结果为，4Chi - square 的值为 1384.686，df 为906，显著水平为0.000；社区居民供给感知模型结果为，Chi - square 的值为1063.974，df 为889，显著水平为0.000；从业人员供给感知模型结果为，Chi - square 的值为1105.691，df 为910，显著水平为0.000。

表6 - 11　西安市利益相关群体旅游供需耦合感知模型验证性评估

指数	指标	标准	入境游客结果	社区居民结果	从业人员结果
绝对适配度指数	CMIN/DF	1.0 ~ 3.0	1.528	1.197	1.215
	RMSEA	≤0.08	0.030	0.019	0.020
	GFI	≥0.80	0.911	0.921	0.920
	AGFI	≥0.80	0.900	0.900	0.901
	PGFI	>0.5	0.731	0.726	0.743
增值适配度指数	NFI	≥0.80	0.916	0.920	0.904
	RFI	>0.80	0.900	0.903	0.887
	IFI	>0.80	0.969	0.986	0.982
	TLI	>0.80	0.963	0.983	0.978
	CFI	>0.80	0.969	0.986	0.981
简约适配度指数	PRATIO	>0.50	0.838	0.822	0.842
	PNFI	>0.50	0.758	0.756	0.761
	PCFI	>0.50	0.812	0.811	0.826

6.3.4.2 西安市利益相关群体供需耦合感知分析

（1）入境游客目的地旅游供给感知特征。

通过对入境游客旅游供需耦合感知假设模型的评估与检验，H1 至 H11 均通过验证，并获得入境游客旅游供需耦合感知路径系数与路径模型（见表6－10、图6－15）。

从入境游客具体指标感知的路径系数来看（见表6－10），旅游营销供给力与城市用水充足两项指标的路径系数均大于0.9，游客对此两项指标的感知程度最深，也是对西安旅游营销与城市用水供给方面的肯定。市内交通方便快捷、景区内交通方便快捷、本地与其他旅游城市间交通便捷、旅游标识、导览信息方便有效、景区信息咨询服务完善、免费旅游宣传资料充足与旅游服务设施安全状况良好的路径系数位于0.8～0.9，说明游客对西安的城市与景区交通、旅游信息服务与景区宣传的感知程度较好（刘军胜，2017；Liu J.，2017），其余指标的路径系数在0.7以下，游客感知程度较低。

从核心旅游供给方面看，入境游客对西安旅游购物因子感知系数最高，为0.961，主要是因为西安作为西部大开发的重点建设城市，是西北重点商业与购物中心，购物设施与服务较为完善，游客感知程度较为深刻。入境游客对旅游景区、旅游娱乐、旅游餐饮、旅游住宿等因子的感知系数均在0.8以上，对旅游交通因子的感知系数最低，为0.769。从辅助旅游供给方面看，入境游客对西安人文环境因子感知系数较高，为0.936，主要是因为西安是古都，有着厚重的历史文化积淀、数量众多的历史人文古迹，历史文化气息浓厚，形成了较好的城市旅游人文氛围。游客对旅游信息、市场营销与安全保障因子的路径系数次之，位于0.7～0.84。游客对西安自然环境因子的感知系数最低，为0.529，虽然近年来西安加大了对城市自然环境的建设，但城市雾霾、空气污染等依然比较严重，西安自然环境建设还需进一步提升。整体来看，入境游客对西安核心旅游供给因子的感知系数较高，均在0.76以上，对辅助旅游供给因子的感知系数相对较低，入境游客对西安核心旅游供给总体上持肯定态度（刘军胜，2017；

Liu J.，2017）。

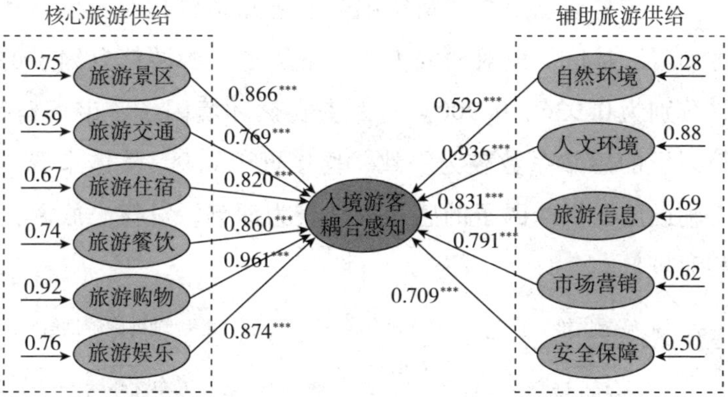

图6－15　西安市入境游客耦合感知路径图

注：CR＝0．916 AVE＝0．5 ＊＊＊p＜0．001。

（2）社区居民目的地旅游供给感知。

通过对社区居民旅游供需耦合感知假设模型的评估与检验，H1 至 H11 均通过验证，并获得社区居民旅游供需耦合感知路径系数与路径模型（见表6－10、图6－16）。

从社区居民具体指标感知的路径系数来看（见表6－10），社区居民对西安旅游供给指标的路径系数均在0.9 以下。社区居民对市内交通方便快捷、景区内交通方便快捷、交通设施完善、城市公共环境卫生状况良好、旅游景区环境优美、景区信息咨询服务完善、旅游形象鲜明的感知系数位于0.8～0.9，说明社区居民对西安市旅游交通、旅游营销相关供给较为认同。旅游购物服务、公共交通方式多样、本地与其他旅游城市间交通便捷、餐饮服务质量、民俗风情具有吸引力、城市空气质量良好、城市绿化覆盖率高、整体经济发展水平较高、服务业发展水平较高、旅游促销有力、旅游服务设施安全状况良好、游客投诉能得到及时有效解决、整体上本地很安全的感知系数位于0.7～0.8，其余指标的感知系数均在0.7 以下。

从核心旅游供给方面看，社区居民对西安旅游购物因子、旅游娱乐因子、旅游景区因子的感知系数相对最高，均在0.9 以上，说明社区居民对西安的购物、娱乐与景区供给较为认同，给予较高的认知评价，对旅游交通、旅游餐饮、旅游住宿等因子的感知系数相对较低。从辅助旅游供给方面看，社区居民对西安人文环境因子、旅游信息因子的感知系数较高，分别为0.936、0.900。对西安自然环境因子、市场营销因子、安全保障因子的感知系数较为一致，均接近于0.9。整体来看，社区居民对西安辅助旅游供给因子的感知程度较为深刻，对核心旅游供给的感知程度相对较低。

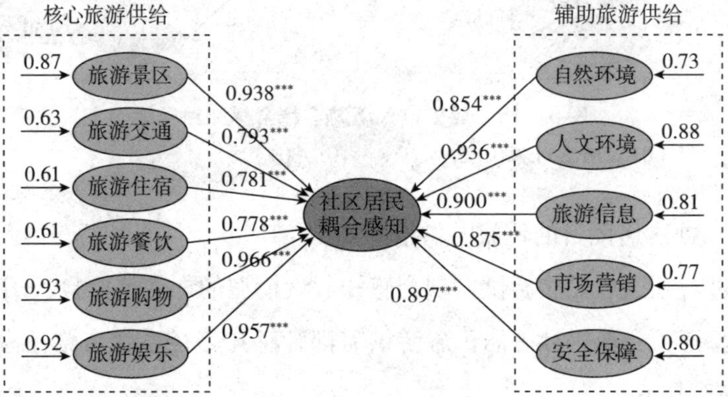

图6－16　西安市社区居民耦合感知路径图

注：CR＝0. 916 AVE＝0. 5 ＊＊＊p＜0. 001。

（3）从业人员目的地旅游供给感知。

通过对从业人员旅游供需耦合感知假设模型的评估与检验，H1至H11均通过验证，并获得从业人员旅游供需耦合感知路径模型（见表6－10、图6－17）。

从旅游从业人员具体指标感知的路径系数来看（见表6－10），从业人员对市内交通方便快捷、本地与其他旅游城市间交通便捷、交通设施完善、民俗风情具有吸引力、城市绿化覆盖率高、旅游标识、导览信息方便有效、景区信息咨询服务完善、旅游形象鲜明、社会治安情况良好、旅游服务设施安全状况良好、游客投诉能得到及时有效解决、整体上本地很安全等指标的感知系数位于0.7～0.8，评价程度相对较高，感知程度相对较深，其他指标的感知系数均位于0.7以下。

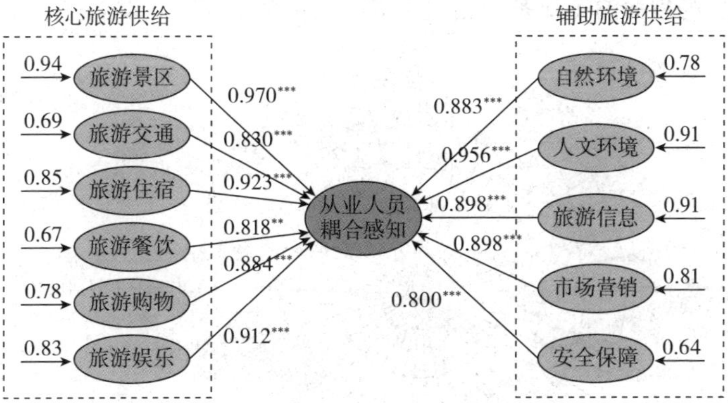

图6－17 西安市从业人员耦合感知路径图

注：CR =0. 916 AVE =0. 5 ＊＊＊p<0. 001。

从核心旅游供给方面看，从业人员对西安旅游景区因子、旅游住宿与旅游娱乐因子的感知系数相对较高，均高于0.9，说明从业人员对西安旅游景区、住宿与娱乐供给较认同。从业人员对旅游交通、旅游购物、旅游餐饮等因子的感知系数相对较低，在0.8～0.9。从辅助旅游供给方面看，从业人员对西安人文环境因子感知系数较高，为0.956，旅游信息、市场营销与自然环境因子次之，对西安安全保障因子的感知系数最低，为0.8。整体来看，从业人员对西安核心与辅助旅游供给结构因子的感知系数较为一致（刘军胜，2017；Liu J.，2017）。

（4）三大利益相关群体目的地旅游供给感知差异。

由表6－10、图6－18可以发现三大群体感知系数均较高的指标，其中公共交通方式多样、市内交通方便快捷、景区内交通方便快捷、本地与其他旅游城市间交通便捷、交通设施完善、城市公共环境卫生状况良好、城市绿化覆盖率高、居民的好客程度较高、英文旅游信息获取方便、旅游标识、导览信息方便有效、景区信息咨询服务完善、旅游形象鲜明、旅游服务设施安全状况良好、游客投诉能得到及时有效解决、整体上本地很安全等指标的路径系数较高，均在0.7以上，三大群体对上述指标均较为认同。三大群体对旅游景区价值、旅游景区类型、旅游节事活动具有吸引力、文化演艺活动丰富多彩、国际会展丰富多样、为游客提供了解本地生活的机会等指标的感知系数相对较低，基本维持在 0.6 以下。

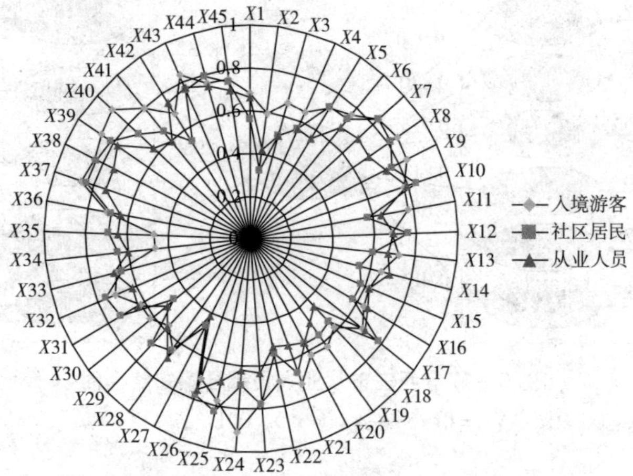

图 6－18　西安市利益相关群体耦合感知指标差异

从核心旅游供给的感知系数来看，三大群体对旅游景区因子、旅游购物因子与旅游娱乐因子的路径系数均较高，位于 0.87～0.97，说明三大群体对西安的旅游景区、购物与娱乐等供给因子较为认同，而对旅游交通、住宿与餐饮供给的感知程度相对较低，路径系数在 0.77～0.92。可见，三大群体对旅游景区、旅游购物与旅游娱乐等非基本消费的感知程度均较为深刻，对旅游交通、住宿与餐饮等基本消费的感知程度较弱。从辅助供给因子的感知系数来看，三大群体对西安人文环境、旅游信息供给的感知系数最高，在 0.83～0.96，对西安的人文环境与信息化建设给予肯定。对市场营销与安全保障因子的感知系数相对较高，在 0.71～0.90。对西安自然环境因子的评价均较低，位于 0.53～0.88，说明西安的自然环境有待改善。通过对三大群体旅游供给结构的差异性感知总结，认为旅游景区、旅游购物、旅游娱乐、人文环境与旅游信息是西安的优势旅游供给因素，旅游交通、旅游餐饮、旅游住宿、市场营销与安全保障是西安的稳定供给因素，而自然环境是西安的劣势供给要素。该研究结果与 2015 年再次调研后所获得结果基本一致。

6.3.5 成都市利益相关群体供需耦合的感知差异分析

6.3.5.1 模型适用性与验证性检验

（1）模型适用性检验。

从路径系数、信度系数、误差变异量、潜变量组合信度（CR）、潜变量平均方差抽取量（AVE）对入境游客、社区居民与从业人员假设模型进行适用性评估（见表6－12）。从表6－12来看，除从业人员感知模型中，指标*X*13、*X*14未通过显著性检验外，入境游客与社区居民感知模型的指标均通过显著性检验，且路径系数基本满足大于0.5的标准（吴明隆，2010）。从信度系数来看，三大群体指标变量的信度系数满足部分项目信度大于0.5的标准，从误差变异量来看，除从业人员感知模型中的指标*X*13、*X*14的误差变异量为负值外，其余误差变异量均为正值（吴明隆，2010）。同时，三大群体所提取的潜变量组合信度值均满足0.6的阈限水平，潜变量平均方差抽取量满足或接近0.5阈限水平（吴明隆，2010）。整体来看，三大群体假设模型均通过适用性评估。

（2）模型验证性检验。

采用极大似然估计法对三大群体目的地旅游供给感知结构方程模型进行验证性检验，并对入境游客旅游供给感知假设模型中*e*48～*e*50、*e*58～*e*67、*e*66～*e*93、*e*67～*e*94、*e*85～*e*92等残差之间的关系进行修正，对社区居民旅游供给感知假设模型中*e*52～*e*87、*e*61～*e*64、*e*73～*e*80、*e*76～*e*93等残差之间的关系进行修正，对从业人员旅游供给感知假设模型中*e*53～*e*54、*e*53～*e*58、*e*67～*e*94、*e*75～*e*79、*e*84～*e*92、*e*56～*e*93等残差之间的关系进行修正，获取三大群体旅游供给感知拟合指数（见表6－13），发现三大群体感知模型的绝对适配度指数、增值适配度指数与简约适配度指数基本满足验证标准（吴明隆，2010；Etezadi A. J.，1996；Bentler P. M.，1980）。此时，入境游客供给感知模型结果为，Chi－square的值为2681.107，df为1001，显著水平为0.000；社区居民供给感知模型结果为，Chi－square的值为2367.342，df为963，显著水平为0.000；从业人员供给感知模型结果为，Chi－square的值为2041.340，df为914，显著水平为0.000。

表 6－12 成都市利益相关群体旅游供需耦合感知假设模型适用性评估

因子	指标	入境游客					社区居民					从业人员				
		R	R^2	$1-R^2$	CR	AVE	R	R^2	$1-R^2$	CR	AVE	R	R^2	$1-R^2$	CR	AVE
旅游景区	X1	0.56	0.31	0.69	0.83	0.50	0.59	0.35	0.65	0.82	0.50	0.50	0.25	0.75	0.83	0.50
	X2	0.51	0.26	0.74			0.24	0.06	0.94			0.52	0.27	0.73		
	X3	0.55	0.30	0.70			0.58	0.34	0.66			0.57	0.32	0.68		
	X4	0.64	0.41	0.59			0.60	0.36	0.64			0.71	0.50	0.50		
	X5	0.75	0.56	0.44			0.60	0.36	0.64			0.74	0.55	0.45		
旅游交通	X6	0.71	0.50	0.50	0.83	0.50	0.73	0.53	0.47	0.83	0.50	0.73	0.53	0.47	0.83	0.50
	X7	0.78	0.61	0.39			0.80	0.64	0.36			0.80	0.64	0.36		
	X8	0.85	0.72	0.28			0.82	0.67	0.33			0.82	0.67	0.33		
	X9	0.77	0.59	0.41			0.74	0.55	0.45			0.79	0.62	0.38		
	X10	0.70	0.49	0.51			0.69	0.48	0.52			0.76	0.58	0.42		
旅游住宿	X11	0.73	0.53	0.47	0.67	0.50	0.74	0.55	0.45	0.66	0.50	0.71	0.50	0.50	0.67	0.50
	X12	0.67	0.45	0.55			0.63	0.40	0.60			0.67	0.45	0.55		
旅游餐饮	X13	0.62	0.38	0.62	0.67	0.50	0.62	0.38	0.62	0.67	0.50	1.02	1.04	-0.04	0.66	0.50
	X14	0.70	0.49	0.51			0.61	0.37	0.63			1.02	1.04	-0.04		
旅游购物	X15	0.68	0.46	0.54	0.74	0.50	0.59	0.35	0.65	0.75	0.50	0.70	0.49	0.51	0.75	0.50
	X16	0.42	0.18	0.82			0.66	0.44	0.56			0.66	0.44	0.56		
	X17	0.64	0.41	0.59			0.59	0.35	0.65			0.62	0.38	0.62		

续表

因子	指标	入境游客					社区居民					从业人员				
		R	R^2	$1-R^2$	CR	AVE	R	R^2	$1-R^2$	CR	AVE	R	R^2	$1-R^2$	CR	AVE
旅游娱乐	X18	0. 53	0. 28	0. 72	0. 86	0. 50	0. 52	0. 27	0. 73	0. 85	0. 50	0. 59	0. 35	0. 65	0. 86	0. 50
	X19	0. 58	0. 34	0. 66			0. 60	0. 36	0. 64			0. 60	0. 36	0. 64		
	X20	0. 61	0. 37	0. 63			0. 58	0. 34	0. 66			0. 67	0. 45	0. 55		
	X21	0. 52	0. 27	0. 73			0. 62	0. 38	0. 62			0. 64	0. 41	0. 59		
	X22	0. 70	0. 49	0. 51			0. 59	0. 35	0. 65			0. 73	0. 53	0. 47		
	X23	0. 66	0. 44	0. 56			0. 62	0. 38	0. 62			0. 65	0. 42	0. 58		
自然环境	X24	0. 46	0. 21	0. 79	0. 79	0. 50	0. 67	0. 45	0. 55	0. 83	0. 50	0. 73	0. 53	0. 47	0. 83	0. 50
	X25	0. 72	0. 52	0. 48			0. 65	0. 42	0. 58			0. 63	0. 40	0. 60		
	X26	0. 79	0. 62	0. 38			0. 73	0. 53	0. 47			0. 68	0. 46	0. 54		
	X27	0. 83	0. 69	0. 31			0. 78	0. 61	0. 39			0. 60	0. 36	0. 64		
	X28	0. 77	0. 59	0. 41			0. 72	0. 52	0. 48			0. 67	0. 45	0. 55		
人文环境	X29	0. 69	0. 48	0. 52	0. 87	0. 50	0. 61	0. 37	0. 63	0. 87	0. 50	0. 65	0. 42	0. 58	0. 87	0. 50
	X30	0. 70	0. 49	0. 51			0. 69	0. 48	0. 52			0. 68	0. 46	0. 54		
	X31	0. 61	0. 37	0. 63			0. 64	0. 41	0. 59			0. 73	0. 53	0. 47		
	X32	0. 65	0. 42	0. 58			0. 71	0. 50	0. 50			0. 75	0. 56	0. 44		
	X33	0. 70	0. 49	0. 51			0. 72	0. 52	0. 48			0. 74	0. 55	0. 45		
	X34	0. 62	0. 38	0. 62			0. 67	0. 45	0. 55			0. 70	0. 49	0. 51		
	X35	0. 39	0. 15	0. 85			0. 54	0. 29	0. 71			0. 54	0. 29	0. 71		

续表

因子	指标	入境游客					社区居民					从业人员				
		R	R^2	$1-R^2$	CR	AVE	R	R^2	$1-R^2$	CR	AVE	R	R^2	$1-R^2$	CR	AVE
旅游信息	X36	0.51	0.26	0.74	0.82	0.50	0.68	0.46	0.54	0.83	0.50	0.60	0.36	0.64	0.83	0.50
	X37	0.54	0.29	0.71			0.65	0.42	0.58			0.68	0.46	0.54		
	X38	0.74	0.55	0.45			0.75	0.56	0.44			0.73	0.53	0.47		
	X39	0.81	0.66	0.34			0.81	0.66	0.34			0.78	0.61	0.39		
	X40	0.82	0.67	0.33			0.81	0.66	0.34			0.80	0.64	0.36		
市场营销	X41	0.79	0.62	0.38	0.75	0.50	0.74	0.55	0.45	0.75	0.50	0.73	0.53	0.47	0.74	0.50
	X42	0.84	0.71	0.29			0.67	0.45	0.55			0.74	0.55	0.45		
	X43	0.67	0.45	0.55			0.73	0.53	0.47			0.70	0.49	0.51		
安全保障	X44	0.78	0.61	0.39	0.80	0.50	0.80	0.64	0.36	0.80	0.50	0.76	0.58	0.42	0.79	0.50
	X45	0.88	0.77	0.23			0.80	0.64	0.36			0.84	0.71	0.29		
	X46	0.60	0.36	0.64			0.64	0.41	0.59			0.70	0.49	0.51		
	X47	0.70	0.49	0.51			0.75	0.56	0.44			0.68	0.46	0.54		

注:表中 R 表示路径系数,R^2 表示信度系数,$1-R^2$ 表示测量误差,各指标 T 值均高于 1.96,下画线指标表示 0.001 水平下未通过显著性检验。

表6-13 成都市利益相关群体旅游供需耦合感知模型验证性评估

指数	指标	标准	入境游客结果	社区居民结果	从业人员结果
绝对适配度指数	CMIN/DF	1.0~3.0	2.678	2.267	2.199
	RMSEA	≤0.08	0.053	0.050	0.049
	GFI	≥0.80	0.834	0.836	0.834
	AGFI	≥0.80	0.813	0.816	0.812
	PGFI	>0.5	0.740	0.744	0.736
增值适配度指数	NFI	≥0.80	0.835	0.839	0.853
	RFI	>0.80	0.822	0.826	0.841
	IFI	>0.80	0.890	0.903	0.914
	TLI	>0.80	0.881	0.895	0.906
	CFI	>0.80	0.890	0.902	0.914
简约适配度指数	PRATIO	>0.50	0.926	0.928	0.920
	PNFI	>0.50	0.774	0.778	0.785
	PCFI	>0.50	0.824	0.837	0.841

6.3.5.2 成都市利益相关群体供需耦合感知分析

(1) 入境游客目的地旅游供给感知特征。

通过对入境游客旅游供需耦合感知假设模型的评估与检验，H1至H11均通过验证，并获得入境游客旅游供需耦合感知路径系数与路径模型（见表6-12、图6-19）。

从入境游客具体指标感知的路径系数来看（见表6-12），导游服务质量、公共交通方式多样、市内交通方便快捷、景区内交通方便快捷、城市公共环境卫生状况良好、城市绿化覆盖率高、旅游景区环境优美、旅游标识、导览信息方便有效、景区信息咨询服务完善、旅游形象鲜明、旅游促销有力、社会治安情况良好、旅游服务设施安全状况良好等指标的路径系数均大于0.75，主要集中在旅游交通、自然环境、旅游营销与安全保障等方面。整体旅游价格、城市空气质量良好、居民的好客程度较高、互联网服务完善、移动通信服务完善、民俗风情具有吸引力、旅游节事活动具有吸引力、国际会展丰富多样、城市风光、旅游景区价值、旅游景区类型等指标的路径系数相对较低，位于0.6以下，集中在旅游景区、旅游信息与旅游娱乐等方面。其余指标的路径系数位于0.6~0.75。

从核心旅游供给方面看，整体上入境游客对成都旅游购物因子、旅游娱乐与旅游景区因子的路径系数较高，均保持在0.9以上，主要是因为成都是我国西部大开发的重点建设城市，是西南地区重点商业与购物中心，购物设施与服务较为完善，游客感知程度较为深刻。入境游客对旅游餐饮与旅游住宿等因子的感知系数次之，均在0.8以上，对旅游交通因子的感知系数最低，为0.725。从辅助旅游供给方面看，入境游客对成都人文环境因子感知系数最高，为0.901，游客对安全保障因子的路径系数次之，为0.808，游客对成都自然环境因子、旅游信息与市场营销因子的感知系数最低，位于0.7~0.74，说明成都还有待进一步加强自然环境、旅游信息与市场营销方面的建设。整体来看，入境游客对成都核心旅游供给因子的感知系数较高，对辅助旅游供给因子的感知系数相对较低，入境游客对西安核心旅游供给总体上持肯定态度。

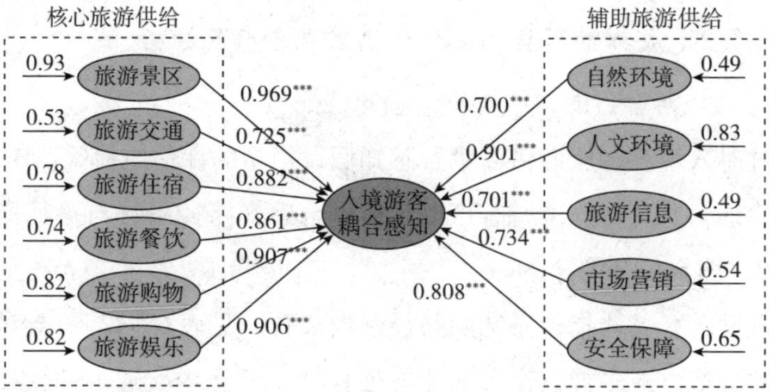

图6-19　成都市入境游客耦合感知路径图

注：CR=0. 915 AVE=0. 5 ＊＊＊p<0. 001。

（2）社区居民目的地旅游供给感知。

通过对社区居民旅游供需耦合感知假设模型的评估与检验，H1至H11均通过验证，并获得社区居民旅游供需耦合感知路径系数与路径模型（见表6-12、图6-20）。

从社区居民具体指标感知的路径系数来看（见表6-12），社区居民对市内交通方便快捷、景区内交通方便快捷、城市绿化覆盖率高、英文旅游信息获取方便、旅游标识、导览信息方便有效、景区信息咨询服务完善、社会治安情况良好、旅游服务设施安全状况良好、整体上本地很安全等指标的感知系数位于0.75以上，集中在旅游安全保障、旅游交通与旅游信息方面。而对城市风光、旅游景区价值、旅游景区类型、旅游购物服务质量、多种不同等级的购物场所、民俗风情具有吸引力、文化演艺活动丰富多彩、旅游娱乐服务质量、居民的好客程度较高的感知系数相对较低，均低于0.6，其余指标的感知系数均在0.6～0.75。

从核心旅游供给方面看，社区居民对成都的旅游景区因子、旅游购物因子、旅游娱乐因子、旅游餐饮因子的感知系数相对较高，均在0.9以上，说明社区居民对成都的购物、娱乐与景区等供给较为认同，给予较高的认知评价；对旅游住宿因子的感知系数次之，对旅游交通因子的路径系数最低。从辅助旅游供给方面看，社区居民对成都的自然环境因子与人文环境因子的感知系数相对较高，均在0.9以上。对成都的旅游信息因子、市场营销因子与安全保障因子的感知系数较为一致，均接近于0.9。整体来看，社区居民对成都核心与辅助旅游供给因子的感知程度较为一致。

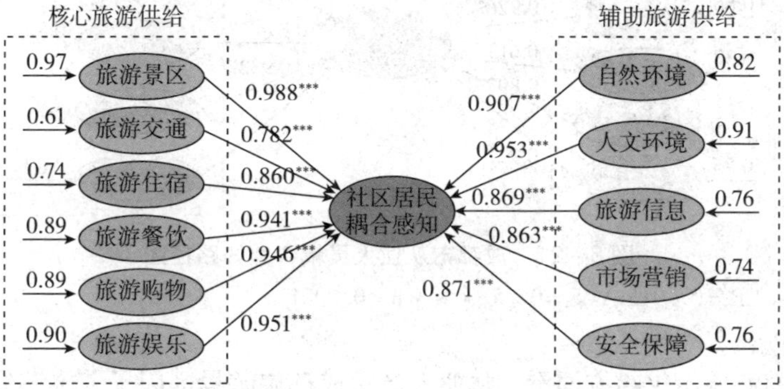

图6－20　成都市社区居民耦合感知路径图

注：CR＝0. 916 AVE＝0. 5 ＊＊＊p＜0. 001。

（3）从业人员目的地旅游供给感知。

通过对从业人员旅游供需耦合感知假设模型的检验，H1至H11均通过验证，并获得从业人员旅游供需耦合感知的路径模型（见表6－12、图6－21）。

从旅游从业人员具体指标感知的路径系数来看（见表6－12），从业人员对市内交通方便快捷、景区内交通方便快捷、本地与其他旅游城市间交通便捷、交通设施完善、文化演艺活动丰富多彩、多种不同等级的休闲娱乐场所、现代化的城市商贸氛围浓郁、历史文化气息浓郁、整体经济发展水平较高、服务业发展水平较高、英文旅游信息获取方便、旅游标识、导览信息方便有效、景区信息咨询服务完善、旅游形象鲜明、旅游促销有力、免费旅游宣传资料充足、社会治安情况良好、旅游服务设施安全状况良好、游客投诉能得到及时有效解决等指标的感知评价较高，路径系数均在0.7以上，集中在安全保障、旅游信息、市场营销、人文环境与旅游交通等方面。城市风光、旅游景区价值、旅游景区类型、民俗风情具有吸引力、居民的好客程度较高等指标的评价相对较低，均在0.6以下。其余指标的路径系数位于0.6～0.7。

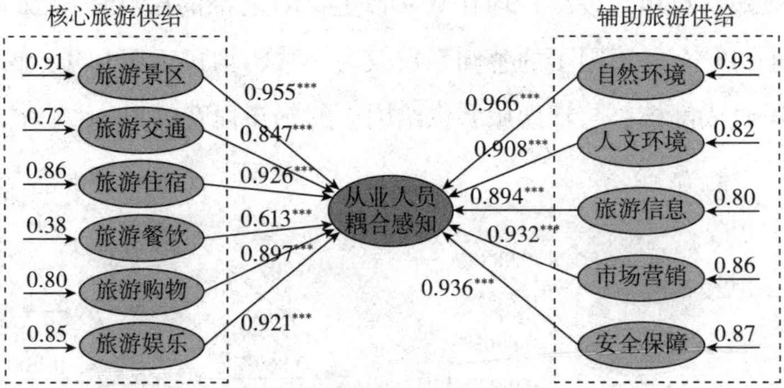

图6－21　成都市从业人员耦合感知路径图

注：CR＝0. 915 AVE＝0. 5 ＊＊＊p＜0. 001。

从核心旅游供给方面看，从业人员对成都旅游景区因子、旅游住宿与旅游娱乐因子的感知系数相对较高，均高于0.9，说明从业人员对成都市旅游景区、住宿与娱乐供给较认同。从业人员对旅游购物、旅游交通、旅游餐饮等因子的感知系数相对较低，在0.6～0.9。从辅助旅游供给方面看，从业人员对成都的自然环境、人文环境、市场营销与安全保障因子感知系数较高，均在0.9以上，其次为旅游信息因子，其路径系数接近0.9。整体来看，从业人员对成都的辅助旅游供给感知评价较好，对核心旅游供给因子感知程度较弱。

（4）三大利益相关群体目的地旅游供给感知差异。

由表6－12、图6－22可以发现三大群体感知系数均较高的指标，其中公共交通方式多样、市内交通方便快捷、景区内交通方便快捷、本地与其他旅游城市间交通便捷、交通设施完善、英文旅游信息获取方便、旅游标识、导览信息方便有效、景区信息咨询服务完善、旅游形象鲜明、旅游促销有力、免费旅游宣传资料充足、社会治安情况良好、旅游服务设施安全状况良好、游客投诉能得到及时有效解决等指标的路径系数较高，均在0.7以上，三大群体对上述指标均较为认同。三大群体对城市风光、旅游景区价值、旅游景区类型、民俗风情具有吸引力、旅游节事活动具有吸引力、居民的好客程度较高等指标的感知系数相对较低，基本维持在0.6以下。其余指标的路径系数维持在0.6～0.7。

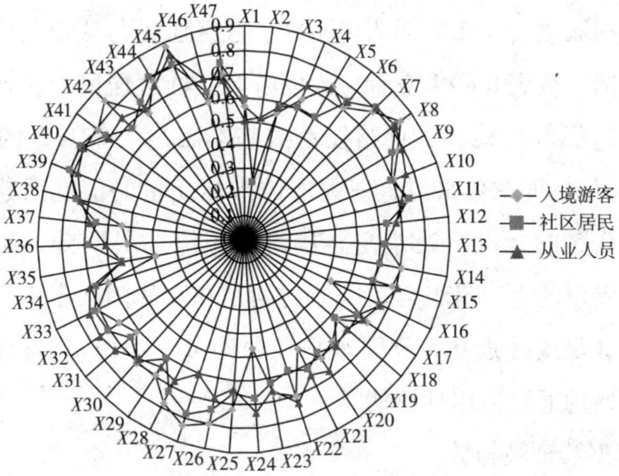

图6－22　成都市利益相关群体耦合感知指标差异

从核心旅游供给的感知系数来看，三大群体对旅游景区因子、旅游购物因子与旅游娱乐因子的路径系数均较高，位于0.89～0.99，说明三大群体对成都的旅游景区、购物与娱乐等供给因子较为认同，对旅游住宿、旅游交通与旅游餐饮的感知程度相对较低，路径系数在0.613～0.941。可见，三大群体对旅游景区、旅游购物与旅游娱乐等非基本消费的感知评价较高，对旅游交通、住宿与餐饮等基本消费的评价较弱。从辅助供给因子的感知系数来看，三大群体对成都的人文环境感知系数最高，在0.908～

0.953，对成都的人文环境建设给予肯定。对自然环境与安全保障的感知系数相对较高，对成都市场营销与旅游信息因子的评价均较低，说明西安的市场营销与旅游信息化建设还有待改善。通过对三大群体旅游供需耦合感知的差异性分析，认为旅游景区因子、人文环境因子、旅游购物因子与旅游娱乐因子是成都的优势旅游供给因素，旅游住宿、安全保障与自然环境是成都的稳定供给因素，而旅游餐饮、旅游交通、市场营销与旅游信息是成都的劣势供给要素。

6.3.6 昆明市利益相关群体供需耦合的感知差异分析

6.3.6.1 模型适用性与验证性检验

（1）模型适用性检验。

从路径系数、信度系数、误差变异量、潜变量组合信度（CR）、潜变量平均方差抽取量（AVE）对入境游客、社区居民与从业人员假设模型进行适用性评估。从表6－14来看，入境游客、社区居民与从业人员感知模型指标均通过显著性检验，且路径系数基本满足大于0.5的标准（吴明隆，2010）。从信度系数来看，三大群体指标变量的信度系数满足部分项目信度大于0.5的标准，误差变异量均为正值（吴明隆，2010）。同时，三大群体所提取的潜变量组合信度值均满足0.6的阈限水平，潜变量平均方差抽取量满足或接近0.5阈限水平（吴明隆，2010）。整体来看，三大群体假设模型均通过适用性评估。

（2）模型验证性检验。

采用极大似然估计法对三大群体目的地旅游供给感知结构方程模型进行验证性检验，并对入境游客旅游供给感知假设模型中$e53 \sim e55$、$e61 \sim e63$、$e56 \sim e67$、$e74 \sim e77$、$e85 \sim e92$等残差之间的关系进行修正，对社区居民旅游供给感知假设模型中$e65 \sim e66$、$e67 \sim e70$、$e73 \sim e78$、$e74 \sim e92$等残差之间的关系进行修正，对从业人员旅游供给感知假设模型中$e51 \sim e93$、$e58 \sim e67$、$e68 \sim e71$、$e73 \sim e80$、$e77 \sim e81$、$e85 \sim e92$等残差之间的关系进行修正，获取三大群体旅游供给感知拟合指数（见表6－15），发现三大群体感知模型的绝对适配度指数、增值适配度指数与简约适配度指数

表 6 - 14　昆明市利益相关群体旅游供需耦合感知假设模型适用性评估

因子	指标	入境游客					社区居民					从业人员				
		R	R^2	$1-R^2$	CR	AVE	R	R^2	$1-R^2$	CR	AVE	R	R^2	$1-R^2$	CR	AVE
	X1	0.59	0.35	0.65			0.42	0.18	0.82			0.37	0.14	0.86		
	X2	0.58	0.34	0.66			0.44	0.19	0.81			0.26	0.07	0.93		
旅游景区	X3	0.59	0.35	0.65	0.83	0.50	0.42	0.18	0.82	0.83	0.50	0.43	0.18	0.82	0.81	0.50
	X4	0.57	0.32	0.68			0.55	0.30	0.70			0.64	0.41	0.59		
	X5	0.70	0.49	0.51			0.57	0.32	0.68			0.63	0.40	0.60		
	X6	0.77	0.59	0.41			0.64	0.41	0.59			0.58	0.34	0.66		
	X7	0.82	0.67	0.33			0.72	0.52	0.48			0.61	0.37	0.63		
旅游交通	X8	0.86	0.74	0.26	0.83	0.50	0.76	0.58	0.42	0.83	0.50	0.67	0.45	0.55	0.83	0.50
	X9	0.81	0.66	0.34			0.63	0.40	0.60			0.63	0.40	0.60		
	X10	0.83	0.69	0.31			0.60	0.36	0.64			0.61	0.37	0.63		
旅游住宿	X11	0.63	0.40	0.60	0.66	0.50	0.66	0.44	0.56	0.66	0.50	0.64	0.41	0.59	0.66	0.50
	X12	0.79	0.62	0.38			0.52	0.27	0.73			0.46	0.21	0.79		
旅游餐饮	X13	0.63	0.40	0.60	0.67	0.50	0.40	0.16	0.84	0.67	0.50	0.51	0.26	0.74	0.67	0.50
	X14	0.66	0.44	0.56			0.42	0.18	0.82			0.43	0.18	0.82		
	X15	0.80	0.64	0.36			0.42	0.18	0.82			0.50	0.25	0.75		
旅游购物	X16	0.49	0.24	0.76	0.74	0.50	0.51	0.26	0.74	0.75	0.50	0.60	0.36	0.64	0.75	0.50
	X17	0.69	0.48	0.52			0.48	0.23	0.77			0.44	0.19	0.81		

续表

因子	指标	入境游客					社区居民					从业人员				
		R	R^2	$1-R^2$	CR	AVE	R	R^2	$1-R^2$	CR	AVE	R	R^2	$1-R^2$	CR	AVE
	X18	0.50	0.25	0.75			0.42	0.18	0.82			0.45	0.20	0.80		
	X19	0.60	0.36	0.64			0.45	0.20	0.80			0.41	0.17	0.83		
旅游娱乐	X20	0.57	0.32	0.68	0.86	0.50	0.40	0.16	0.84	0.86	0.50	0.51	0.26	0.74	0.85	0.50
	X21	0.61	0.37	0.63			0.38	0.14	0.86			0.47	0.22	0.78		
	X22	0.69	0.48	0.52			0.53	0.28	0.72			0.52	0.27	0.73		
	X23	0.74	0.55	0.45			0.52	0.27	0.73			0.47	0.22	0.78		
	X24	0.74	0.55	0.45			0.67	0.45	0.55			0.58	0.34	0.66		
	X25	0.59	0.35	0.65			0.50	0.25	0.75			0.49	0.24	0.76		
自然环境	X26	0.55	0.30	0.70	0.83	0.50	0.54	0.29	0.71	0.83	0.50	0.59	0.35	0.65	0.83	0.50
	X27	0.62	0.38	0.62			0.64	0.41	0.59			0.47	0.22	0.78		
	X28	0.68	0.46	0.54			0.58	0.34	0.66			0.57	0.32	0.68		
	X29	0.66	0.44	0.56			0.63	0.40	0.60			0.63	0.40	0.60		
	X30	0.66	0.44	0.56			0.63	0.40	0.60			0.63	0.40	0.60		
	X31	0.71	0.50	0.50			0.68	0.46	0.54			0.61	0.37	0.63		
人文环境	X32	0.64	0.41	0.59	0.87	0.50	0.60	0.36	0.64	0.87	0.50	0.61	0.37	0.63	0.87	0.50
	X33	0.69	0.48	0.52			0.51	0.26	0.74			0.59	0.35	0.65		
	X34	0.63	0.40	0.60			0.56	0.31	0.69			0.51	0.26	0.74		
	X35	0.53	0.28	0.72			0.47	0.22	0.78			0.40	0.16	0.84		

续表

因子	指标	入境游客					社区居民					从业人员				
		R	R^2	$1-R^2$	CR	AVE	R	R^2	$1-R^2$	CR	AVE	R	R^2	$1-R^2$	CR	AVE
旅游信息	$X36$	0.50	0.25	0.75	0.82	0.50	0.62	0.38	0.62	0.83	0.50	0.63	0.40	0.60	0.83	0.50
	$X37$	0.47	0.22	0.78			0.69	0.48	0.52			0.59	0.35	0.65		
	$X38$	0.72	0.52	0.48			0.55	0.30	0.70			0.62	0.38	0.62		
	$X39$	0.86	0.74	0.26			0.65	0.42	0.58			0.70	0.49	0.51		
	$X40$	0.85	0.72	0.28			0.61	0.37	0.63			0.59	0.35	0.65		
市场营销	$X41$	0.87	0.76	0.24	0.75	0.50	0.61	0.37	0.63	0.75	0.50	0.64	0.41	0.59	0.74	0.50
	$X42$	0.86	0.74	0.26			0.50	0.25	0.75			0.56	0.31	0.69		
	$X43$	0.78	0.61	0.39			0.70	0.49	0.51			0.57	0.32	0.68		
安全保障	$X44$	0.76	0.58	0.42	0.80	0.50	0.66	0.44	0.56	0.80	0.50	0.66	0.44	0.56	0.79	0.50
	$X45$	0.85	0.72	0.28			0.66	0.44	0.56			0.71	0.50	0.50		
	$X46$	0.64	0.41	0.59			0.61	0.37	0.63			0.72	0.52	0.48		
	$X47$	0.57	0.32	0.68			0.64	0.41	0.59			0.68	0.46	0.54		

注：表中 R 表示路径系数，R^2 表示信度系数，$1-R^2$ 表示测量误差，各指标 T 值均高于 1.96，下画线指标表示 0.001 水平下未通过显著性检验。

基本满足验证标准（吴明隆，2010；Etezadi A. J.，1996；Bentler P. M.，1980）。此时，入境游客供给感知模型结果为，Chi－square 的值为 1837.412，df 为 1016，显著水平为 0.000；社区居民供给感知模型结果为，Chi－square 的值为 1461.253，df 为 951，显著水平为 0.000；从业人员供给感知模型结果为，Chi－square的值为 1251.276，df 为 937，显著水平为 0.000。

表 6－15　昆明市利益相关群体旅游供需耦合感知模型验证性评估

指数	指标	标准	入境游客结果	社区居民结果	从业人员结果
绝对适配度指数	CMIN/DF	1.0～3.0	2.556	2.129	1.544
	RMSEA	≤0.08	0.054	0.047	0.033
	GFI	≥0.80	0.833	0.866	0.889
	AGFI	≥0.80	0.806	0.834	0.871
	PGFI	>0.5	0.716	0.700	0.761
增值适配度指数	NFI	≥0.80	0.848	0.809	0.833
	RFI	>0.80	0.830	0.800	0.813
	IFI	>0.80	0.901	0.889	0.934
	TLI	>0.80	0.889	0.865	0.925
	CFI	>0.80	0.901	0.886	0.933
简约适配度指数	PRATIO	>0.50	0.897	0.843	0.894
	PNFI	>0.50	0.761	0.681	0.744
	PCFI	>0.50	0.808	0.747	0.834

6.3.6.2　昆明市利益相关群体供需耦合感知分析

（1）入境游客目的地旅游供给感知特征。

通过对入境游客旅游供需耦合感知假设模型的评估与检验，H1 至 H11 均通过验证，并获得入境游客旅游供需耦合感知路径系数与路径模型（见表 6－14、图 6－23）。

从入境游客具体指标感知的路径系数来看（见表 6－15），公共交通方式多样、市内交通方便快捷、景区内交通方便快捷、本地与其他旅游城市间交通便捷、交通设施完善、多种不同等级的住宿服务设施、旅游购物服务质量、旅游标识、导览信息方便有效、景区信息咨询服务完善、旅游形象鲜明、旅游促销有力、免费旅游宣传资料充足、社会治安情况良好、旅游服务设施安全状况良好等指标的路径系数均高于 0.75，集中表现在旅游交通、市场营销与安全保障等方面。城市风光、旅游景区价值、旅游景区类型、整体旅游价格、民俗风情具有吸引力、文化演艺活动丰富多样、优质充足的城市用水、城市公共环境卫生状况良好、居民的好客程度较高、互联网服务完善、移动通信服务完善、整体上本地很安全等指标的感知评价较低，路径系数均在 0.6 以下。其余指标的路径系数维持在 0.6 ~0.75。

从核心旅游供给方面看，入境游客对昆明旅游景区因子与旅游娱乐因子的感知系数较高，均在 0.9 以上，入境游客对旅游购物、旅游餐饮、旅游住宿等因子的感知系数相对较高，均在 0.8 ~0.9，对旅游交通因子的感知系数最低，为 0.729。从辅助旅游供给方面看，入境游客对昆明的人文环境因子感知系数较高，为 0.977，游客对自然环境因子的感知评价次之，路径系数为 0.887，游客对旅游信息、市场营销与安全保障因子的路径系数相对较弱，位于 0.738 ~0.783。整体来看，入境游客对昆明核心旅游供给因子的感知系数较高，对辅助旅游供给因子的感知系数相对较低，入境游客对昆明核心旅游供给总体上持肯定态度。

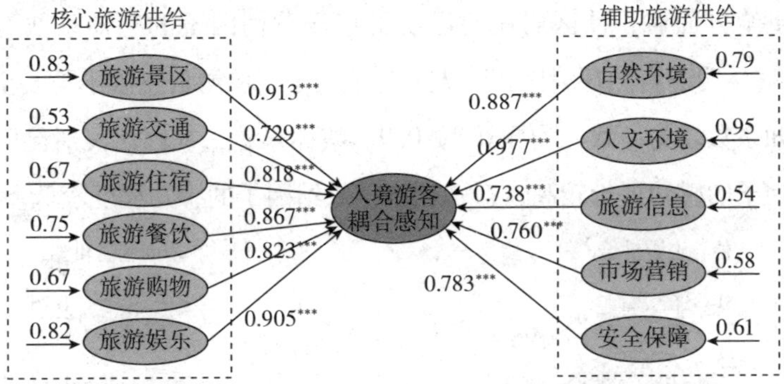

图 6 -23　昆明市入境游客耦合感知路径图

注：CR =0. 916 AVE =0. 5 ＊ ＊ ＊p <0. 001。

（2）社区居民目的地旅游供给感知。

通过对社区居民旅游供需耦合感知假设模型的评估与检验，H1 至 H11 均通过验证，并获得社区居民旅游供需耦合感知路径系数与路径模型（见表 6 -14、图 6 -24）。

从社区居民具体指标感知的路径系数来看（见表6-14），社区居民对昆明市内交通方便快捷、景区内交通方便快捷、住宿服务质量、城市空气质量良好、现代化的城市商贸氛围浓郁、移动通信服务完善、旅游标识、导览信息方便有效、免费旅游宣传资料充足、社会治安情况良好、旅游服务设施安全状况良好等指标的评价相对较高，路径系数均在0.65以上，表现在旅游交通、人文环境与安全保障等方面。社区居民对城市风光、旅游景区价值、旅游景区类型、餐饮服务质量、多种不同等级的餐饮服务设施、旅游购物服务质量、多种不同等级的购物场所、民俗风情具有吸引力、旅游节事活动具有吸引力、文化演艺活动丰富多彩、国际会展丰富多样、居民的好客程度较高等指标的感知系数相对较低，均小于0.5，表现在旅游景区、旅游娱乐等方面。其余指标的感知路径系数均在0.5~0.65。

从核心旅游供给方面看，社区居民对昆明旅游购物因子、旅游餐饮因子、旅游景区因子的感知系数相对较高，均在0.9及以上，说明社区居民对西安的购物、餐饮与景区供给较为认同，给予较高的认知评价，对旅游娱乐与旅游住宿等因子的感知系数次之，对旅游交通因子的感知评价最低。从辅助旅游供给方面看，社区居民对昆明的市场营销因子的感知系数最高，为0.961。对昆明的自然环境因子、人文环境因子、旅游信息因子与安全保障因子的感知系数较为一致，均在0.8~0.9。整体来看，社区居民对昆明核心旅游供给因子的感知评价较高，对辅助旅游供给因子的感知程度较低。

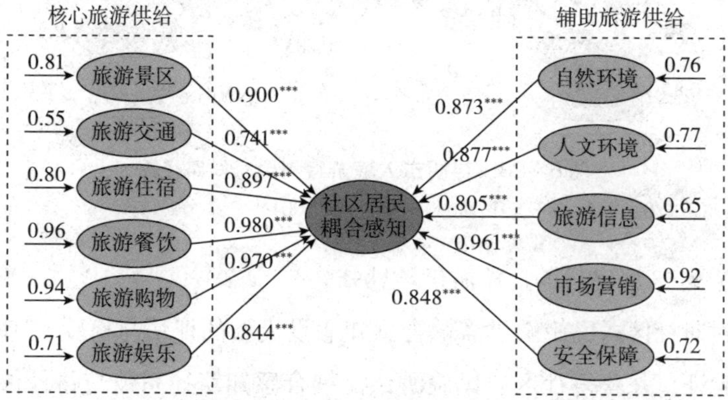

图6-24 昆明市社区居民耦合感知路径图

注：CR=0. 916 AVE=0. 5 ***p<0. 001。

（3）从业人员目的地旅游供给感知。

通过对从业人员旅游供需耦合感知假设模型的评估与检验，H1 至 H11 均通过验证，并获得从业人员旅游供需耦合感知路径模型（见表 6－14、图 6－25）。

从旅游从业人员具体指标感知的路径系数来看（见表 6－14），从业人员对景区服务、导游服务质量、市内交通方便快捷、景区内交通方便快捷、本地与其他旅游城市间交通便捷、交通设施完善、住宿服务质量、整体旅游价格、为游客提供了解本地生活的机会、城市休闲氛围浓郁、现代化的城市商贸氛围浓郁、历史文化气息浓郁、互联网服务完善、英文旅游信息获取方便、旅游形象鲜明、旅游标识、导览信息方便有效、社会治安情况良好、旅游服务设施安全状况良好、游客投诉能得到及时有效解决、整体上本地很安全等指标的感知评价相对较高，路径系数均高于 0.6，表现在旅游交通、人文环境、市场营销、旅游信息与安全保障等方面。对城市风光、旅游景区价值、旅游景区类型、多种不同等级的住宿服务设施、多种不同等级的餐饮服务设施、多种不同等级的购物场所、民俗风情具有吸引力、旅游节事活动具有吸引力、国际会展丰富多样、多种不同等级的休闲娱乐场所、优质充足的城市用水、城市绿化覆盖率高、居民的好客程度较高等指标的评价系数较低，均在 0.5 以下。其他指标的感知评价系数均位于 0.5～0.6。

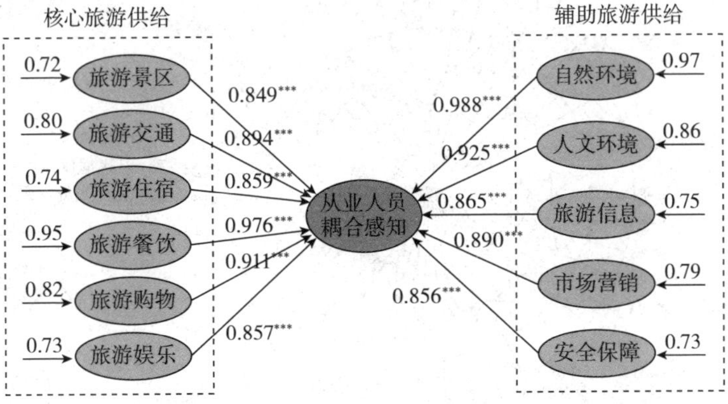

图 6－25　昆明市从业人员耦合感知路径图

注：CR＝0. 916 AVE＝0. 5 ＊＊＊p＜0. 001。

从核心旅游供给方面看，从业人员对昆明旅游餐饮因子与旅游购物因子的感知系数相对较高，均高于0.9，说明从业人员对昆明市旅游餐饮与购物供给较认同。从业人员对旅游景区、旅游交通、旅游住宿与旅游娱乐等因子的感知系数相对较低，在0.8~0.9。从辅助旅游供给方面看，从业人员对昆明人文环境因子与自然环境因子的感知评价较高，路径系数均高于0.9，旅游信息、市场营销与安全保障因子次之，其路径系数维持在0.8~0.9。整体来看，从业人员对昆明核心与辅助旅游供给结构因子的感知系数较为一致，均在0.8以上。

（4）三大利益相关群体目的地旅游供给感知差异。

由表6－14、图6－26可发现三大群体感知系数均较高的指标，其中市内交通方便快捷、景区内交通方便快捷、本地与其他旅游城市间交通便捷、交通设施完善、住宿服务质量、为游客提供了解本地生活的机会、城市休闲氛围浓郁、现代化的城市商贸氛围浓郁、旅游标识、导览信息方便有效、旅游形象鲜明、社会治安情况良好、旅游服务设施安全状况良好、游客投诉能得到及时有效解决等指标的路径系数较高，均在0.6以上，三大群体对上述指标均较为认同。三大群体城市风光、旅游景区价值、旅游景区类型、民俗风情具有吸引力、旅游节事活动具有吸引力、文化演艺活动丰富多彩、优质充足的城市用水、城市公共环境卫生状况良好、居民的

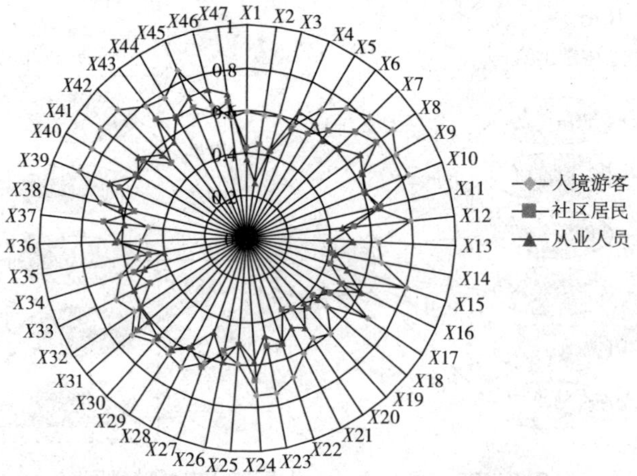

图6－26　昆明市利益相关群体耦合感知指标差异

好客程度较高等指标的感知系数相对较低，基本维持在0.6以下。

从核心旅游供给的感知系数来看，三大群体对旅游景区因子、旅游购物因子与旅游餐饮因子的路径系数均较高，位于0.823~0.980，说明三大群体对昆明的旅游景区、购物与餐饮等供给因子较为认同，而对旅游交通、住宿与娱乐供给的感知程度相对较低，路径系数在0.729~0.905。从辅助供给因子的感知系数来看，三大群体对昆明人文环境、自然环境供给的感知系数较高，在0.873~0.988。对旅游信息、市场营销与安全保障的感知系数相对较低，在0.738~0.961。通过对三大群体旅游供需耦合的差异性总结，认为旅游景区、旅游购物、旅游餐饮、人文环境与自然环境是昆明的优势旅游供给因素，旅游娱乐、市场营销、旅游住宿与安全保障是昆明的稳定供给因素，而旅游信息与旅游交通是昆明的劣势供给要素。

6.3.7　六大城市利益相关群体供需耦合的感知差异分析

通过六大典型旅游城市，入境游客、社区居民与旅游从业人员三大群体的旅游供需耦合感知分析，明确了不同城市内部利益相关群体的感知异同，并发现不同城市优势、劣势与稳定供给要素。但为了更加明确城市之间旅游供给的异同，发现城市之间旅游供给的共有优势、劣势与稳定供给要素，此部分从入境游客、社区居民、旅游从业人员等方面展开六大城市之间的比较分析，并进行归纳总结，以加深对城市之间旅游供给要素结构的认识。

6.3.7.1　六大城市入境游客供需耦合感知评价

从入境游客对六大城市旅游供需耦合感知研究的结果看（见表6-16），核心旅游供给方面，入境游客对北京的旅游购物与旅游娱乐评价较高，对旅游餐饮与旅游景区的评价相对较低，对住宿与交通的评价最低；辅助旅游供给方面，入境游客对北京人文环境因子评价较高，对北京自然环境的评价最低。从上海市来看，核心旅游供给方面，游客对旅游景区、旅游娱乐与旅游住宿的评价较高，对旅游交通与旅游餐饮等因子的评价较低；辅助旅游供给方面，游客对人文环境感知系数较高，游客对旅游信息、市场营销与安全保障的评价次之，对自然环境的感知系数最低。核心旅游供给方面，入境游客对广州的旅游购物、旅游景区与旅游娱乐的感知系数较高，对旅游交通、旅游餐饮等的评价较低；辅助旅游供给方面，入境游客对广州的人文环境与自然环境的评价较高，对安全保障与市场营销的路径系数次之，对旅游信息的评价最低。核心旅游供给方面，入境游客对西安旅游购物感知系数最高，对旅游景区、旅游娱乐、旅游餐饮、旅游住宿等的评价次之，对旅游交通的评价最低；辅助旅游供给方面，游客对西安人文环境感知系数较高，对旅游信息、市场营销与安全保障的路径系数次之，对自然环境的感知系数最低。核心旅游供给方面，入境游客对成都旅游购物、旅游娱乐与旅游景区的感知系数较高，对旅游餐饮与旅游住宿等的感知系数次之，对旅游交通的感知系数较低；辅助旅游供给方面，游客对成都人文环境感知系数较高，对安全保障因子的路径系数次之，对自然环境、旅游信息与市场营销的感知系数最低。核心旅游供给方面，入境游客对昆明旅游景区与旅游娱乐的感知系数较高，对旅游购物、旅游餐饮、旅游住宿等的感知系数次之，对旅游交通的感知系数最低；辅助旅游供给方面，入境游客对昆明人文环境感知系数较高，游客对自然环境的感知评价次之，旅游信息、市场营销与安全保障的路径系数最低。

表 6－16　六大城市入境游客感知评价的比较

城市	优势要素	劣势要素	稳定要素
北京	旅游购物、旅游娱乐、人文环境	旅游住宿、旅游交通、自然环境	旅游餐饮、旅游景区、安全保障、市场营销、旅游信息
上海	旅游景区、旅游娱乐、旅游住宿、人文环境	旅游交通、旅游餐饮、自然环境	旅游购物、旅游信息、市场营销、安全保障
广州	旅游购物、旅游景区、旅游娱乐、人文环境、自然环境	旅游交通、旅游餐饮、旅游信息	旅游住宿、安全保障、市场营销
西安	旅游购物、旅游景区、人文环境	旅游交通、自然环境	旅游娱乐、旅游餐饮、旅游住宿、旅游信息、市场营销、安全保障

续表

城市	优势要素	劣势要素	稳定要素
成都	旅游购物、旅游娱乐、旅游景区、人文环境	旅游交通、自然环境、旅游信息、市场营销	旅游餐饮、旅游住宿、安全保障
昆明	旅游景区、旅游娱乐、人文环境	旅游交通、旅游信息、市场营销、安全保障	旅游购物、旅游餐饮、旅游住宿、自然环境

从六大城市入境游客供给感知的共性来看，核心旅游供给方面，游客对城市旅游景区、旅游购物与旅游娱乐均有相对较高的评价，对城市旅游交通、旅游餐饮与住宿的评价相对较低；辅助旅游供给方面，游客对城市的人文环境均较为认同，对城市旅游市场营销与安全保障的评价相对较高，而对城市自然环境、旅游信息等的评价相对较低。

6.3.7.2　六大城市社区居民供需耦合感知评价

从社区居民对六大城市旅游供需耦合感知研究的结果看（见表 6－17），核心旅游供给方面，社区居民对北京旅游餐饮的评价最高，对旅游住宿、景区与交通的评价次之，对旅游购物与旅游娱乐的评价最低；辅助旅游供给方面，社区居民对北京人文环境的评价较高，自然环境、旅游信息与安全保障等评价相对较高。核心旅游供给方面，社区居民对上海旅游购物、旅游娱乐、旅游餐饮的感知系数较高，对旅游交通、旅游景区、旅游住宿等的感知系数较低；辅助旅游供给方面，社区居民对上海人文环境的感知系数较高，对安全保障与旅游信息的感知程度次之，对自然环境与市场营销感知程度较弱。核心旅游供给方面，社区居民对广州的旅游景区与旅游娱乐的路径系数较高，对旅游交通与旅游购物的感知次之，对旅游住宿与旅游餐饮的感知相对较低；辅助旅游供给方面，对人文环境、旅游信息因子的感知系数较高，对自然环境感知程度次之，社区居民对广州的市场营销与安全保障的感知系数较低。核心旅游供给方面，社区居民对西安旅游购物、旅游娱乐、旅游景区的感知系数较高，对旅游交通、旅游餐饮、旅游住宿等的感知系数相对较低；辅助旅游供给方面，社区居民对西安人文环境、旅游信息的感知系数较高，对自然环境、市场营销、安全保障的感知系数较为一致。核心旅游供给方面，社区居民对成都的旅游景区、旅游购物、旅游娱乐、旅游餐饮的感知系数较高，对旅游住宿的感知系数次之，对旅游交通的路径系数最低；辅助旅游供给方面，社区居民对成都的自然环境与人文环境的感知系数较高，对旅游信息、市场营销与安全保障的感知系数较为一致。核心旅游供给方面，社区居民对昆明旅游购物、旅游餐饮、旅游景区的感知系数较高，对旅游娱乐与旅游住宿等的感知系数次之，对旅游交通的感知评价相对较低；辅助旅游供给方面，社区居民对昆明的市场营销因子的感知系数较高，对自然环境、人文环境、旅游信息与安全保障的感知系数较为一致。

表 6－17　六大城市入境游客感知评价的比较

城市	优势要素	劣势要素	稳定要素
北京	旅游餐饮、人文环境	旅游购物、旅游娱乐	旅游住宿、旅游景区、旅游交通、自然环境、旅游信息、安全保障
上海	旅游购物、旅游娱乐、旅游餐饮、人文环境	旅游交通、旅游景区、旅游住宿、自然环境、市场营销	安全保障、旅游信息
广州	旅游景区、旅游娱乐、人文环境、旅游信息	旅游住宿、旅游餐饮、市场营销、安全保障	旅游交通、旅游购物、自然环境
西安	旅游购物、旅游娱乐、旅游景区、人文环境、旅游信息	旅游交通、旅游餐饮、旅游住宿	自然环境、市场营销、安全保障
成都	旅游景区、旅游购物、旅游娱乐、旅游餐饮、自然环境、人文环境	旅游交通	旅游住宿、旅游信息、市场营销、安全保障
昆明	旅游购物、旅游餐饮、旅游景区、市场营销	旅游交通	旅游娱乐、旅游住宿、自然环境、人文环境、旅游信息、安全保障

从六大城市社区居民供给感知的共性来看，核心旅游供给方面，社区居民对城市旅游景区、旅游购物、旅游餐饮与旅游娱乐均有相对较高的评价，对城市旅游交通与住宿的评价相对较低；辅助旅游供给方面，社区居民对城市的人文环境均较为认同，对城市旅游市场营销、安全保障、自然

环境与旅游信息等的评价相对较为一致稳定。可见社区居民对目的地旅游供给的评价较入境游客好。

6.3.7.3 六大城市从业人员供需耦合感知评价

从旅游从业人员对六大城市旅游供需耦合感知研究的结果看（见表6－18），核心旅游供给方面，从业人员对北京旅游住宿、旅游购物的评价较高，对旅游娱乐与旅游餐饮等的感知系数较低；辅助旅游供给方面，从业人员对北京自然环境与人文环境因子评价较高，对市场营销、安全保障与旅游信息的感知相对较高。核心旅游供给方面，从业人员对上海旅游景区、旅游娱乐、旅游购物与旅游餐饮的感知系数较高，对旅游交通、旅游住宿等的感知系数相对较低；辅助旅游供给方面，对上海人文环境感知系数较高，其次为旅游信息、市场营销与安全保障，对自然环境的感知系数最低。核心旅游供给方面，从业人员对广州的旅游景区、旅游餐饮、旅游购物与旅游娱乐的感知系数较高，对旅游交通、旅游住宿等的感知系数较低；辅助旅游供给方面，从业人员对广州人文环境感知系数较高，其次为旅游信息、安全保障与自然环境，对市场营销的路径系数最低。核心旅游供给方面，从业人员对西安旅游景区、旅游住宿与旅游娱乐的感知系数较高，对旅游交通、旅游购物、旅游餐饮等的感知系数较低；辅助旅游供给方面，从业人员对西安人文环境因子感知系数较高，其次为旅游信息、市场营销与自然环境，对安全保障的感知系数最低。核心旅游供给方面，从业人员对成都旅游景区、旅游住宿与旅游娱乐的感知系数较高，对旅游交通、旅游餐饮等的感知系数较低；辅助旅游供给方面，从业人员对成都自然环境、人文环境、市场营销与安全保障感知系数较高，其次为旅游信息因子。核心旅游供给方面，从业人员对昆明旅游餐饮与旅游购物的感知系数相对较高，对旅游景区、旅游交通、旅游住宿与旅游娱乐等的感知系数相对较低；辅助旅游供给方面，从业人员对昆明人文环境与自然环境的感知评价较高，其次为旅游信息、市场营销与安全保障因子。

表 6-18 六大城市从业人员感知评价的比较

城市	优势要素	劣势要素	稳定要素
北京	旅游住宿、旅游购物、自然环境、人文环境	旅游娱乐、旅游餐饮	市场营销、安全保障、旅游信息
上海	旅游景区、旅游娱乐、旅游购物、旅游餐饮、人文环境	旅游交通、旅游住宿、自然环境	旅游信息、市场营销、安全保障
广州	旅游景区、旅游餐饮、旅游购物、旅游娱乐、人文环境	旅游交通、旅游住宿、市场营销	旅游信息、安全保障、自然环境
西安	旅游景区、旅游住宿、旅游娱乐、人文环境	旅游交通、旅游购物、旅游餐饮、安全保障	旅游信息、市场营销、自然环境
成都	旅游景区、旅游住宿、旅游娱乐、自然环境、人文环境、市场营销、安全保障	旅游交通、旅游餐饮	旅游信息
昆明	旅游餐饮、旅游购物、人文环境、自然环境	旅游景区、旅游交通、旅游住宿、旅游娱乐	旅游信息、市场营销、安全保障

从六大城市从业人员供给感知的共性来看，核心旅游供给方面，从业人员对城市旅游景区、旅游购物、旅游住宿与旅游娱乐均有相对较高的评价，对城市旅游餐饮评价次之，对旅游交通的评价相对较低；辅助旅游供给方面，从业人员对城市的人文环境均较为认同，对城市旅游市场营销、安全保障、自然环境与旅游信息等的评价相对较为一致稳定。从业人员与社区居民对目的地供给的评价相对较为一致，均好于入境游客对目的地旅游供给的评价。

6.4 本章小结

基于旅游系统理论，结合旅游经济学供给内容表，在参考已有旅游目的地感知研究成果的基础上，从利益相关者视角对六大旅游城市的入境游客、社区居民与旅游从业人员的目的地供需耦合感知情况进行评价，并通过比较与归纳分析总结出六大旅游城市供给中存在的优势、劣势与稳定供给要素。主要结论如下：

（1）入境游客对六大城市核心旅游供给因素评价较高。整体上，六大城市入境游客均对城市景区、交通、住宿、购物、娱乐等核心旅游供给因子的感知程度相对较强，对辅助旅游供给因子的感知相对较弱，可见入境游客对六大城市核心旅游供给总体上持肯定态度。

（2）社区居民对六大城市的核心与辅助旅游供给因素感知评价差异明显。通过对社区居民的供需耦合感知评价可知，社区居民对北京与西安城市辅助旅游供给因子的感知程度较为深刻。社区居民对上海与成都城市核心与辅助旅游供给的感知程度相对较为一致。社区居民对广州与昆明城市核心旅游供给因子的感知评价较高，对辅助旅游供给因子的感知程度较低。

（3）从业人员对六大城市的核心与辅助旅游供给因素感知评价差异突出。通过感知评价结果来看，从业人员对北京与成都城市辅助旅游供给结构因子的评价较好；对上海与广州城市核心旅游供给因子的感知程度较深，对辅助旅游供给的感知程度较弱；对西安与昆明城市核心与辅助旅游供给结构因子的感知系数较为一致。

（4）入境游客对六大城市核心与辅助供给因子的感知呈现出以下共性：核心旅游供给方面，游客对城市旅游景区、旅游购物与旅游娱乐均有相对较高的评价，对城市旅游交通、旅游餐饮与住宿的评价相对较低；辅助旅游供给方面，游客对城市的人文环境均较为认同，对城市旅游市场营销与安全保障的评价相对较高，而对城市自然环境、旅游信息等的评价相对较低。

（5）社区居民对六大城市核心与辅助供给因子的感知呈现出以下共性：核心旅游供给方面，社区居民对城市旅游景区、旅游购物、旅游餐饮与旅游娱乐均有相对较高的评价，对城市旅游交通与住宿的评价相对较低；辅助旅游供给方面，社区居民对城市的人文环境均较为认同，对城市旅游市场营销、安全保障、自然环境与旅游信息等的评价相对较为一致稳定。社区居民对目的地旅游供给的评价较入境游客好。

（6）从业人员对六大城市核心与辅助供给因子的感知呈现出以下共

性：核心旅游供给方面，从业人员对城市旅游景区、旅游购物、旅游住宿与旅游娱乐均有相对较高的评价，对城市旅游餐饮评价次之，对旅游交通的评价相对较低；辅助旅游供给方面，从业人员对城市的人文环境均较为认同，对城市旅游市场营销、安全保障、自然环境与旅游信息等的评价相对较为一致稳定。从业人员与社区居民对目的地供给的评价相对较为一致，均好于入境游客对目的地旅游供给的评价。

第 7 章　结论与展望

7.1　研究结论

（1）本书以系统论为理论依据，基于旅游供需视角，构建了入境旅游需求与目的地供给耦合互动概念模型及两大系统耦合评价指标体系。①通过对系统论与耦合理论的梳理，认为入境旅游流与目的地之间存在相互作用、互动耦合的关系。两大系统耦合的外在表现体现在入境旅游需求市场的扩大可以触发并引致目的地供给系统的发展，而目的地供给系统的完善与提升也会积极反馈并满足入境旅游市场的需求，两大系统是一组相互作用与自组织发展的交互体。②基于系统论以及入境旅游流与目的地供需耦合互动概念模型，以系统性、层次性、连续性与易得性等原则为指导，从系统层、子系统层、要素层与指标层四大方面遴选并构建了两大系统耦合的指标体系。其中，入境旅游流系统包含旅游规模与效益两大子系统，内含旅游人次、停留时间、旅游收入与旅游消费四大要素，共计 11 项指标。目的地系统包含旅游景区、旅游企业、区域经济、基础设施、自然环境与人文环境六大子系统，内含景区规模、效益与效率、企业规模，以及经济规模与结构等 21 项要素，共计 61 项指标。该指标体系相较于已有研究指标体系的层次性、系统性与连续性更为突出和合理。

（2）以发生学与系统论为基础，构建了旅游需求与目的地供给耦合成长曲线模型，对六大城市入境旅游流与目的地供需耦合成长演化过程特征及其影响因素进行历时性总结与比较分析。①六大城市入境旅游流综合发展水平波动程度均较大，六大典型旅游城市入境旅游流综合发展水平均经历了由快速增长至波动增长的发展过程，并受到金融危机、“非典”事件等的叠加影响。北京市、广州市、成都市与昆明市入境旅游流综合发展水平曲线均为“四峰四谷”型，上海市入境旅游综合发展水平曲线为“五峰五谷”型，而西安市入境旅游流综合发展水平为“三峰二谷”型。②六大城市目的地供给系统综合发展水平成长曲线均呈现“平稳增长”的演进特征，东部的北京、上海与广州的目的地供给水平高于西安、成都与昆明等西部城市。东部地区上海市目的地供给发展水平最高，西部地区西安市目的地供给发展水平最高。③六大城市入境旅游流与目的地供需耦合成长曲线的波动程度相对弱于入境旅游流系统，强于目的地供给系统。六大城市入境旅游流与目的地系统耦合成长曲线均表现出“涨—落波动型”演化规律。游客内在动机与需求所形成的规模化效应引发目的地供给系统的主动响应，受游客需求的变化以及目的地内在子系统与要素供给的强度差异，引起目的地供给出现不足或过剩的情况，加之国家宏观政策与突发事件等因素的影响，最终导致两大系统耦合的成长曲线呈现“涨—落波动型”演化规律。北上广等东部城市两大系统的耦合发展水平均高于西部城市，其中上海市两大系统的耦合发展水平最高，昆明市两大系统的耦合发展水平最低。④六大城市两大系统在不同耦合发展阶段影响与支配其成长演化的供给与需求子系统存在演替现象，发现存在六大城市入境旅游流与目的地供需耦合成长主导因素的演替发展规律。严重与失调阶段，支配两大系统耦合成长演化的主要是入境旅游流系统中的规模与效益子系统，部分城市自然环境、社会环境、基础设施、旅游企业等目的地子系统也有贡献，但表现不突出。轻度失调阶段，支配两大系统耦合成长演化的子系统开始转变，入境旅游流系统中的规模与效益子系统支配作用减弱，主要以目的地旅游景区、旅游企业、基础设施、自然环境与人文环境等子系统为主。初级协调阶段，支配两大系统耦合成长演化的子系统继续演化与转换，入境旅游流系统中的规模与效益子系统，以及目的地旅游景区、旅游企业等子系统的支配作用减弱，主要以目的地区域经济、基础设施、自然环境与人文环境等子系统为主。

（3）从系统论角度，对六大典型旅游城市不同发展阶段入境旅游流与目的地供需耦合影响因素与子系统的转换优化过程进行回溯式阐释，并以此归纳并总结出了六大城市入境旅游流与目的地供需耦合演进的驱动机制。①北京市入境旅游流与目的地系统耦合成长在严重与中度失调阶段以入境效益、旅游规模为主；轻度失调阶段，演变为旅游规模、旅游企业、旅游景区；初级协调阶段，转换为基础设施、自然环境、区域经济与旅游企业。②上海市两大系统耦合成长在严重与中度失调阶段以旅游效益、旅游景区与社会环境子系统为主；轻度失调阶段，演变为旅游规模、旅游效益、自然环境与社会环境；初级协调阶段，转换为旅游规模、旅游效益、自然环境与社会环境。③广州市入境旅游流与目的地系统耦合成长在严重与中度失调阶段以自然环境、旅游规模、基础设施、旅游景区等子系统为主；轻度失调阶段，演变为旅游景区、旅游规模、基础设施、自然环境与区域经济；初级协调阶段，转换为基础设施、区域经济、旅游企业、社会环境、旅游景区与自然环境。④西安市入境旅游流与目的地系统不同耦合成长在严重与中度失调阶段以旅游规模、旅游效益、旅游企业与基础设施子系统为主；轻度失调阶段，演变为旅游规模、旅游企业、社会环境与基础设施；初级协调阶段，转换为基础设施、社会环境、区域经济、旅游企业与自然环境。⑤成都市入境旅游流与目的地系统不同耦合成长在严重与中度失调阶段以旅游效益、旅游企业与社会环境子系统为主；轻度失调阶段，演变为自然环境、旅游景区、旅游企业与基础设施；初级协调阶段，转换为区域经济、自然环境、基础设施、旅游企业与社会环境。⑥昆明市入境旅游流与目的地系统耦合成长在严重与中度失调阶段以旅游规模、旅游效益与旅游企业子系统为主；轻度失调阶段，演变为旅游企业、基础设施与旅游规模；初级协调阶段，转换为基础设施、区域经济、社会环境、自然环境与旅游企业。⑦通过对六大城市入境旅游流与目的地供需耦合演进过程的系统性阐释分析，归纳总结出入境旅游流与目的地供需耦合成长的驱动机制。游客需求是引致入境旅游流与目的地系统耦合成长的发展驱动力。入境旅游流与目的地系统内部因素与子系统在不同发展阶段的转换与变化是影响二者耦合成长的内部驱动力。入境旅游需求与目的地供给的自组织发展与动态演化是决定二者耦合成长曲线的原生驱动力。国家政策的动态支持与特殊事件年份的出现是影响二者耦合成长的外部驱动力。

（4）基于旅游系统论与利益相关者理论，界定了目的地核心旅游利益相关者，结合旅游经济学供给内容表，构建了城市旅游供需协调发展评价指标体系，并对六大旅游城市的入境游客、社区居民与旅游从业人员的目的地供需耦合感知情况进行评价，以从微观角度归纳总结出六大旅游城市供给中存在的优势、劣势与稳定供给要素。①入境游客均对城市景区、交通、住宿、购物、娱乐等核心旅游供给因子的感知程度相对较强，对辅助旅游供给因子的感知相对较弱。入境游客对六大城市核心旅游供给总体上持肯定态度。②社区居民对北京与西安城市辅助旅游供给因子的感知程度较为深刻，对上海与成都城市核心与辅助旅游供给的感知程度相对较为一致，对广州与昆明城市核心旅游供给因子的感知评价较高。③从业人员对北京与成都城市辅助旅游供给结构因子的评价较好，对上海与广州城市核心旅游供给因子的感知程度较深，对西安与昆明城市核心与辅助旅游供给结构因子的感知系数较为一致。④核心旅游供给方面，游客对城市旅游景区、旅游购物与旅游娱乐均有相对较高的评价，对城市旅游交通、旅游餐饮与住宿的评价相对较低；辅助旅游供给方面，游客对城市的人文环境均较为认同，对城市旅游市场营销与安全保障的评价相对较高，而对城市自然环境、旅游信息等的评价相对较低。⑤核心旅游供给方面，社区居民对城市旅游景区、旅游购物、旅游餐饮与旅游娱乐均有相对较高的评价，对城市旅游交通与住宿的评价相对较低；辅助旅游供给方面，社区居民对城市的人文环境均较为认同，对城市旅游市场营销、安全保障、自然环境与旅游信息等的评价相对较为一致稳定。社区居民对目的地旅游供给的评价较入境游客好。⑥核心旅游供给方面，从业人员对城市旅游景区、旅游购物、旅游住宿与旅游娱乐均有相对较高的评价，对城市旅游餐饮评价次之，对旅游交通的评价相对较低；辅助旅游供给方面，从业人员对城市的人文环境均较为认同，对城市旅游市场营销、安全保障、自然环境与旅游信息等的评价相对较为一致稳定。从业人员与社区居民对目的地供给的评价相对较为一致，均好于入境游客对目的地旅游供给的评价。

7.2 研究创新

（1）构建了入境旅游需求与目的地供给耦合互动概念模型与评价体系。以系统论为理论基础，遵循系统性、层次性、连续性等系统评价原则，从系统层、子系统层、要素层与指标层设计了入境旅游流与目的地系统耦合评价指标体系。其中，入境旅游流系统包含旅游规模与旅游效益两大子系统，内含4项要素，共计11项指标。目的地系统包含旅游景区、旅游企业、区域经济、基础设施、自然环境与社会环境六大子系统，内含21项要素，共计61项指标。该指标体系相较于已有指标体系更具有层次性、系统性与连续性。

（2）提出了旅游流与目的地供需耦合成长曲线模型，发现了六大城市入境旅游流与目的地供需耦合成长曲线均表现出“涨—落波动型”演化规律。基于发生学理论，以系统论的涨—落有序律与结构功能相关律为依据，分析了六大城市入境旅游流与目的地系统耦合成长曲线涨—落演化特征与类型，发现六大城市入境旅游流与目的地系统耦合成长曲线均表现出“涨—落波动型”演化规律。研究结论可进一步深化对目的地两大系统耦合成长过程与特征的科学性认识。

（3）识别了两大系统不同耦合成长阶段的主要影响因素，发现了六大城市入境旅游流与目的地供需耦合成长主导因素的演替发展规律。表现为，不同发展阶段影响入境旅游流与目的地耦合成长的主导因素存在外在的需求导向与内在的供给导向的演替性变化。严重与中度失调阶段，入境旅游流系统内部子系统主导两大系统耦合成长过程；轻度失调阶段，入境旅游流与目的地系统内部要素交叉主导两大系统耦合成长过程；初级协调阶段，目的地系统内部子系统主导两大系统耦合成长过程。研究结果从系统与整体视角加深了人们对入境旅游流与目的地系统耦合成长特征与规律的认识。

（4）提出了入境旅游流与目的地供需耦合成长驱动机制。依据发生学与系统论，以系统论的优化演化律为依据，对入境旅游流与目的地系统耦合成长的演进路径、因素与子系统转换优化过程进行系统性阐释，并以此为基础，从内部驱动力与外部驱动力等内外因角度，以及发展驱动力与原生驱动力等成长性角度，提出两大系统耦合成长的驱动机制。其中内外动因包括内部驱动力与外部驱动力，成长动因包括发展驱动力与原生驱动力。研究结果进一步深化了对旅游供需耦合驱动机制的研究内容。

7.3 研究不足与展望

（1）研究指标体系方面。本研究从系统论视角分别遴选并构建了入境旅游流与目的地系统耦合的评价指标体系以及目的地旅游供需耦合感知评价指标体系。但在统计数据指标与问卷调查数据方面均有进一步细化的必要，针对统计数据与问卷调查数据之间的衔接问题也需要考虑。同时，参照世界旅游组织《2008 年国际旅游统计建议》，目的地供给评价存在价值指标体系与实物指标体系两种方案，但考虑到不同国别入境游客动机与需求等的差异，无法细化与统计每位入境游客的实物消费指标，故本研究的指标体系主要以价值指标统计为主。未来研究中，将进一步纳入实物指标以及旅游相关政策等，细化旅游特色产品、关联产品、旅游商品、旅游形象等方面的问卷指标，完善统计数据指标体系与内容。同时，在完善指标体系的基础上，细化测评目的地内部各子系统与要素的供需耦合情况。

（2）研究内容方面。入境旅游流与目的地系统耦合成长受到国家与地方政策的深刻影响，但限于国家与各城市旅游政策的连续性与相关性等因素的影响，本研究未将国家政策纳入实证量化研究框架，且文章在分析过程中仅考虑全国宏观事件对各城市的影响，未纳入广州亚运会、昆明世博会、西安世园会等城市内部特殊事件的影响。同时，本研究从利益相关者方面分析了不同群体对城市旅游供需耦合的感知差异，但调查对象未纳入政府管理人员这一关键决策主体，并缺乏对利益相关者驱动机制的分析。未来，将进一步对国家政策内容与测评方法进行梳理，测度国家政策对两大系统耦合成长的作用。从宏观与微观两方面细化特殊事件对各城市两大系统耦合的影响。积极纳入政府管理人员的感知评价，并运用社会交换论等分析利益相关者供需感知的驱动机制，进一步引入旅游企业等主体的行为机制，深化对入境旅游流与目的地耦合成长驱动机制的研究内容。

（3）案例选取方面。本研究仅选择了东部与西部的六大典型旅游城市来分析两大系统耦合的成长过程、特征与机制，并对六大城市利益相关群体感知差异进行分析。但考虑到案例地选取的相关性与代表性等，研究内容与结论的准确性、典型性与普适性如何，还需要进一步纳入不同区域新的案例地（典型旅游城市）进行验证与讨论。

（4）研究方法方面。本研究主要采用耦合度、耦合协调度、回归分析与结构方程模型等相对成熟的研究方法对各城市两大系统耦合成长过程以及利益群体感知差异进行分析。但耦合度与耦合协调度在区间划分、权重确立等方面主观可操作性较强，这在一定程度上影响了分析结果。回归分析与结构方程模型无法处理指标间的非线性关系，也有其缺点。在未来研究中，将进一步引入系统动力学、协整检验等方法对两大系统之间的耦合关系进行深度探讨。

（5）研究视角方面。目的地旅游供给所面向的对象包括入境旅游与国内旅游两大市场，但本研究仅以六大城市入境旅游市场为研究视角，尚未包含目的地国内旅游市场。主要是因为国内旅游市场统计指标存在系统性、层次性与连续性不足的情况，且指标的细分程度弱于入境旅游市场，相对削弱了国内旅游市场的典型性与代表性，而入境旅游市场统计数据具备较强的系统性、准确性与层次性；同时，从问卷调研与已有研究来看，入境游客更偏好于目的地等级较高的住宿、餐饮、交通、购物、娱乐设施以及等级较高的 A 级景区，而上述内容则是目的地供给的重要内容。故本研究选择了六大城市入境旅游这一目的地重要组成市场来作为分析思考对象。未来，可通过系统梳理与细化国内旅游市场统计指标以及进行国内游客问卷调查等方式进一步深化旅游流与目的地供需系统耦合研究内容。

参考文献

[1]国家旅游局. 中国旅游统计年鉴[M]. 北京:中国旅游出版社,2015.

[2]古诗韵,保继刚. 城市旅游研究进展[J]. 旅游学刊,1999,14(2):15-20+78.

[3]保继刚,梁增贤. 基于层次与等级的城市旅游供给分析框架[J]. 人文地理,2011,26(6):1-9.

[4]张蕾. 中国优秀旅游城市体系分析[J]. 城市问题,2005,24(5):33-37.

[5]马耀峰,刘军胜. 基于供需视角的国内外旅游耦合研究审视[J]. 陕西师范大学学报(自然科学版), 2014,42(6): 76-84.

[6]中国旅游研究院. 中国入境旅游发展年度报告(2014)[M]. 北京:旅游教育出版社,2014.

[7]张佑印,马耀峰,李创新. 国内海洋旅游市场规模特征及繁荣度研究[J]. 地域研究与开发,2015,34(6):98-103.

[8]马波. 中国旅游业"潮涌现象"的预警与预防[J]. 旅游学刊,2011,26(1):12-17.

[9]薛华菊,马耀峰,黄毅,等. 城市旅游供需系统耦合评价研究:以北京市入境旅游为例[J]. 北京第二外国语学院学报,2014,36(11):44-50.

[10]张佑印,马耀峰,顾静. 北京间接入境聚集旅游流流势时空演化规律研究[J]. 旅游学刊,2011,26(10):31-35.

[11]刘军胜,马耀峰,李振亭. 1997—2010年中部六省入境旅游流集散时空动态分析[J]. 地理科学,2013(4):450-456.

[12]张佑印,马耀峰,赵现红. 中国一级城市入境旅游流时空演变模式分析[J]. 城市问题,2008, 27(2):90-94.

[13]成英文,张辉. 基于城市职能理论的中国旅游城市判定及分类研究[J]. 现代城市研究, 2014(2):104-109.

[14]杜晓利. 富有生命力的文献研究法[J]. 上海教育科研,2013(10):1.

[15]风笑天. 方法论背景中的问卷调查法[J]. 社会学研究,1994(3):13-18.

[16]陈向明. 社会科学中的定性研究方法[J]. 中国社会科学, 1996(6):93-102.

[17]王静,罗明义. 旅游研究方法体系初探[J]. 桂林旅游高等专科学校学报,2005(3):13-18.

[18]刘军胜,马耀峰. 古都类旅游目的地国内游客认知评价实证研究:以西安市为例[J]. 地理与地理信息科学,2014,30(6):107-111.

[19]阿克塞尔·马克斯,贝努瓦·里候科斯,查尔斯·拉金,臧雷振. 社会科学研究中的定性比较分析法:近25年的发展及应用评估[J]. 国外社会科学,2015,(6):105-112.

[20]林康义,魏宏森. 一般系统论:基础、发展和应用[M]. 北京:清华大学出版社,1987.

[21]苗东升. 系统科学精要[M].3版.北京:中国人民大学出版社,2013.

[22]魏宏森. 系统论:系统科学哲学[M]. 北京:清华大学出版社,1995.

[23]魏宏森,曾国屏. 试论系统的整体性原理[J]. 清华大学学报(哲学社会科学版),1994,(3):57-62.

[24]魏宏森,曾国屏. 试论系统的层次性原理[J]. 系统辩证学学报,1995,(1):42-47.

[25]刘云,王艾伦. 复杂系统相似性原理与相似条件研究[J]. 系统工程学报,2009,24(3):350-354.

[26]魏宏森,王伟. 广义系统论的基本原理[J]. 系统辩证学学报,1993,(1):52-58+65.

[27]冯平. 发生学的方法、功能性的定义:马克思“人的本质”理论之新见

[J]. 求是学刊,1987,14(1):7-13.

[28]杨显明,焦华富,许吉黎. 基于发生学视角的淮南城市空间生长过程、特征及影响因素研究[J]. 地理科学,2014,34(5):563-570.

[29]楼培敏. 发生学方法[J]. 社会科学,1986,8(10):68-69.

[30]俞孔坚,奚雪松. 发生学视角下的大运河遗产廊道构成[J]. 地理科学进展,2010,29(8):975-986.

[31]张乃和. 发生学方法与历史研究[J]. 史学集刊,2007,52(5):43-50.

[32]陆玉麒. 人文地理学科学化的总体目标与实现路径[J]. 地理学报,2011,66(12):1587-1596.

[33]邓辉,法念真. 基于城市形态发生学的商丘归德府古城空间特征分析[J]. 地理科学,2016,36(7):1008-1016.

[34]杨玉珍. 区域 EEES 耦合系统演化机理与协同发展研究[D]. 天津:天津大学,2011.

[35]邵权熙. 当代中国林业生态经济社会耦合系统及耦合模式研究[D]. 北京:北京林业大学,2008.

[36]任继周,万长贵. 系统耦合与荒漠—绿洲草地农业系统:以祁连山—临泽剖面为例[J]. 草业学报,1994,3(3):1-8.

[37]黄金川,方创琳. 城市化与生态环境交互耦合机制与规律性分析[J]. 地理研究, 2003, 22(2):211-220.

[38]方创琳,杨玉梅. 城市化与生态环境交互耦合系统的基本定律[J]. 干旱区地理, 2006, 29(1):1-8.

[39]吴玉鸣,张燕. 中国区域经济增长与环境的耦合协调发展研究[J]. 资源科学, 2008, 30(1):25-30.

[40]张文忠,王传胜,吕昕,等. 珠江三角洲土地利用变化与工业化和城市化的耦合关系[J]. 地理学报, 2003, 58(5):677-685.

[41]吕一河,陈利顶, 傅伯杰. 景观格局与生态过程的耦合途径分析[J]. 地理科学进展, 2007, 26(3):1-10.

[42]傅伯杰. 地理学综合研究的途径与方法:格局与过程耦合[J]. 地理学报,2014, 69(8):1052-1059.

[43]陆大道，郭来喜．地理学的研究核心——人地关系地域系统：论吴传钧院士的地理学思想与学术贡献[J]．地理学报，1998,53(2):97 - 105.

[44]吴传钧．论地理学的研究核心——人地关系地域系统[J]．经济地理，1991,11(3):1 - 6.

[45]叶岱夫．人地关系地域系统与可持续发展的相互作用机理初探[J]．地理研究,2001,20(3):307 - 314.

[46]吴传钧．人地关系地域系统的理论研究及调控[J]．云南师范大学学报(哲学社会科学版)，2008，40(2):1 - 3.

[47]方创琳．中国人地关系研究的新进展与展望[J]．地理学报,2004，59(S1):21 - 32.

[48]郭长江,崔晓奇,宋绿叶,等．国内外旅游系统模型研究综述[J]．中国人口资源与环境，2007，17(4):101 - 106.

[49]Gunn,Turgut Var. Tourism planning: basics concepts cases(3th ed)[M]. Washington D C:Taylor Francis, 1993.

[50]李文亮,翁瑾,杨开忠．旅游系统模型比较研究[J]．旅游学刊,2005，20(2):20 - 24.

[51]Leiper N. Tourism management[M]. Collingwood, VIC: TAFE Publications, 1995.

[52]Mill R C, A Morrison. The tourism system[M]. Englewood Cliffs, N J: Prentice - Hall,1985.

[53]Mitchell L. Research on the geography of tourism, travel: a handbook for managers and reseachers, ritchie and goeld(eds)[M]. New York: John Wiley&sons, 1987:191.

[54]McKercher B. A chaos approach to tourism[J]. Tourism Management, 1999,20:425 - 434.

[55]吴必虎,俞曦．区域旅游规划原理[M]．北京:中国旅游出版社,2010，16 - 45.

[56]吴晋峰,段骅．旅游系统与旅游规划[J]．人文地理,2001，16(5):62 - 65.

[57]吴晋峰,包浩生．旅游系统的空间结构模式研究[J]．地理科学,2002,22(1):96－101.

[58]王家骏．旅游系统模型:整体理解旅游的钥匙[J]．无锡教育学院学报,1999(1):66－69.

[59]王迪云．旅游耗散结构系统开发理论与实践[M]．北京:中国市场出版社,2006:34－37.

[60]周佳,薛东前．基于非线性特征的旅游系统模型研究[J]．曲阜师范大学学报(自然科学版),2010,36(1):113－116.

[61]许峰,李帅帅,齐雪芹．大数据背景下旅游系统模型的重构[J]．旅游科学, 2016, 30(1):48－59.

[62]林南枝．旅游经济学(第三版)[M]．天津:南开大学出版社, 2011.

[63]薛华菊．基于地域分工理论的长三角地区旅游需求/供给耦合发展研究:以入境旅游为例[D]．西安:陕西师范大学,2015.

[64]付俊文,赵红．利益相关者理论综述[J]．首都经济贸易大学学报,2006,8(2):16－21.

[65]Miethell A, Wood D. Toward a theory of stakeholder identification and salience: defining the principle of whom and what really counts[J]. Academy of Management Review, 1997,22(4):853－886.

[66]Freeman R E, Evan W M. Corporate governance: a stakeholder interpretation[J]. Journal of Behavioral Economics,1990,19(4):337－359.

[67]李洋,王辉．利益相关者理论的动态发展与启示[J]．现代财经,2004,24(7):32－35.

[68]郭华．国外旅游利益相关者研究综述与启示[J]．人文地理,2008,23(2):100－105.

[69]周玲．旅游规划与管理中利益相关者研究进展[J]．旅游学刊,2006,21(6):53－59.

[70] Robson J,Robson I. From shareholders to stakeholders: critical issues for tourism marketers [J]. Tourism Management,1996,17 (7):533－540.

[71]Sautter E T,Leisen B. Managing stakeholders: a tourism planning model

[J]. Annals of Tourism Research,1999,26(2):312 - 328.

[72]Marwick M C. Golf tourism development, stakeholders, differing discourse and alternative agendas: the case of Malta [J]. Tourism Management,2000,21(5): 515 - 524.

[73]Ryan C. Equity, management, power sharing and sustain ability: issue of new tourism[J]. Tourism Management,2002,23(1):17 - 26.

[74]Burns G L, Howard P. When wildlife tourism goes wrong: a case study of stakeholder and management issues regarding Dingoes on Fraser Island, Australia [J]. Tourism Management, 2003,24(6):699 - 712.

[75]Sheehan L R, Ritchie J R. Destination stakeholders: exploring identity and salience [J]. Annals of Tourism Research,2005,32(3):711 - 734.

[76]Stephen C. Mangi, Melanie C. Austen. Perceptions of stakeholders towards objectives and zoning of marine - protected areas in southern Europe[J]. Journal for Nature Conservation ,2008,16 (4) 271 - 280.

[77]Angella F, Frank M G. Tale of two cities' collaborative tourism marketing: towards a theory of destination stakeholder assessment [J] . Tourism Management. 2009,30 (3): 429 - 440.

[78] Bornhorst T, Ritchie B, Sheehan L. Determinants of tourism success for DMOs destinations: An empirical examination of stakeholders' perspectives [J]. Tourism Management , 2010,31 (5):572 - 589.

[79]Arnaboldi M, Spiller N. Actor - network theory and stakeholder collaboration: the case of Cultural Districts [J] . Tourism Management, 2011, 32 (3) : 641 - 654.

[80]Imran Sophia, Alam K, Beaumont N. Environmental orientations and environmental behaviour: perceptions of protected area tourism stakeholders[J]. Tourism Management, 2014,40(1):290 - 299.

[81]保继刚,钟新民．桂林市旅游发展总体规划(2001—2020)[M]. 北京: 中国旅游出版社,2002.

[82]张伟,吴必虎．利益主体(stakeholder)理论在区域旅游规划中的应用:

以四川省乐山市为例[J]. 旅游学刊,2002,17(4):63 - 68.

[83]夏赞才. 利益相关者理论及旅行社利益相关者基本图谱[J]. 湖南师范大学社会科学学报,2003,32(5):72 - 77.

[84]宋瑞. 我国生态旅游利益相关者分析[J]. 中国人口·资源与环境,2005,15(1):36 - 41.

[85]王德刚,贾衍菊. 成本共担与利益共享:旅游开发的利益相关者及其价值取向研究[J]. 旅游科学,2008,22(1):9 - 14 + 21.

[86]汪德根,王金莲,陈田,等. 乡村居民旅游支持度影响模型及机理:基于不同生命周期阶段的苏州乡村旅游地比较[J]. 地理学报,2011,66(10):1413 - 1426.

[87]陈昕. 基于演化经济学的遗产地旅游利益相关者系统演化[J]. 思想战线,2012,38(6):109 - 113.

[88]王纯阳,黄福才. 村落遗产地利益相关者界定与分类的实证研究:以开平碉楼与村落为例[J]. 旅游学刊,2012,27(8):88 - 94.

[89]周大庆. 旅游景区治理绩效:政府与利益相关者的博弈[J]. 经济地理,2013,33(8):188 - 192.

[90]肖岚,赵黎明. 我国低碳旅游系统利益相关者关系格局及博弈分析[J]. 天津大学学报(社会科学版),2014,16(2):105 - 108.

[91]蔡建刚. 生态旅游运行机制与利益相关者:例证一个世界自然遗产[J]. 重庆社会科学,2015,22(12):33 - 38.

[92]刘耀彬,李仁东,宋学锋. 中国区域城市化与生态环境耦合的关联分析[J]. 地理学报,2005,60(2):237 - 247.

[93]Leiper N. Tourist attraction systems[J]. Annals of Tourism Research,1990,17(3):367 - 384.

[94]Cooper C, J Fletcher, D Gilbert, et al. Tourism principles and practice[M]. New York: Longman,1998.

[95]Gunn, C. A, Turgut Var. Tourism planning: basics Concepts Cases(4thed)[M]. New York: Rout ledge,2002:1 - 36.

[96]Pearce D. Tourist development: a geographical Analysis [M]. London: Longman Press,1995.

[97] Pearce, D. G. A needs – functions model of tourism distribution [J]. Annals of Tourism Research, 2008, 35(1): 148 – 168.

[98] Jie Zhang, Camilla J. Comparative advantage explaining tourism flows [J]. Annals of Tourism Research,2007,34(1):223 – 243.

[99] Chokri Ouerfelli. Co – integration analysis of quarterly European tourism demand in Tunisia [J]. Tourism Management,2008,29(1):127 – 137.

[100] Emanuela M, Raffaele P. Different tourists to different destinations. Evidence from spatial interaction models [J]. Tourism Management,2013,39(6):71 – 83.

[101] Xiang Li, Rich H, Muzaffer U, et al. Estimating the size of the Chinese outbound travel market: a demand – side approach [J]. Tourism Management,2010,31(2):250 – 259.

[102] Kim S. S, Jerome A, Heesung L, et al. Effects of Korean television dramas on the flow of Japanese tourists [J]. Tourism management, 2007, 28 (5): 1340 – 1353.

[103] Kerry B. G. Attitudes towards "sustainable tourism" in the UK: a view from local government [J]. Tourism management, 1998,19(3):213 – 224.

[104] Richard. B. Tourism in the future: cycles, waves or wheels? [J]. Futures, 2009,41(6):346 – 352.

[105] Korel. G. Tourism and governance in turkey[J]. Annals of Tourism Research, 2000,27(4):1025 – 1048.

[106] Ming Lang T, Anthony S. C, Mai P. N. V. Evaluating the tourist's demand to develop Vietnamese tourism performance[J]. Procedia – Social and Behavioral Sciences, 2011,25:311 – 326.

[107] Carl B, Byron G, Ting Z. Modeling tourism: a fully identified VECM approach[J]. International Journal of Forecasting, 2009,25(3):531 – 549.

[108] Steven T, Simon M. Museums a supply – side perspective [J]. Annals of Tourism Research, 1999, 26(3): 613 – 631.

[109] Elisa M, Fabio P, Rocco S. A forest ecosystem services evaluation at the

river basin scale: supply and demand between coastal areas and upstream lands (Italy) [J]. Ecological Indicators, 2014,37:210 - 219.

[110] Sven A. H, Havard N, Bjørn - Ove G, et al. Development of tourism destinations an integrated multilevel perspective [J]. Annals of Tourism Research, 2011, 38(1):268 - 290.

[111] B. T. Werner, D. E. McNamara. Dynamics of coupled human - landscape systems [J]. Geomorphology, 2007, 91(3):393 - 407.

[112] Marjo N, Eija P, Jenni P, et al. Visits to national parks: effects of park characteristics and spatial demand [J]. Journal for Nature Conservation, 2010, 18 (3):393 - 407.

[113] Yaron E, Daniel F. Airport relocation and expansion and the estimation of derived tourist demand: the case of Eilat, Israel [J]. Journal of Air Transport Management, 2012,24(5):54 - 61.

[114] Werner G, Andreas K. Key factors for successful leisure and tourism public transport provision [J]. Journal of Transport Geography, 2007,15(2):127 - 135.

[115] Daniel A, Germa` B. Tourism and urban public transport: holding demand pressure under supply constraints [J]. Tourism Management, 2010, 31 (3): 425 - 433.

[116] Sandra C, Y Gountas, D Gilbert. Tour operators and destination sustainability[J]. Tourism Management, 1997,18(7):425 - 431.

[117] Doris O. G, Tanja M. Destination competitiveness—Applying different models, the case of Slovenia [J]. Tourism Management, 2008,29(2):394 - 307.

[118] Pascal T. THE Economic organization of tourism [J]. Annals of Tourism Research, 1998,25(4):837 - 859.

[119] Haiyan S, Larry D, Gang L, et al. Tourism economics research: a review and assessment [J]. Annals of Tourism Research, 2012,39(3):1653 - 1682.

[120] Rainer A, Guido C, Paolo F. An economic model for tourism destinations: product sophistication and price coordination [J]. Tourism Management, 2013, 37 (4):86 - 98.

[121]Stroma C. A political ecology of water equity and tourism a case study from bali [J]. Annals of Tourism Research, 2012,39(2):1221 – 1241.

[122]Zi Tang. An integrated approach to evaluating the coupling coordination between tourism and the environment[J]. Tourism Management, 2015,46:11 – 19.

[123]Stefan G, Paul P, C. Michael, et al. Tourism and water use: supply, demand, and security. An international review [J]. Tourism Management, 2012,33:1 – 15.

[124]Hsin – Jung H, Shiann – Far K. The linkage analysis of environmental impact of tourism industry [J]. Procedia Environmental Sciences, 2013,17:658 – 665.

[125]Ricardo O, Maria I. P, Rui C. M. Efficiency performance of the Algarve hotels using a revenue function[J]. International Journal of Hospitality Management, 2013,35:59 – 67.

[126]Vani K. B. The supply of hotel rooms in Queensland, Australia[J]. Annals of Tourism Research,1999,26(4): 985 – 1003.

[127]Henry T, Bomi K, Ronnie J. Y, et al. Examining the hotel room supply and demand in Las Vegas: a simultaneous equations model [J]. Hospitality Management,2006,25: 517 – 524.

[128]Huimin G, Chris R, Larry Y. The changing structure of the Chinese hotel industry:1980 – 2012[J]. Tourism Management Perspectives,2012,4: 56 – 63.

[129]Jan W, Roslyn R, Bill F. Condominium developments in maturing destinations: potentials and problems of long – term sustainability [J]. Tourism Management, 2003,24: 155 – 168.

[130]Pearce D. G. An integrative framework for urban tourism research [J]. Annals of Tourism Research,2001,28(4):926 – 946.

[131]CheriA. Y, David L. C, Seyhmus B. A taxonomy of hosts Visiting Friends and Relatives [J]. Annals of Tourism Research,2007,34(2):497 – 516.

[132]Tiziana C, Ilde R. Tourism seasonality in cultural destinations: empirical evidence from Sicily [J]. Tourism Management,2011,32: 589 – 595.

[133]Silvia B, Massimo F, Lester C. H. Fuel tourism in border regions: the case of Switzerland [J]. Energy Economics,2005,27: 689 – 707.

[134]高楠,马耀峰,李天顺,等.1993—2010年中国入境旅游与进口贸易耦合关系时空分异研究[J].经济地理,2012,32(11):143-148.

[135]刘宏盈,马耀峰.入境旅游流空间转移与省域旅游经济联系强度耦合分析[J].资源科学,2008,30(8):1162-1168.

[136]胡巧娟,马耀峰,张岩君,等.入境旅游流空间转移与旅游经济联系强度耦合分析:以陕西向15个典型省市转移为例[J].陕西师范大学学报(自然科学版),2012,40(6):87-91.

[137]詹新惠,马耀峰,刘军胜.入境旅游流与区域经济发展的耦合协调度研究:以河南省为例[J].河南科学,2013,31(6):913-919.

[138]冯娜,李君轶.外向在线旅游信息流与入境旅游流的耦合分析:以美加入境旅游流为例[J].旅游学刊,2014,29(4):79-86.

[139]杨敏,马耀峰,李天顺,等.网络信息与入境旅游流的V-R耦合关系分析:以澳大利亚入境旅游流为例[J].干旱区资源与环境,2012,26(6):214-219.

[140]方世巧,马耀峰,李天顺,等.基于百度搜索的西安市A级景区信息与旅游流耦合分析[J].干旱区资源与环境,2012,26(8):190-194.

[141]王兆峰.入境旅游流与航空运输网络协同演化及差异分析:以西南地区为例[J].地理研究,2012,31(7):1328-1338.

[142]董亚娟,马耀峰,李振亭,等.西安入境旅游流与城市旅游环境耦合协调关系研究[J].地域研究与开发,2013,32(1):98-101.

[143]吴冰,马耀峰,毕丽芳,等.西部旅游城市入境旅游流与饭店耦合协调度对比研究:以西安、成都为例[J].资源开发与市场,2013,29(8):863-866.

[144]张春晖,马耀峰,吴晶,等.供需视角下西部入境旅游流与目的地耦合协调度及其时空分异研究[J].经济地理,2013,33(10):174-181.

[145]李晓静,王兆峰.张家界旅游流与交通耦合协调发展研究[J].资源开发与市场,2013,29(5):529-532.

[146]张琰飞,朱海英.西南地区文化演艺与旅游流耦合协调度实证研究[J].经济地理,2014,37(7):182-187.

[147]刘军胜,马耀峰,吴冰.入境旅游流与区域经济耦合协调度时空差异

动态分析:基于全国31个省区1993—2011年面板数据[J]. 经济管理,2015,37(3):33-43.

[148]汪秋菊,黄明,刘宇. 城市旅游客流量:网络关注度空间分布特征与耦合分析[J]. 地理与地理信息科学,2015,31(5):102-106.

[149]裴博,马耀峰,李天顺,等. 供需视角下入境旅游流与星级饭店系统耦合协调及其影响因素分析:以北京市为例[J]. 陕西师范大学学报(自然科学版),2014,42(9):97-103.

[150]吴必虎. 旅游系统:对旅游活动与旅游科学的一种解释[J]. 旅游学刊,1998,13(1):21-25.

[151]戴斌. 旅游供求:两个初步的模型[J]. 南开经济研究,1997,13(2):61-66.

[152]牛亚菲. 旅游供给与需求的空间关系[J]. 地理学报,1996,51(1):80-87.

[153]杨春宇,黄震方,毛卫东,等. 旅游地系统演化机制研究:基于两个系统的耦合分析[J]. 云南师范大学学报(哲学社会科学版),2007,39(2):135-140.

[154]杨春宇. 基于复杂系统理论的旅游地环境承载力合理阈值量测研究[J]. 中国人口·资源与环境,2009,19(3):163-168.

[155]陈娅玲,杨新军. 旅游社会:生态系统及其恢复力研究[J]. 干旱区资源与环境,2011,25(11):205-211.

[156]林岚,杨蕾蕾,戴学军,等. 旅游目的地系统空间结构耦合与优化研究:以福建省为例[J]. 人文地理,2011,26(4):140-146.

[157]吴殿廷,王欢. 旅游开发与管理的时空耦合规律初探[J]. 人文地理,2005,20(1):42-44.

[158]张燕,徐建华,曾刚,等. 旅游—经济—生态系统可持续协调发展评价模型构建与实证研究[J]. 旅游科学,2008,22(3):31-36.

[159]钟霞,刘毅华. 广东省旅游—经济—生态环境耦合协调发展分析[J]. 热带地理,2012,32(5):568-574.

[160]刘定惠,杨永春. 区域经济—旅游—生态环境耦合协调度研究:以安

徽省为例[J]. 长江流域资源与环境,2011,20(7):892-896.

[161]李阳,魏峰群. 基于低碳视角下区域经济—旅游产业—生态环境耦合协调度研究:以北京市为例[J]. 陕西农业科学,2012,26(5):199-202.

[162]杜湘红. 张家界旅游—经济—生态系统耦合协调分析[J]. 统计与决策,2014,(20):146-148.

[163]张玉萍,瓦哈甫·哈力克,党建华,等. 吐鲁番旅游—经济—生态环境耦合协调发展分析[J]. 人文地理,2014,29(4):140-145.

[164]胡振鹏,黄晓杏,傅春,等. 环鄱阳湖地区旅游产业—城镇化—生态环境交互耦合的定量比较及演化分析[J]. 长江流域资源与环境,2015,24(12):2012-2021.

[165]高楠,马耀峰,李天顺,等. 基于耦合模型的旅游产业与城市化协调发展研究:以西安市为例[J]. 旅游学刊,2013,28(1):62-68.

[166]虞虎,陆林,朱冬芳. 长江三角洲城市旅游与城市发展协调性及影响因素[J]. 自然资源学报,2012,27(10):1742-1757.

[167]詹新惠,马耀峰,高楠,等. 区域旅游业与城市化耦合协调度的时空分异研究:以陕西省为例[J]. 陕西师范大学学报(自然科学版),2014,42(2):82-87.

[168]庞笑笑,王荣成,王文刚. 欠发达地区旅游发展与城镇化耦合研究:以吉林省抚松县为例[J]. 地理与地理信息科学,2014,30(3):130-134.

[169]夏雪,韩增林,赵林,等. 环渤海滨海旅游与城市发展耦合协调的时空演变分析[J]. 海洋开发与管理,2014,31(7):60-66.

[170]张英,陈俊合,熊焰. 旅游发展与城镇建设耦合协调研究:以黔东南苗族侗族自治州为例[J]. 贵州民族研究,2013,34(5):155-158.

[171]梁坤,杜靖川,吕宛青. 西南地区旅游产业与城镇化耦合协调度的时空特征分析[J]. 经济管理,2014,36(12):125-134.

[172]梁留科,王伟,李峰,等. 河南省城市化与旅游产业耦合协调度时空变化研究[J]. 河南大学学报(自然科学版),2016,46(1):1-8.

[173]王永明,马耀峰. 城市旅游经济与交通发展耦合协调度分析[J]. 陕西师范大学学报(自然科学版),2011,39(1):87-90.

[174]陈晓,李悦铮. 城市交通与旅游协调发展定量评价:以大连市为例[J]. 旅游学刊,2008,23(2):60-64.

[175]张书红,魏峰群. 基于耦合度模型下旅游经济与交通优化互动研究:以河北省为例[J]. 陕西农业科学,2012,26(4):163-166.

[176]张广海,贾海威. 江苏省交通优势度与旅游产业发展水平空间耦合分析[J]. 南京师大学报(自然科学版),2013,36(3):139-144.

[177]毕丽芳,马耀峰. 交通通达性与省域旅游经济的耦合协调度分析:以云南省为例[J]. 西安财经学院学报,2013,26(1):124-128.

[178]陈新哲,熊黑钢. 新疆交通与旅游协调发展的定量评价与时序分析[J]. 地域研究与开发,2009,28(6):118-121.

[179]牛丽静,林涛. 上海市交通与都市旅游的相关度及协调度的定量研究[J]. 旅游论坛,2011,4(1):72-78.

[180]余菲菲,胡文海,荣慧芳. 中小城市旅游经济与交通耦合协调发展研究:以池州市为例[J]. 地理科学,2015,35(9):1116-1122.

[181]耿松涛,谢彦君. 副省级城市旅游经济与生态环境的耦合关系研究[J]. 城市发展研究,2013,20(1):91-97.

[182]庞闻,马耀峰,唐仲霞. 旅游经济与生态环境耦合关系及协调发展研究:以西安市为例[J]. 西北大学学报(自然科学版),2011,41(6):1097-1102.

[183]杨主泉,张志明. 基于耦合模型的旅游经济与生态环境协调发展研究[J]. 西北林学院学报,2014,39(3):262-268.

[184]王凯,李娟,席建超. 中国旅游经济增长与碳排放的耦合关系研究[J]. 旅游学刊,2014,29(6):24-33.

[185]方叶林,黄王凯,李娟,席建超. 中国旅游经济增长与碳排放的耦合关系研究[J]. 旅游学刊,2014,29(4):24-33.

[186]方叶林,黄震方,段忠宪,等. 中国旅游业发展与生态环境耦合协调研究[J]. 经济地理,2013,33(12):195-201.

[187]谭小莉,宋成舜,翟文侠,等. 新型旅游城市旅游产业与生态环境耦合关系研究:以咸宁市为例[J]. 湖北农业科学,2015,54(20):5193-5197.

[188]李彩云,陈兴鹏,张子龙,等. 敦煌市旅游业碳排放与经济增长的耦

合关系分析[J]. 生态科学,2016,35(1):109 - 116.

[189]袁丁,周春林. 江苏城市旅游文化发展与经济社会要素耦合研究[J]. 宁夏社会科学,2010,33(5):123 - 127.

[190]周永博,沙润,余子萍. 旅游目的地意象三维耦合结构:基于江南水乡古镇旅游者的实证分析[J]. 地理科学进展,2010,29(12):1590 - 1596.

[191]韦复生. 耦合与创新:民族文化创意与区域旅游发展:西部民族地区经济结构调整与发展的新视角 [J]. 广西民族研究,2011,27(1):174 - 179.

[192]周叶. 基于灰色系统理论的江西文化产业与旅游产业耦合发展[J]. 江西社会科学,2014,35(3):41 - 45.

[193]张耀一. 中原经济区旅游与文化耦合发展模式研究:以南阳市为例[J]. 经济研究导刊,2013,9(8):74 - 76.

[194]党红星,刘广海. 移民文化与旅游的耦合[J]. 山东社会科学,2012,26 (4):167 - 169.

[195]尹贻梅,鲁明勇. 民族地区旅游业与创意产业耦合发展研究:以张家界为例[J]. 旅游学刊,2009,24 (3):42 - 48.

[196]张琰飞,朱海英. 西南地区文化产业与旅游产业耦合协调度实证研究[J]. 地域研究与开发,2013,32 (2):16 - 21.

[197]席岳婷,赵荣. 场所精神下文化遗产保护与游憩体系耦合研究[J]. 西北大学学报(自然科学版),2013,43 (2):314 - 318.

[198]翁钢民,李凌雁. 中国旅游与文化产业融合发展的耦合协调度及空间相关分析[J]. 经济地理,2016,36(1):178 - 185.

[199]程晓丽,祝亚雯. 安徽省旅游产业与文化产业融合发展研究[J]. 经济地理,2012,32(9):161 - 165.

[200]朱桂凤. 文化产业与旅游产业耦合因素之分析[J]. 学术交流,2013,30 (4):133 - 137.

[201]张海燕,王忠云. 大湘西旅游产业品牌与区域经济发展的耦合研究[J]. 贵州民族研究,2011,32(3):118 - 123.

[202]生延超,钟志平. 旅游产业与区域经济的耦合协调度研究:以湖南省为例[J]. 旅游学刊,2009,24(8):23 - 29.

[203]张柳,李君轶,马耀峰．旅游目的地网络营销系统与旅游产业发展耦合分析[J]．经济地理,2011, 31(2):339－345.

[204]姜嫣,马耀峰,高楠,等．区域旅游产业与经济耦合协调度研究:以东部十省(市)为例[J]．华东经济管理,2012,26(11):47－50.

[205]杨松茂,任燕．陕西旅游产业与区域经济耦合协调发展度研究[J]．统计与信息论坛,2013,28(3):76－81.

[206]刘金栋,郑向敏,谢朝武．省域旅游产业与区域经济的耦合协调度研究[J]．旅游论坛,2013,6(1):42－47.

[207]李森,马耀峰,位贺杰,等．基于突变级数模型的北京旅游产业与基础设施协调研究[J]．干旱区资源与环境,2014,28(9):203－208.

[208]邴振华,高峻．旅游产业规模差异与城市经济的耦合分析:以中国20个主要城市入境旅游为例[J]．旅游论坛,2011,4(6):34－39.

[209]丁红梅．旅游产业与区域经济发展耦合协调度实证分析:以黄山市为例[J]．商业经济与管理,2013, 33(7):81－87.

[210]余洁．山东省旅游产业与区域经济协调度评价与优化[J]．中国人口·资源与环境,2014,24(4):163－168.

[211]田启．体育产业与旅游业耦合发展的现实背景及效应分析[J]．西安体育学院学报,2014,31(2):168－170.

[212]陈瑾．文化产业与旅游业融合发展机理及政策选择:以江西省为例[J]．企业经济．2014,34(5):122－126.

[213]高楠,马耀峰,张春晖．中国丝绸之路经济带旅游产业与区域经济的时空耦合分异:基于九省区市1993—2012年面板数据[J]．经济管理,2015,37(9):111－120.

[214]张英,陈俊合,熊焰．旅游业与农业耦合关系研究及实证:以湖南省张家界市为例[J]．中南民族大学学报(人文社会科学版),2015,35(6):109－113.

[215]李田．基于耦合协调视角的河北省旅游产业与区域经济一体化发展研究[J]．地理与地理信息科学,2015,31(2):87－90.

[216]刘军胜,马耀峰．基于发生学与系统论的旅游流与目的地供需耦合

成长演化与驱动机制研究:以西安市为例[J]. 地理研究,2017,36(8):1583-1600.

[217]刘军胜,马耀峰.1995—2014年西北5省旅游流与区域交通的耦合过程与格局[J]. 浙江大学学报(自然科学版),2017,44(5):57-66.

[218]白丹,马耀峰,刘军胜. 成都市A级景区信息与旅游流耦合协调发展评价[J]. 河南科学, 2015,33(9):1641-1646.

[219]张春晖,马耀峰,白凯. 旅游流与目的地系统耦合研究:以六大城市入境旅游为例[J]. 资源科学,2016,38(06):1013-1027.

[220]刘定惠,杨永春. 区域经济—旅游—生态环境耦合协调度研究:以安徽省为例[J]. 长江流域资源与环境,2011,20(7):892-896.

[221]高楠,马耀峰,张春晖. 中国丝绸之路经济带旅游产业与区域经济的时空耦合分异:基于九省区市1993—2012年面板数据[J]. 经济管理,2015,37(9):111-120.

[222]周成,冯学钢,唐睿. 区域经济—生态环境—旅游产业耦合协调发展分析与预测:以长江经济带沿线各省市为例[J]. 经济地理,2016,36(3):186-193.

[223]张春晖. 旅游流与目的地耦合:模型与要素贡献度研究:以六大城市入境旅游为例[D]. 西安:陕西师范大学, 2015.

[224]高杨,马耀峰,刘军胜. 旅游业—城市化—生态环境耦合协调及发展类型研究:以京津冀地区为例[J]. 陕西师范大学学报(自然科学版),2016,44(5):109-118.

[225]陈青松. 城市旅游供需耦合协调度级别甄选评价研究[D]. 西安:陕西师范大学, 2014.

[226]李仁杰,路紫,李继峰. 山岳型风景区观光线路景观感知敏感度计算方法:以武安国家地质公园奇峡谷景区为例[J]. 地理学报,2011,66(2):244-256.

[227]李万莲,王梅. 基于服务质量测度的游客满意度影响因素分析:以宏村为例[J]. 财贸研究,2010,21(3):118-123.

[228]张建春,陆林. 芜湖长江大桥与安徽旅游交通条件的改善[J]. 人文

地理,2002,8(1):75－79.

[229]王兆峰. 张家界旅游城市游客公共交通感知、满意度与行为[J]. 地理研究,2014,33(5):978－987.

[230]何燕,杨新军. 基于游客感知的旅游城市可进入性因子评价研究:以西安市为例[J]. 人文地理,2007,22(4):59－63.

[231]隋丽娜,程圩. 三类不同开放程度景区游客感知差异研究[J]. 人文地理,2014,29(4):126－133.

[232]刘静艳,王郝,陈荣庆. 生态住宿体验和个人涉入度对游客环保行为意向的影响研究[J]. 旅游学刊,2009,24(8):82－88.

[233]李钢,杨文钊,杨新军,等. 国际游客餐饮行为及其对陕西地方小吃的感知[J]. 资源开发与市场,2013,29(3):317－321.

[234]王灵恩,成升魁,李群绩,等. 基于实证分析的拉萨市游客餐饮消费行为研究[J]. 资源科学,2013,35(4):848－857.

[235]黄鹂,李启庚,贾国庆. 旅游购物体验要素对顾客价值及其满意和购买意向的影响[J]. 旅游学刊,2009,24(2):41－45.

[236]韩会然,焦华富,戴柳燕. 旅游城市居民购物满意度及影响因子分析:以芜湖市中山路步行街为例[J]. 旅游学刊,2013,28(3):87－95.

[237]马凌,保继刚. 感知价值视角下的传统节庆旅游体验:以西双版纳傣族泼水节为例[J]. 地理研究,2012,31(2):269－278.

[238]赵现红. 基于游客体验视角的现代节事旅游开发研究:以开封菊花文化节为例[J]. 地域研究与开发,2014,33(3):117－121＋126.

[239]苏欣欣,燕子,李红伟. 旅游者对旅游风景区的环境感知研究:以五泉山风景区为例[J]. 中国人口·资源与环境,2011(S1):239－242.

[240]高军,马耀峰,吴必虎. 外国游客感知视角的我国入境旅游不足之处:基于扎根理论研究范式的分析[J]. 旅游科学,2010,24(5):49－55.

[241]Presenza A, Chiappa G D, Sheehan L. Residents' engagement and local tourism governance in maturing beach destinations. Evidence from an Italian case study [J]. Journal of Destination Marketing & Management,2013, 2 (1): 22－30.

[242]王纯阳,屈海林. 村落遗产地社区居民旅游发展态度的影响因素

[J]. 地理学报,2014,69(2):278－288.

[243]郑鹏,马耀峰,李天顺,等. 信息技术变革中旅游信息传播概念模式研究[J]. 地域研究与开发,2009,28(6):131－135.

[244]白凯,张春晖. 旅游信息来源类型对消费者行为意图的影响[J]. 人文地理,2012,27(6):95－102.

[245]Tosun C, Dedeoğlu B B, Fyall A. Destination service quality, affective image and revisit intention: the moderating role of past experience[J]. Journal of Destination Marketing & Management,2015, 4(4): 222－234.

[246]张宏梅, 陆林. 游客涉入对旅游目的地形象感知的影响:盎格鲁入境旅游者与国内旅游者的比较[J]. 地理学报,2010,65(12): 1613－1623.

[247]Leppa A. Gibson H. Sensation seeking and tourism: Tourist role, perception of risk and destination choice [J]. Tourism Management, 2008, 29(4): 740－750.

[248]Fuchs G, Reichel A. An exploratory inquiry into destination risk perceptions and risk reduction strategies of first time vs. repeat visitors to a highly volatile destination[J]. Tourism Management,2011,32(2):266－276.

[249]何巧华,苏欣慰. 基于相关利益主体感知的旅游型海岛安全实证研究:以福建鼓浪屿、平潭岛为例[J]. 浙江海洋学院学报(社会科学版),2013,30(4):57－61.

[250] Christina G Q C. Qu H. Examining the structural relationships of destination image, tourist satisfaction and destination loyalty: an integrated approach [J]. Tourism Management, 2008,29(4): 624－636.

[251] Deborah E, Tony G, Bruce H. Urban tourism research: developing an agenda [J]. Annals of Tourism Research,2008, 35(4):1032－1052.

[252]李瑛. 旅游目的地游客满意度及影响因子分析:以西安地区国内市场为例[J]. 旅游学刊,2008, 23(4):43－48.

[253]李爽,黄福才,李建中. 旅游公共服务:内涵、特征与分类框架[J]. 旅游学刊,2010,25(4):20－26.

[254]乌铁红,张 捷,张宏磊,等. 旅游地属性与旅游者感知态度和购后行

为的关系:以九寨沟风景区为例[J]. 旅游学刊,2009, 24(5):36 - 42.

[255]李灿,辛玲. 调查问卷的信度与效度的评价方法研究[J]. 中国卫生统计, 2008, 25(5):541 - 544.

[256]宋志刚,谢蕾蕾,何旭洪. SPSS16 实用教程[M]. 北京:人民邮电出版社,2011.

[257]吴铭隆. 结构方程模型:AMOS 的操作与应用[M]. 重庆:重庆大学出版社,2010.

[258]Etezadi - Amoli J, Farhoomand A F. A structural model of end user computing satisfaction and user performance[J]. Information and Management, 1996,36(1):65 - 73.

[259]Bentler P M, Bonett D G. Significance tests and goodness of fit in the analysis of covariance structures[J]. Psychological Bulletin,1980,88(3):588 - 606.

[260]刘军胜,马耀峰. 入境游客与社区居民旅游供给感知测评及差异分析:以北京市为例[J]. 资源科学,2016,38(8):1476 - 1490.

[261]刘军胜,马耀峰. 入境游客对北京市旅游供给的感知维度及其行为态度差异[J]. 干旱区资源与环境,2017,31(2):197 - 202.

[262]刘军胜,马耀峰. 目的地旅游供给游客感知评价与行为态度的比较研究:以西安市为例[J]. 经济管理,2017,39(7):134 - 148.

[263] Liu J, Ma Y. The Perceptual Differences among Stakeholders in the Tourism Supply of Xi'an City, China[J]. Sustainability, 2017, 9(2):214.

附　录

附录 1　入境旅游与目的地城市协调发展调查问卷（入境游客）

Dear Sir/Madam：

The survey aims at investigating whether your travel needs can be fulfilled in this city.

All information collected will be used only for the research of my doctoral dissertation and will be strictly confidential.

Please tick the corresponding number or "□" after you read each option. Your sincere participation is greatly appreciated.

Part 1：Personal Information

Gender： 1□Male　2□Female	Age：1□15 ~ 24　2□25 ~ 44 3□45 ~ 64　4□ above 65	Nationality（or Area）? ______
Education level：1□High school or below　2□College diploma/Bachelor's degree 3□Master's degree　4□Doctor's degree		
Occupation：1□Government official　2□Professional and technical staff　3□Clerk 4□Skilled worker　5□Businessman　6□Server/Salesman　7□Retiree　8□Housewife 9□Soldier　10□Student　11□Other		
Annual income（U. S. dollar）：　1□ < 20000　2□20001 ~ 40000 3□40001 ~ 60000 4□60001 ~ 80000　5□ > 80000		

Part 2: Your Evaluation

1. Please evaluate the following statements regarding whether these conditions meet your travel needs in Xi'an.

[7 = Totally agree, 6 = Strongly agree, 5 = Agree, 4 = Moderate, 3 = Disagree, 2 = Strongly disagree, 1 = Totally disagree]

1. The unique scenery of this city can meet my travel needs	7	6	5	4	3	2	1
2. Tourism scenic spots are very valuable for travelling, which can meet my travel needs	7	6	5	4	3	2	1
3. A variety of tourism scenic spots can meet my travel needs	7	6	5	4	3	2	1
4. The city offers chances to know the living styles of local people, which can meet my travel needs	7	6	5	4	3	2	1
5. Folk customs are attractive, which can meet my travel needs	7	6	5	4	3	2	1
6. Tourism festival activities are attractive, which can meet my travel needs	7	6	5	4	3	2	1
7. A variety of cultural and performing arts activities can meet my travel needs	7	6	5	4	3	2	1
8. A variety of international exhibition can meet my travel needs	7	6	5	4	3	2	1
9. The quality of catering service (Food safety, Dining environment, etc.) can meet my travel needs	7	6	5	4	3	2	1
10. The quality of accommodation service (Rooms are comfortable and hygienic, etc.) can meet my travel needs	7	6	5	4	3	2	1
11. The quality of tour – guide service (Service attitude, Interpretation ability, etc.) can meet my travel needs	7	6	5	4	3	2	1
12. The quality of scenic spots service can meet my travel needs	7	6	5	4	3	2	1
13. The quality of tourism shopping service (Shopping environment and Commodity characteristics, etc.) can meet my travel needs	7	6	5	4	3	2	1
14. The quality of tourism entertainment service (Activities are rich and distinctive, etc.) can meet my travel needs	7	6	5	4	3	2	1
15. Moderate price (Scenic spots, Restaurants, Transportation, etc.) can meet my travel needs	7	6	5	4	3	2	1
16. Different grades of Catering services facilities (e. g. restaurants) can meet my travel needs	7	6	5	4	3	2	1

续表

17. Different grades of accommodation services facilities (e. g. hotels) can meet my travel needs	7	6	5	4	3	2	1
18. Different grades of leisure and entertainment places (e. g. stadiums, music halls) can meet my travel needs	7	6	5	4	3	2	1
19. Different grades of shopping places can meet my travel needs	7	6	5	4	3	2	1
20. Various public transportation means can meet my travel needs	7	6	5	4	3	2	1
21. Convenient and swift urban transportation can meet my travel needs	7	6	5	4	3	2	1
22. Convenient and swift transportation in scenic spots can meet my travel needs	7	6	5	4	3	2	1
23. Convenient and swift transportation between this city and other tourism destinations can meet my travel needs	7	6	5	4	3	2	1
24. Complete transportation facilities (e. g. Road signs, Overpasses, etc.) can meet my travel needs	7	6	5	4	3	2	1
25. Good urban air quality can meet my travel needs	7	6	5	4	3	2	1
26. Adequate quality water can meet my travel needs	7	6	5	4	3	2	1
27. Good sanitary conditions of city public environment (e. g. Clean streets and public toilets) can meet my travel needs	7	6	5	4	3	2	1
28. Higher rate of green coverage in the city can meet my travel needs	7	6	5	4	3	2	1
29. Rich leisure atmosphere of this city can meet my travel needs	7	6	5	4	3	2	1
30. The modern atmosphere can meet my travel needs	7	6	5	4	3	2	1
31. Rich atmosphere of history and culture can meet my travel needs	7	6	5	4	3	2	1
32. Overall level of economic development can meet my travel needs	7	6	5	4	3	2	1
33. Development level of service industry can meet my travel needs	7	6	5	4	3	2	1
34. Hospitality of local residents can meet my travel needs	7	6	5	4	3	2	1
35. Beautiful environment of tourism scenic spots can meet my travel needs	7	6	5	4	3	2	1
36. The Internet service can meet my travel needs	7	6	5	4	3	2	1
37. The mobile communication services can meet my travel needs	7	6	5	4	3	2	1
38. English travel information is easy to obtain, which can meet my travel needs	7	6	5	4	3	2	1
39. Tourism logo and travel guide information can meet my travel needs	7	6	5	4	3	2	1
40. The information service in scenic spots can meet my travel needs	7	6	5	4	3	2	1
41. Distinctive tourism image can meet my travel needs	7	6	5	4	3	2	1
42. Free tourist promotional materials are sufficient to meet my travel needs	7	6	5	4	3	2	1

续表

43. Effective tourism promotion can meet my travel needs	7	6	5	4	3	2	1
44. Good social security can meet my travel needs	7	6	5	4	3	2	1
45. The safety of tourism service facilities is in good condition, which can meet my travel needs	7	6	5	4	3	2	1
46. Complaints from tourists could be timely and effectively resolved, which can meet my travel needs	7	6	5	4	3	2	1
47. Overall, this city is safe, which can meet my travel needs	7	6	5	4	3	2	1
Intentions after this travel							
1. I'm satisfied with this trip in Xi'an	7	6	5	4	3	2	1
2. I'll revisit Xi'an	7	6	5	4	3	2	1
3. I'll recommend Xi'an to others	7	6	5	4	3	2	1

2. Please use the number 1 ~ 6 to rate the degree of your attention or interest to the following factors. (1means most attention while 6 means the least)

( ) Tourism resources ( ) Tourism service and facilities

( ) Tourism transportation ( ) Tourism environment

( ) Tourism information ( ) Tourism security

3. How did you arrive in this city?

□Airplane □Train □Car □Steamship

□Others

4. How many times have you been to this city?

□ 1st time □ 2nd time □ 3rd time □ 4th time or more

5. How long do you plan to stay in this city?

□One day □2 or 3 days □4 days or more

6. How long have you been in this city?

□One day □2 or 3 days □4 days or more

7. What's your travel pattern?

□Package tour □Individual travel

8. What's your purpose of visiting this city? (You can have more than one choice.)

□Sightseeing　　□Leisure or Vacation

□Visiting friends or relatives　　□Business

□Meeting　　□Religious worship

□Culture / Sports / scientific and technological exchanges

□Shopping　　□Healthcare

□Others

9. Which of the following reasons can attract you to visit this city again? (You can have more than one choice.)

□Tourism resources

□Complete tourism service facilities

□Tourism marketing or media publicity

□Festival activities or important events

□New tourism products promotion

This is the end of the questionnaire, thank you again and best wishes to you! Your signature.

城市：____________ 地点：____________

日期：____________ 调查人：____________

附录2 入境旅游与目的地城市协调发展调查问卷（居民）

尊敬的先生/女士：

这是一份学术研究问卷，目的是了解入境旅游与目的地城市之间的协调发展程度，请阅读每个选项之后，在相应数字处或“□”内打“√”，问卷资料仅供学术研究使用，并严格保密，请放心作答。衷心感谢您的帮助！

第一部分：个人信息

您的性别：1□男 2□女	您的出生地：1□本地 2□其他地区
您的年龄：1□15～24岁 2□25～44岁 3□45～64岁 4□65及岁以上	
您的教育程度：1□高中及以下 2□中专和大专 3□本科 4□硕士 5□博士	
您在本市居住的时间：1□5年及以下 2□6～10年 3□11～15年 4□16～20年 5□20年以上	
您的职业是：1□政府工作人员 2□专业技术人员 3□职员 4□技工工人 5□商贸人员 6□服务员或推销员 7□退休人员 8□家庭主妇 9□军人 10□学生 11□其他	

第二部分：评价内容（注：入境游客＝外国游客＋港澳台游客）

1. 对于本市旅游供给是否能满足入境游客需要而言，您对下列说法的认同程度如何：

［填表说明：7：完全同意；6：很同意；5：同意；4：一般；3：不同意；2：很不同意；1：完全不同意］

1	城市风光独特，能满足入境游客需要	7	6	5	4	3	2	1
2	旅游景区价值较高，能满足入境游客需要	7	6	5	4	3	2	1
3	旅游景区类型多彩，能满足入境游客需要	7	6	5	4	3	2	1
4	居民愿意为入境游客提供了解本地人生活的机会，能满足入境游客需要	7	6	5	4	3	2	1
5	民俗风情具有吸引力，能满足入境游客需要	7	6	5	4	3	2	1
6	旅游节事活动具有吸引力，能满足入境游客需要	7	6	5	4	3	2	1
7	文化演艺活动丰富多彩，能满足入境游客需要	7	6	5	4	3	2	1

续表

8	国际展会、展览丰富多彩，能满足入境游客需要	7	6	5	4	3	2	1
9	餐饮服务质量（食品卫生、就餐环境等），能满足入境游客需要	7	6	5	4	3	2	1
10	住宿服务质量（客房舒适、卫生等），能满足入境游客需要	7	6	5	4	3	2	1
11	导游服务质量（服务态度、讲解能力等），能满足入境游客需要	7	6	5	4	3	2	1
12	景区服务质量，能满足入境游客需要	7	6	5	4	3	2	1
13	旅游购物服务质量（购物环境、商品特色等），能满足入境游客需要	7	6	5	4	3	2	1
14	旅游娱乐服务质量（活动丰富、有特色等），能满足入境游客需要	7	6	5	4	3	2	1
15	整体旅游价格（景区、饭店、交通等）合理，能满足入境游客需要	7	6	5	4	3	2	1
16	多种不同等级的餐饮服务设施（如饭店），能满足入境游客需要	7	6	5	4	3	2	1
17	多种不同等级的住宿服务设施（如酒店、宾馆），能满足入境游客需要	7	6	5	4	3	2	1
18	多种不同等级的休闲娱乐场所（如体育场、音乐厅），能满足入境游客需要	7	6	5	4	3	2	1
19	多种不同等级的购物场所，能满足入境游客需要	7	6	5	4	3	2	1
20	公共交通方式多样，能满足入境游客需要	7	6	5	4	3	2	1
21	市内交通方便快捷，能满足入境游客需要	7	6	5	4	3	2	1
22	景区内交通方便快捷，能满足入境游客需要	7	6	5	4	3	2	1
23	本地与其他旅游城市间交通便捷，能满足入境游客需要	7	6	5	4	3	2	1
24	交通设施完善（如路标、过街天桥等），能满足入境游客需要	7	6	5	4	3	2	1
25	城市空气质量良好，能满足入境游客需要	7	6	5	4	3	2	1
26	优质充足的城市用水，能满足入境游客需要	7	6	5	4	3	2	1
27	城市公共环境卫生状况良好（如街道、公厕整洁），能满足入境游客需要	7	6	5	4	3	2	1
28	城市绿化覆盖率高，能满足入境游客需要	7	6	5	4	3	2	1
29	城市休闲氛围浓郁，能满足入境游客需要	7	6	5	4	3	2	1
30	现代化的城市商贸氛围浓郁，能满足入境游客需要	7	6	5	4	3	2	1

续表

31	历史文化气息浓郁，能满足入境游客需要	7	6	5	4	3	2	1
32	整体经济发展水平较高，能满足入境游客需要	7	6	5	4	3	2	1
33	服务业发展水平较高，能满足入境游客需要	7	6	5	4	3	2	1
34	居民的好客程度较高，能满足入境游客需要	7	6	5	4	3	2	1
35	旅游景区环境优美，能满足入境游客需要	7	6	5	4	3	2	1
36	互联网服务完善，能满足入境游客需要	7	6	5	4	3	2	1
37	移动通信服务完善，能满足入境游客需要	7	6	5	4	3	2	1
38	英文旅游信息获取方便，能满足入境游客需要	7	6	5	4	3	2	1
39	旅游标识、导览信息方便有效，能满足入境游客需要	7	6	5	4	3	2	1
40	景区信息咨询服务完善，能满足入境游客需要	7	6	5	4	3	2	1
41	旅游形象鲜明，能满足入境游客需要	7	6	5	4	3	2	1
42	旅游促销有力，能满足入境游客需要	7	6	5	4	3	2	1
43	免费旅游宣传资料充足，能满足入境游客需要	7	6	5	4	3	2	1
44	社会治安情况良好，能满足入境游客需要	7	6	5	4	3	2	1
45	旅游服务设施安全状况良好，能满足入境游客需要	7	6	5	4	3	2	1
46	游客投诉能得到及时有效解决，能满足入境游客需要	7	6	5	4	3	2	1
47	整体上，本地很安全，能满足入境游客需要	7	6	5	4	3	2	1

问卷到此结束，再次感谢您的帮助，愿您身体健康，工作顺利，万事如意！

城市：________地点：________日期：________调查人：________

附录3 入境旅游与目的地城市协调发展调查问卷（从业人员）

尊敬的先生/女士：

这是一份学术研究问卷，目的是了解入境旅游与目的地城市之间的协调发展程度，请阅读每个选项之后，在相应数字处或“□”内打“√”，问卷资料仅供学术研究使用，并严格保密，请放心作答。衷心感谢您的帮助！

第一部分：个人信息

您的性别：1□男　2□女	您的籍贯：1□本地　2□外地
您的年龄：1□15～24岁　2□25～44岁　3□45～64岁　4□65岁及以上	
您的教育程度（包括在读）：1□高中及以下　2□中专和大专　3□本科　4□硕士　5□博士	
您在旅游企业工作时间：________	您的职位：________
您工作单位性质：1□景区　2□旅行社　3□交通运输　4□住宿　5□餐饮　6□购物　7□娱乐　8□其他	

第二部分：评价内容（注：入境游客＝外国游客＋港澳台游客）

1. 对于<u>本市旅游供给是否能满足入境游客需要</u>而言，您对下列说法的认同程度如何：

［填表说明：7：完全同意；6：很同意；5：同意；4：一般；3：不同意；2：很不同意；1：完全不同意］

1	城市风光独特，能满足入境游客需要	7	6	5	4	3	2	1
2	旅游景区价值较高，能满足入境游客需要	7	6	5	4	3	2	1
3	旅游景区类型多样，能满足入境游客需要	7	6	5	4	3	2	1
4	居民愿意为入境游客提供了解本地人生活的机会，能满足入境游客需要	7	6	5	4	3	2	1
5	民俗风情具有吸引力，能满足入境游客需要	7	6	5	4	3	2	1
6	旅游节事活动具有吸引力，能满足入境游客需要	7	6	5	4	3	2	1
7	文化演艺活动丰富多样，能满足入境游客需要	7	6	5	4	3	2	1
8	国际展会、展览丰富多样，能满足入境游客需要	7	6	5	4	3	2	1
9	餐饮服务质量（食品卫生、就餐环境等），能满足入境游客需要	7	6	5	4	3	2	1

续表

10	住宿服务质量（客房舒适、卫生等），能满足入境游客需要	7	6	5	4	3	2	1
11	导游服务质量（服务态度、讲解能力等），能满足入境游客需要	7	6	5	4	3	2	1
12	景区服务质量，能满足入境游客需要	7	6	5	4	3	2	1
13	旅游购物服务质量（购物环境、商品特色等），能满足入境游客需要	7	6	5	4	3	2	1
14	旅游娱乐服务质量（活动丰富、有特色等），能满足入境游客需要	7	6	5	4	3	2	1
15	整体旅游价格（景区、饭店、交通等）合理，能满足入境游客需要	7	6	5	4	3	2	1
16	多种不同等级的餐饮服务设施（如饭店），能满足入境游客需要	7	6	5	4	3	2	1
17	多种不同等级的住宿服务设施（如酒店、宾馆），能满足入境游客需要	7	6	5	4	3	2	1
18	多种不同等级的休闲娱乐场所（如体育场、音乐厅），能满足入境游客需要	7	6	5	4	3	2	1
19	多种不同等级的购物场所，能满足入境游客需要	7	6	5	4	3	2	1
20	公共交通方式多样，能满足入境游客需要	7	6	5	4	3	2	1
21	市内交通方便快捷，能满足入境游客需要	7	6	5	4	3	2	1
22	景区内交通方便快捷，能满足入境游客需要	7	6	5	4	3	2	1
23	本地与其他旅游城市间交通便捷，能满足入境游客需要	7	6	5	4	3	2	1
24	交通设施完善（如路标、过街天桥等），能满足入境游客需要	7	6	5	4	3	2	1
25	城市空气质量良好，能满足入境游客需要	7	6	5	4	3	2	1
26	优质充足的城市用水，能满足入境游客需要	7	6	5	4	3	2	1
27	城市公共环境卫生状况良好（如街道、公厕整洁），能满足入境游客需要	7	6	5	4	3	2	1
28	城市绿化覆盖率高，能满足入境游客需要	7	6	5	4	3	2	1
29	城市休闲氛围浓郁，能满足入境游客需要	7	6	5	4	3	2	1
30	现代化的城市商贸氛围浓郁，能满足入境游客需要	7	6	5	4	3	2	1
31	历史文化气息浓郁，能满足入境游客需要	7	6	5	4	3	2	1
32	整体经济发展水平较高，能满足入境游客需要	7	6	5	4	3	2	1
33	服务业发展水平较高，能满足入境游客需要	7	6	5	4	3	2	1

续表

34	居民的好客程度较高，能满足入境游客需要	7	6	5	4	3	2	1
35	旅游景区环境优美，能满足入境游客需要	7	6	5	4	3	2	1
36	互联网服务完善，能满足入境游客需要	7	6	5	4	3	2	1
37	移动通信服务完善，能满足入境游客需要	7	6	5	4	3	2	1
38	英文旅游信息获取方便，能满足入境游客需要	7	6	5	4	3	2	1
39	旅游标识、导览信息方便有效，能满足入境游客需要	7	6	5	4	3	2	1
40	景区信息咨询服务完善，能满足入境游客需要	7	6	5	4	3	2	1
41	旅游形象鲜明，能满足入境游客需要	7	6	5	4	3	2	1
42	旅游促销有力，能满足入境游客需要	7	6	5	4	3	2	1
43	免费旅游宣传资料充足，能满足入境游客需要	7	6	5	4	3	2	1
44	社会治安情况良好，能满足入境游客需要	7	6	5	4	3	2	1
45	旅游服务设施安全状况良好，能满足入境游客需要	7	6	5	4	3	2	1
46	游客投诉能得到及时有效解决，能满足入境游客需要	7	6	5	4	3	2	1
47	整体上，本地很安全，能满足入境游客需要	7	6	5	4	3	2	1
您对本市政府对入境旅游支持情况的认同								
1	行政支持力度足够，能满足入境游客需要	7	6	5	4	3	2	1
2	相关行政法规完善，能满足入境游客需要	7	6	5	4	3	2	1
3	财政金融支持充足，能满足入境游客需要	7	6	5	4	3	2	1
4	旅游人才供给充足，能满足入境游客需要	7	6	5	4	3	2	1
5	旅游安全保障有力，能满足入境游客需要	7	6	5	4	3	2	1
6	旅游监管保障有力，能满足入境游客需要	7	6	5	4	3	2	1
7	旅游投诉机制完善，能满足入境游客需要	7	6	5	4	3	2	1
8	市场管理规范，能满足入境游客需要	7	6	5	4	3	2	1
9	旅游营销得力，能满足入境游客需要	7	6	5	4	3	2	1

2. 请您按发展入境旅游的重要性对下列要素进行排序，1 为最重要，2 次之，依次类推，6 为最不重要：

（__）旅游资源（__）旅游服务与设施（__）旅游交通（__）旅游环境（__）旅游信息（__）旅游安全

3. 请您对入境旅游发展的影响因素进行重要性排序，1 为最重要，2 次之，依次类推，7 为最不重要：

（__）旅游人次（__）旅游花费（__）停留时间（__）游客消费能力

（__）客源国居民闲暇时间（__）客源国的人文发展指数（对健康长寿、教育水平、生活水平的综合衡量）（__）客源国居民的出游率

4. 请您对发展入境旅游带来的影响进行排序，1 为最直接，2 次之，依次类推，5 为最不直接：

（__）带动经济发展（__）增加就业（__）改善城市环境（__）提高城市现代化水平（__）实现文化交流，促进文化繁荣

本问卷至此全部结束，再次感谢您的支持与帮助，并祝您身体健康，事事顺心！

城市：________地点：________日期：________调查人：________

索 引

后　记

本书是在我的博士论文的基础上修改而成的。再回首，在本书即将出版之际，求学的回忆一幕幕浮现在眼前。

第一，要感谢我的恩师马耀峰教授，正是恩师的指引与培育，才使我走上了学术之路，并且脚步越发清晰与坚定。在读博士期间以及工作之后，老师依旧像一棵大树，既能为我遮风挡雨，又能给予我醍醐灌顶的指点。常说“遇良师而不学”是人生的遗憾，我很庆幸遇到恩师，既获得了真才实学，又磨炼了身心秉性。同时，我更要感谢我的师母章晓华女士，师母每次给予我慈母般的安慰与嘱咐，总能使我感到家庭般的温暖。

第二，要感谢求学过程中鞭策我进步的各位老师。感谢孙根年老师、赵振斌老师、吴晋峰老师、陈瑛老师，以及我的师兄白凯老师与李君轶老师在学术方面给予我的指导，感谢郑海博老师、郝高建老师、陈志钢老师、李振亭老师、王晓峰老师、刘新颜老师、王钰老师、陈林老师、李紫颖老师等对我生活上的帮助，感谢李树民老师与张沛老师对本书内容的指点。

第三，感谢求学过程中遇见的各位小伙伴，他们使我的求学过程不是那么孤单。感谢李创新、张佑印、郑鹏、高军、亢雄、张春晖、高楠、黄毅、方世巧、吴冰、谢雪梅、王晓华、董亚娟、唐仲霞、张俊英、毕丽芳、裴博、薛华菊、罗赟敏、庞玮等师兄师姐的照顾，使我在学术与生活之路上越发自信。感谢李森、陈青松、靳海鹏、刘智兴、詹新惠、王玎玎、白丹、高杨、宋炳华、贺宇帆等师弟师妹对我的宽容与理解。感谢李双双、刘宪锋、刘焱序、张东海、曹晓仪、张高军、褚玉杰、张毓、包富华等兄弟姐妹给予对我的帮助，使我正视差距而又不敢懈怠。常说“遇良友不交”是人生的另一大遗憾，我很庆幸结交并感激这一群活泼而又善良的小伙伴。

第四，感谢生我养我的父母和家人。求学期间总能时刻感受到父母的顾念与期盼，父母虽未在身边，但牵挂之情常伴，父母养我育我之苦之累，我将铭记于心，必将努力奋斗，以报父母养育之恩。感谢我的姐姐，在我读书期间，兼顾照顾父母的重任。感谢我的妻子李慧敏和我的儿子安安，他们是我获得欢乐幸福与奋斗动力的源泉。

第五，感谢西北大学经济管理学院吴振磊教授和师博教授，二位教授对本书的出版给予了强大的支持。感谢中国经济出版社的张利影老师对本书进行了仔细的审阅并在出版过程中给予了详细指导，使本书得以顺利出版。

第六，感谢一下自己。人只有遵从自己的内心，才能从容不迫，做出无悔的决定。未来，希望我们在工作和生活的路上都能从心出发并坚强成长。衷心祝愿我们一切都安好、顺利、平安！

刘军胜

2022. 3. 22